이렇게
─ 기막힌 ─
적중률

KB100882

정보처리기사
실기 기본서

★

3권·문제집

"이" 한 권으로 합격의 "기적"을 경험하세요!

차례

PART 13

모의고사

모의고사 01회

다음 물음에 답을 해당 답란에 답하시오.

01 참조 관계에 있는 두 테이블에서 하나의 테이블에 삽입(Insert), 삭제(Delete), 갱신 (Update) 등의 연산으로 테이블의 내용이 바뀌었을 때 데이터의 일관성과 무결성 유지를 위해 이와 연관된 테이블도 연쇄적으로 변경이 이루어질 수 있도록 하는 것을 무엇이라 하는지 쓰시오.

득점	배점
	5

• 답 :

02 다음 설명하는 요구사항 확인 기법을 쓰시오.

득점	배점
	5

> • 도출된 요구사항을 토대로 시제품을 제작하여 대상 시스템과 비교하면서 개발 중에 도출되는 추가 요구사항을 지속적으로 재작성하는 과정이다.
> • 새로운 요구사항을 도출하기 위한 수단이다.
> • 요구사항에 대하여 소프트웨어 엔지니어 입장에서 해석한 것을 확인하기 위한 수단으로 많이 사용된다.
> • 실제 구현 전에 잘못된 요구사항을 만족시키기 위하여 자원을 낭비하는 것을 방지할 수 있다.

• 답 :

03 Use Case Diagram 작성 단계 중 다음 작업이 진행되는 단계를 쓰시오.

득점	배점
	5

> • 액터가 요구하는 서비스를 식별한다.
> • 액터가 요구하는 정보를 식별한다.
> • 액터가 시스템과 상호작용하는 행위를 식별한다.

• 답 :

04 다음 공통 모듈 테스트와 관련된 설명 중 빈칸 ①~②에 알맞은 용어를 쓰시오.

득점	배점
	5

공통 모듈 테스트를 통해 공통 개발된 공통 모듈의 내부 기능과 제공하는 인터페이스에 대해 테스트할 수 있는 (①)(을)를 작성하고, (②)(을)를 수행하기 위한 테스트 조건을 명세화할 수 있다. (①) (이)란, 요구사항을 준수하는지 검증하기 위하여 테스트 조건, 입력값, 예상 출력값 및 수행한 결과 등 테스트 조건을 명세한 것이다.
개발된 공통 모듈을 실행하여 테스트하는 동적 테스트와 수동 또는 자동화 도구를 사용하여 검토하는 정적 테스트 중 적절한 (②) 방식을 결정한다. (②)의 방식과 범위에 따라 (①)(을)를 작성한다.

• 답 (1) :
• 답 (2) :

05 다음 공통으로 설명하는 용어를 쓰시오.

득점	배점
	5

• 효율적인 정보 시스템 개발을 위한 코드 라이브러리, 애플리케이션 인터페이스(Application Interface), 설정 정보 등의 집합으로서 재사용이 가능하도록 소프트웨어 구성에 필요한 기본 뼈대를 제공한다.
• 광의적으로 정보 시스템의 개발 및 운영을 지원하는 도구 및 가이드 등을 포함한다.
• 특징 : 모듈화, 재사용성, 확장성, 제어의 역흐름

• 답 :

06 다수의 이해관계자가 참여하는 복잡한 개발에서 상호 이해, 타협, 의사소통을 체계적으로 접근하고, 전체 시스템의 전반적인 구조를 체계적으로 설계하는 것으로 "소프트웨어를 구성하는 컴포넌트들의 상호작용 및 관계, 각각의 특성을 기반으로 컴포넌트들이 상호 유기적으로 결합하는 소프트웨어의 여러 가지 원칙들의 집합"이라 정의되는 용어를 쓰시오.

득점	배점
	5

• 답 :

07 컴퓨터 프로그램은 물론 모든 관련 정보를 돈으로 주고 구입하는 것을 반대하는 것이 기본 이념으로 2007.6 발표되었으며, 소프트웨어 특허에 대처하는 것, 다른 라이선스와의 호환성, 배포 후 특허권을 빌미로 로열티를 요구하는 행위를 원천 봉쇄하여, 특허권자가 저작권자와 다를 경우는 특허 소유자가 로열티를 받지 않는 조건으로만 GPL 배포가 가능한 오픈소스 라이선스의 종류를 쓰시오.

득점	배점
	5

• 답 :

08 아래 보기의 〈CUSTOMER〉 테이블을 대상으로 하는 〈지시사항〉에 대한 SQL문을 완성하시오.

득점	배점
	5

〈CUSTOMER〉

ID	NAME	AGE	GRADE
hong	홍길동	34	VIP
kang	강감찬		VIP
shin	이순신	14	GOLD
bak	계백		SILVER
young	강희영	20	VIP

〈지시사항〉

〈CUSTOMER〉 테이블에서 AGE 속성이 NULL인 고객의 NAME을 검색하시오.

〈SQL문〉

```
SELECT NAME FROM CUSTOMER WHERE AGE (        );
```

• 답 :

09 프로젝트 검증에 적합한 테스트 도구 선정 시 테스트 수행 활동에 따른 도구를 분류한 다음의 표에서 빈칸 ①~②에 해당하는 테스트 도구를 쓰시오.

득점	배점
	5

테스트 도구	내용
테스트 자동화	기능 테스트 등 테스트 도구를 활용하여 자동화를 통한 테스트의 효율성을 높일 수 있음(xUnit, STAF, NTAF 등)
정적 분석	코딩 표준, 런타임 오류 등을 검증
(①)	대상 시스템 시뮬레이션을 통한 오류 검출(Avalanche, Valgrind 등)
성능 테스트	가상 사용자를 인위적으로 생성하여 시스템 처리 능력 측정(JMeter, AB, OpenSTA 등)
모니터링	시스템 자원(CPU, Memory 등) 상태 확인 및 분석 지원 도구(Nagios, Zenoss 등)
(②)	테스트 수행에 필요한 다양한 도구 및 데이터 관리
테스트 관리	전반적인 테스트 계획 및 활동에 대한 관리
결함 추적/관리	테스트에서 발생한 결함 관리 및 협업 지원

• 답 (1) :
• 답 (2) :

10 다음은 C언어로 작성된 선택정렬의 오름차순을 수행하는 프로그램이다. 빈칸 ①~②에 알맞은 표현을 쓰시오.

득점	배점
	5

```c
#include <stdio.h>
int main()
{
    int a[] = { 95, 75, 85, 100, 50 };
    int i, j, temp;
    int n = sizeof(a) / sizeof(int);    // int n = 5;

    for( i = 0; i < n-1; i++ ) {
        for( j =   ①   ; j < n; j++ ) {
            if( a[i] > a[j] ) {
                temp = a[i];
                  ②   = a[j];
                a[j] = temp;
            }
        }
    }
    for( i = 0; i < 5; i++ ) {
        printf("%d ", a[i]);
    }
    return 0;
}
```

• 답 (1) :
• 답 (2) :

11 다음은 Java로 작성된 프로그램이다. 이를 실행한 결과를 쓰시오.

득점	배점
	5

```java
public class Exam {

        public static int[] makeArray(int n) {
                int[] t = new int[n];
                for(int i = 0; i < n; i++) {
                    t[i] = i*2;
                }
                return t;
        }
        public static void main(String[] args) {
                int[] a = makeArray(5);
                for(int i = 0; i < a.length; i++) {
                    if(i%2 == 0) continue;
                    System.out.print(a[i] + " ");
                }
        }
}
```

• 답 :

12 다음은 Java로 작성된 프로그램이다. 이를 실행한 결과를 쓰시오.

득점	배점
	5

```java
public class Exam {

    public static void main(String[] args) {
        int a=1, b=43, c=3;
        int temp;

        temp = a;
        if(b > temp) temp = b;
        if(c > temp) temp = c;

        System.out.println(temp);
    }
}
```

• 답 :

13 IPv6의 전송 방식에 따른 주소체계 3가지를 쓰시오.

득점	배점
	5

• 답 :

14 운영체제의 비선점 프로세스 스케줄링 기법 중 하나인 HRN(Highest Response-ratio Next)은 어떤 작업이 서비스를 받을 시간과 그 작업이 서비스를 기다린 시간으로 결정되는 우선순위에 따라 CPU를 할당하는 기법이다. HRN 스케줄링 기법을 적용할 경우 우선순위가 가장 높은 작업명을 쓰시오.

득점	배점
	5

작업명	대기시간	서비스시간
A	10	50
B	20	40
C	50	10
D	30	30

• 답 :

15 CRUD는 데이터베이스가 가지는 기본적인 데이터 처리 기능인 Create(생성), Read(읽기), Update(갱신), Delete(삭제)를 말한다. 다음은 CRUD 기본 처리와 SQL 명령어를 설명한 것으로, 빈칸 ①~④에 알맞은 SQL명령문을 쓰시오.

득점	배점
	5

기본 처리	SQL	설명
Create	(①)	테이블 내 컬럼에 데이터를 추가한다.
Read	(②)	테이블 내 컬럼에 저장된 데이터를 불러온다.
Update	(③)	테이블 내 컬럼에 저장된 데이터를 수정한다.
Delete	(④)	테이블 내 컬럼에 저장된 데이터를 삭제한다.

• 답 (1) :
• 답 (2) :
• 답 (3) :
• 답 (4) :

16 다음 〈보기〉에서 Link State 방식의 라우팅 프로토콜을 골라 쓰시오.

득점	배점
	5

〈보기〉

RIP, IGRP, OSPF

• 답 :

17 다음은 소프트웨어 개발 방법론 중 SCRUM의 흐름을 도식화한 것이다. 다음 빈칸 ①~②에 알맞은 답을 쓰시오.

득점	배점
	5

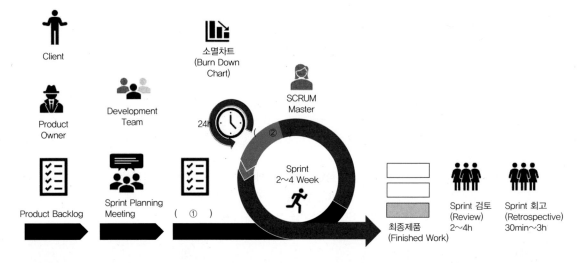

• 답 (1) :
• 답 (2) :

18 DBMS(Database Management System)의 개념과 종류를 간략히 설명하시오.

득점	배점
	5

• 개념 :
• 종류 :

19 L2, L3, L4 스위치는 OSI 중 어떤 계층에서 수행되는지에 따라 구분된다. 다음 설명에 해당하는 빈칸 ①∼③에 알맞은 스위치명을 쓰시오.

득점	배점
	5

스위치명	설명
(①)	TCP/UDP 등 스위칭을 수행하며 응용 계층에서 파악이 가능한 이메일 내용 등 정교한 로드 밸런싱 수행이 불가능하다.
(②)	가장 원초적인 스위치로 상위 레이어에서 동작하는 IP 이해가 불가능하다.
(③)	IP 레이어에서의 스위칭을 수행하여 외부로 전송하며 라우터와의 경계가 모호하다.

• 답 (1) :

• 답 (2) :

• 답 (3) :

20 운영체제에서 교착 상태(DeadLock)가 발생하기 위한 필요 조건 4가지를 쓰시오.

득점	배점
	5

• 답 :

다음 물음에 답을 해당 답란에 답하시오.　　배점 **100** 문제수 **20**

01 다음 설명의 정보보안 침해 공격 관련 용어를 쓰시오.

득점	배점
	5

> 인터넷 사용자의 컴퓨터에 침입해 내부 문서 파일 등을 암호화해 사용자가 열지 못하게 하는 공격으로, 암호 해독용 프로그램의 전달을 조건으로 사용자에게 돈을 요구하기도 한다.

• 답 :

02 LOC 기법에 의하여 예측된 총 라인 수가 50,000라인, 프로그래머의 월 평균 생산성이 200라인, 개발에 참여할 프로그래머가 10인일 때, 개발 소요 기간은 얼마나 걸리는지 계산식과 답을 쓰시오.

득점	배점
	5

• 계산식 :
• 답 :

03 이행적 함수 종속 관계를 약술하시오.

득점	배점
	5

• 답 :

04 운영체제의 병행제어에서 Locking 단위가 작아지는 경우에 공유도와 오버헤드에 관계에 대하여 약술하시오.

득점	배점
	5

• 답 :

05 다음 설명하는 용어를 쓰시오.

득점 | 배점
5

- 메모리(Memory) + 레지스터(Resistor)의 합성어이다.
- 전류의 흐름과 시간의 변화에 따라 저항의 강도가 바뀌는 새로운 전기소자로 이전의 상태를 모두 기억하는 메모리이다.

• 답 :

06 폭포수 모형은 Boehm이 제시한 고전적 생명주기 모형으로, 소프트웨어 개발 과정의 각 단계가 순차적으로 진행되는 모형이다. 다음 개발 단계 중 빈칸 ①~②에 알맞은 답을 쓰시오.

득점 | 배점
5

개발 단계 : 타당성 검사 → 계획 → (①   ) → 설계 → 구현 → 시험(검사) → 운용 → (②   )

• 답 (1) :
• 답 (2) :

07 테일러링(Tailoring) 개발 방법론의 내부적 요건 4가지를 쓰고 약술하시오.

득점 | 배점
5

-
-
-
-

08 다음 SQL문의 실행 결과를 테이블로 작성하시오.

```
SELECT 과목이름 FROM 성적
WHERE EXISTS( SELECT 학번
              FROM 학생
              WHERE 학생·학번＝성적·학번
              AND 학과 IN ('전산', '전기') AND 주소＝'경기');
```

〈학생〉

학번	이름	학년	학과	주소
1000	김철수	1	전산	서울
2000	고영준	1	전기	경기
3000	유진호	2	전자	경기
4000	김영진	2	전산	경기
5000	정현영	3	전자	서울

〈성적〉

학번	과목번호	과목이름	학점	점수
1000	A100	자료구조	A	91
2000	A200	DB	A⁺	99
3000	A100	자료구조	B⁺	88
3000	A200	DB	B	85
4000	A200	DB	A	94
4000	A300	운영체제	B⁺	89
5000	A300	운영체제	B	88

• 답 :

09 순수 관계 연산자에서 릴레이션의 일부 속성만 추출하여 중복되는 튜플은 제거한 후 새로운 릴레이션을 생성하는 연산자와 기호를 쓰시오.

• 답 :

10 트랜잭션을 정의하고, 4가지 특성을 쓰시오.

득점	배점
	5

• 정의 :

• 특성 :

11 통신 채널의 주파수 대역폭 B, 신호전력 S, 잡음 전력이 N인 경우, 채널의 통신 용량 공식을 쓰시오.

득점	배점
	5

• 답 :

12 아래 보기의 〈학생〉 테이블에 학번 984104, 성명 '한국산', 과목명 '정보학개론', 학년 3, 전화번호 '010-1234-1234' 학생 튜플을 삽입하는 SQL문을 작성하시오. (단, 성명, 과목명, 전화번호 속성의 데이터는 문자형이고, 학번, 학년 속성의 데이터는 숫자형이다. 문자형 데이터는 작은 따옴표(' ')로 표시하시오.)

득점	배점
	5

〈학생〉

학번	성명	과목명	학년	전화번호
993355	강희영	자료구조	2	010-1111-1111
974188	홍길동	디지털논리회로	1	010-2222-2222

• 답 :

13 다음 C언어로 구현된 프로그램을 실행했을 때, 〈실행 결과〉와 같이 출력되도록 빈 줄 ①~③에 들어갈 가정 적합한 C 표현을 쓰시오.

득점	배점
	5

〈실행 결과〉

```
1 2 4 7
```

```c
#include <stdio.h>
#define SIZE 4
void bubble_sort(int* list)
{
    int i, j, temp;
    for(i = 0; i < SIZE-1; i++)  {
        for(j = 0; j < (SIZE-1)-i; j++)  {
            if(____①____ > list[j+1])  {
                temp = list[j];
                list[j] = list[j+1];
                list[j+1] = temp;
            }
        }
    }
    for(i = 0; i < SIZE; i++)
        printf("%d  ", ____②____ );
}
void main()
{
    int list[SIZE] = {7, 2, 4, 1};
    ____③____ (list);
}
```

• 답 (1) :
• 답 (2) :
• 답 (3) :

14 다음은 피보나치 수열의 합을 구하도록 Java로 작성된 프로그램이다. 이를 실행한 결과를 쓰시오.

```java
public class Exam {
    public static void main(String[] args) {
        int a, b, c, sum;
        a = b = 1;
        sum = a + b;
        for(int i = 3; i <= 5; i++)
        {
                c = a + b;
                sum += c;
                a = b;
                b = c;
        }
        System.out.println(sum);
    }
}
```

• 답 :

15 다음 트리를 전위 순회(Preorder Traversal)한 결과를 쓰시오.

• 답 :

16 시스템이나 네트워크의 취약점이 발표되어 이에 대한 대책이 수립되어 적용되기도 전에 먼저 이루어진 취약점 기반 공격을 의미하는 공격에 해당하는 용어를 쓰시오.

• 답 :

17 모듈 통합에서 사용되는 Stub과 Driver에 대하여 간략히 서술하시오.

득점	배점
	5

• Stub :

• Driver :

18 스키마는 데이터베이스의 전체적인 구조와 제약조건에 대한 명세를 기술·정의한 것을 말하며, 스킴(Scheme)이라고도 한다. 스키마의 3계층에 대한 설명과 부합하는 빈칸 ① ~③에 알맞은 용어를 쓰시오.

득점	배점
	5

• (①) 스키마 : 물리적 저장 장치 관점(기계 관점)에서 본 데이터베이스의 물리적 구조를 말한다.
• (②) 스키마 : 논리적 관점(사용자 관점)에서 본 전체적인 데이터 구조이다.
• (③) 스키마 : 전체 데이터 중 사용자가 사용하는 한 부분에서 본 논리적 구조를 말하며, 서브 스키마라고도 한다.

• 답 (1) :
• 답 (2) :
• 답 (3) :

19 스마트폰과 같은 개인 정보기기를 분실하였을 때 이를 습득한 타인이 불법으로 사용하거나 저장된 개인 정보를 유출하지 못하도록 원격으로 기기 사용을 정지시키는 기능이다. 펌웨어나 운영체제 수준에서 제공되는 이 기능을 무엇이라고 하는지 쓰시오.

득점	배점
	5

• 답 :

20 기존의 여러 가지 IT기술과 해킹 방법들을 종합적으로 활용하여 다양한 종류의 보안 위협들을 지속적으로 만듦으로써 특정한 대상을 계속하여 공격하는 행위이다. 이 공격 행위를 영문 3자로 쓰시오.

득점	배점
	5

• 답 :

모의고사 03회

다음 물음에 답을 해당 답란에 답하시오.　　배점 **100**　문제수 **20**

01 다음 데이터베이스와 관련된 설명과 부합하는 빈칸 ①~⑤에 알맞은 용어를 쓰시오.

득점	배점
	5

SQL 제어어(DCL : Data Control Language)는 관리자가 데이터의 보안, 무결성 유지, 병행 제어, 회복 등을 하기 위해 사용하는 언어를 말한다. SQL 제어어의 종류는 (　①　), (　②　), (　③　), (　④　) 등이 있다.

(　①　)(은)는 데이터베이스 내의 연산이 성공적으로 종료되어 연산에 의한 수정 내용을 지속적으로 유지하기 위한 명령어를 말한다.

(　②　)(은)는 데이터베이스 내의 연산이 비정상적으로 종료되거나 정상적으로 수행되었다 하더라도 수행되기 이전 상태로 되돌리기 위해 연산 내용을 취소할 때 사용하는 명령어를 말한다.

(　③　)(은)는 관리자가 사용자에게 데이터베이스에 대한 권한을 부여하기 위한 명령어이다.

(　④　)(은)는 관리자가 사용자에게 부여했던 권한을 취소하기 위해 사용되는 명령어이다. 권한을 부여받은 사용자가 다른 사용자에게 권한을 부여했을 경우 (　⑤　) 옵션을 이용해 사용자의 권한을 취소하면 사용자가 부여했던 다른 사용자들의 권한도 연쇄적으로 취소된다.

예를 들어 "강희영"에게 부여된 〈학생〉 테이블에 대한 모든 권한과 "강희영"이 다른 사용자에게 부여한 권한을 취소하기 위한 SQL문은 아래와 같다.

〈SQL문〉

```
(　④　) ALL ON 학생 FROM 강희영 (　⑤　);
```

• 답 (1) :
• 답 (2) :
• 답 (3) :
• 답 (4) :
• 답 (5) :

02 아래 보기의 〈학생〉 테이블에 이름 속성이 '이'로 시작하는 학생들의 학번을 검색하되 학년이 높은 학생 순으로(내림차순) 출력하는 SQL문을 작성하시오.

득점	배점
	5

〈학생〉

학번	이름	학년
1000	이영진	1
2000	홍순신	2
3000	김감찬	3
4000	강희영	3
5000	이철수	3
6000	이영희	4

• 답 :

03 제품 생산과 서비스 부분을 혁신하기 위하여 개방과 자원 공유 방식을 기반으로 더 많은 사람들을 참여시키려는 새로운 경제 모델이다. 위키피디아(Wikipedia)와 경제학 (Economics)의 합성어로 개방과 공유의 원리에 의하여, 대규모 협업을 도모하는 것을 무엇이라고 하는지 쓰시오.

득점	배점
	5

• 답 :

04 메모리상에서 프로그램의 복귀 주소와 변수 사이에 특정 값을 저장해 두었다가 그 값이 변경되었을 경우 오버플로우 상태로 가정하여 프로그램 실행을 중단하는 기술은 무엇인지 쓰시오.

득점	배점
	5

• 답 :

05 정보보안의 3요소를 쓰고 각 요소의 특징을 약술하시오.

득점	배점
	5

•

•

•

06 다음 설명에 해당하는 용어를 쓰시오.

- 오픈 소스를 기반으로 한 분산 컴퓨팅 플랫폼이다.
- 일반 PC급 컴퓨터들로 가상화된 대형 스토리지를 형성한다.
- 다양한 소스를 통해 생성된 빅데이터를 효율적으로 저장하고 처리한다.

• 답 :

07 Boehm이 제시하였으며, 반복적인 작업을 수행하는 점증적 생명 주기 모형, 점증적 모형, 집중적 모형이라고도 하며, 프로토타입을 지속적으로 발전시켜 최종 소프트웨어 개발까지 이르는 개발 방법으로 위험관리가 중심인 소프트웨어 생명주기 모형은 무엇인지 쓰시오.

• 답 :

08 다음은 Java로 작성된 프로그램이다. 이를 실행한 결과를 쓰시오.

```java
public class Exam {
    public static void main(String [ ] args) {
        int [ ] a = {3, 4, 10, 5, 2 };
        for(int i=0; i<=3; i++) {
            for(int j=i+1; j<=4; j++) {
                if(a[i]< a[j]) {
                    int temp = a[i];
                    a[i] = a[j];
                    a[j] = temp;
                }
            }
        }
        for(int i=0; i<5; i++)
            System.out.println(a[i]);
    }
}
```

• 답 :

09 IP와 인터넷 제어 메시지 프로토콜(ICMP)의 특성을 이용하여 고성능 컴퓨터를 통하여 대량의 접속신호를 집중적으로 보냄으로써 상대 컴퓨터의 서버를 접속 불능 상태로 만들어 버리는 해킹 수법은 무엇인지 쓰시오.

득점	배점
	5

• 답 :

10 아래 보기의 〈성적〉 테이블을 대상으로 하는 〈SQL문〉의 결과를 쓰시오.

득점	배점
	5

〈성적〉

<u>NO</u>	NAME	KOR	ENG	MATH
1000	강희영	100	100	100
2000	김아름	100	NULL	100
3000	홍길동	NULL	0	100

〈SQL문〉

```
(1) SELECT SUM(KOR) FROM 성적;
(2) SELECT SUM(ENG) FROM 성적;
(3) SELECT SUM(MATH) FROM 성적;
```

• 답 (1) :
• 답 (2) :
• 답 (3) :

11 CMM(Capability Maturity Model) 모델의 레벨을 설명한 표이다. 빈칸 ①~②에 알맞은 답을 쓰시오.

득점	배점
	5

단계	내용
1. (　　①　　)	예측/통제 불가능
2. 관리(managed)	기본적인 프로젝트 관리 체계 수립
3. 정의(defined)	조직 차원의 표준 프로세스를 통한 프로젝트 지원
4. 정량적 관리(quantitativelymanaged)	정량적으로 프로세스가 측정/통제됨
5. (　　②　　)	프로세스 개선 활동

• 답 (1) :
• 답 (2) :

12 COCOMO model을 통한 프로젝트 모드 3가지를 쓰고 3가지 모드를 구분하는 코드 라인 수를 쓰시오.

득점	배점
	5

-
-
-

13 다음 빈칸에 알맞은 답을 쓰시오.

득점	배점
	5

〈성적〉

학번	이름	학년	수강과목	점수
1607	이영진	4	운영체제	92
1609	박태인	4	데이터베이스	85
1719	김정애	3	데이터베이스	91
1710	강순신	3	운영체제	88
1717	이태순	3	빅데이터개론	80
1819	김인성	2	데이터베이스	70
1925	강희영	1	빅데이터개론	72

위와 같이 생성된 〈성적〉 테이블을 대상으로 〈지시사항〉을 실행하는 SQL문은 다음과 같다.

〈지시사항 및 SQL문〉

- 〈성적〉 테이블에서 데이터베이스 과목을 수강하는 학생 중 점수가 80점 이상인 학생의 이름을 출력하시오.
  ▶ SELECT 이름 FROM 성적
     WHERE 수강과목 = '데이터베이스' (①   ) 점수 >= 80;
- 〈성적〉 테이블에서 수강과목별 점수의 평균이 85점 이상인 수강과목을 출력하시오.
  ▶ SELECT 수강과목 FROM 성적
     GROUP BY 수강과목 (②   ) AVG(수강과목) >= 85;

- 〈성적〉 테이블에서 '빅데이터개론'을 수강한 학생의 점수를 모두 0점으로 갱신하시오.
  ▶ UPDATE 성적 (③   ) 점수 = 0 WHERE 수강과목 = '빅데이터개론';

- 답 (1) :
- 답 (2) :
- 답 (3) :

14 다음 설명하는 공개키 암호화 알고리즘을 쓰시오.

득점	배점
	5

> • 암호화할 때는 하나의 키를 사용하고, 해독 과정에서 또 다른 키를 사용한다.
> • 소인수 분해 문제를 이용한 대표적인 공개키 암호화 기법이다.
> • 망 내의 각 단말 시스템은 수신될 메시지의 암호화와 해독에 사용될 키의 쌍을 생성한다.
> • 암호화는 공개키를 사용하고 복호화는 개인키를 사용한다.

• 답 :

15 다음 자바 언어로 구현된 프로그램을 분석하여 그 실행 결과를 쓰시오.

득점	배점
	5

```java
public class Exam  {
    public static void main(String [ ] args)  {
            int [ ] a = { 1, 2, 3, 4, 5 };
            int i = a.length - 1;
            int result = 0;
            while (i >= 0)  {
                    result += a[i];
                    i--;
            }
            System.out.print(result);
    }
}
```

• 답 :

16 정보통신을 통한 연계 시스템에서 패킷 교환망에 관하여 2가지 이상 약술하시오.

득점	배점
	5

•
•

17 다음 〈그림〉에 주어진 T1~T5 트랜잭션의 병행수행 과정에서 REDO와 UNDO를 수행하는 트랜잭션을 각각 골라 쓰시오.

득점	배점
	5

〈그림〉

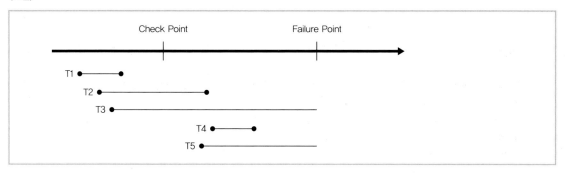

- REDO :
- UNDO :

18 ITU-T(International Telecommunication Union-Telecommunication)에서 제정한 국제 표준으로, DTE와 디지털 교환망 간에 접속할 때의 규정을 정의한 것은 무엇인지 쓰시오.

득점	배점
	5

- 답 :

19 소프트웨어 품질 목표 중 요구되는 기능을 수행하기 위해 필요한 자원의 소요 정도를 의미하는 용어를 쓰시오.

득점	배점
	5

- 답 :

20 화이트 박스 테스트(White Box Test)의 정의에 대하여 약술하고. 테스트 기법 3가지를 쓰시오.

득점	배점
	5

- 정의 :

- 테스트 기법 :

다음 물음에 답을 해당 답란에 답하시오.   배점 **100** 문제수 **20**

01 다음은 시스템 보안과 관련된 용어에 대한 설명이다. 각각에 대하여 가장 적합한 용어를 쓰시오.

득점	배점
	5

(1)	(①)(은)는 온라인상에서 불법 활동을 조장하기 위해 만들어진 컴퓨터 프로그램들을 말하며, Anti-Phishing Working Group의 Peter Cassidy가 처음 언급한 용어이다. (①)(은)는 사이버 공격에 사용되는 악성코드 및 소프트웨어를 지칭하는 스텔스 기술, Stuxnet, Zeus, 봇넷, SpyEye 기술을 말한다. 스파이웨어, 브라우저 하이재커, 키로거 등을 말하며, 이들은 모두 피싱킷이라는 공통점에 대부분 웹 사이트 개발 소프트웨어와 스패밍 소프트웨어를 포함하고 있고, 인터넷에서 곧바로 사용할 수 있으며, 키로거를 은밀히 설치시켜 불법적으로 정보를 수집해간다.
(2)	(②)(은)는 보안 소켓 계층이라고도 하며, 전송 계층 보안(TLS)과 그보다 앞선 (②)(은)는 인터넷과 같은 네트워크를 통해서 통신할 때 보안을 지원해주는 암호화된 통신규약이다. TLS와 (②)(은)는 전송 계층 종단 간 네트워크 연결의 세그먼트들을 암호화한다. 다양한 버전의 통신 규약들이 웹 브라우징, 전자우편, 인터넷 팩스, 인스턴트 메시징, 인터넷 전화(VoIP)와 같은 애플리케이션들에서 광범위하게 사용된다. 이를 영문 3자로 제시하라.
(3)	(③)(은)는 자기 자신이나 다른 프로그램들을 보이지 않도록 숨김으로써 사용자나 백신 프로그램이 발견하지 못하도록 하는 악성코드이다. 먼저 시스템을 해킹한 후 자신이 해킹한 흔적을 지우고 이후에 원격 접근이 항상 가능하도록 백도어를 설치하며 자신이 사용할 명령들을 발견하지 못하도록 은폐시켜 놓는다.

• 답 (1) :
• 답 (2) :
• 답 (3) :

02 다음은 Java로 작성된 프로그램이다. 이를 실행한 결과를 쓰시오.

득점	배점
	5

```java
public class Exam
{
    public static void main(String[] args) {
        int [] a = new int[5];
        int sum = 0;
        for(int i = 0; i < 5; i++) {
            a[i] = i+1;
        }
        for(int i : a) {
            sum += i;
        }
        System.out.print(sum);
    }
}
```

• 답 :

03 아래 괄호에 가장 적합한 단어를 쓰시오.

득점	배점
	5

(1)	(①)(은)는 허가된 사용자만이 디지털 콘텐츠에 접근할 수 있도록 만드는 제한 기술을 뜻한다. 또는 디지털 콘텐츠가 무분별하게 복제될 수 없도록 하는 보안 기술을 뜻하기도 한다. 넓게 보면 콘텐츠 불법 복제 방지 기술, 사용료 부과를 통한 유통 및 관리를 지원하는 서비스, 기업 내 문서 보안과 저작권 관리 기술이 포함되는 방대한 개념이다.
(2)	(②)(은)는 인터넷망과 같은 공중망을 사설망처럼 이용해 회선비용을 크게 절감할 수 있는 기업통신 서비스를 말한다. 방화벽, 침입 탐지 시스템과 함께 현재 사용되는 가장 일반적인 보안 솔루션 중 하나이다. 이것을 이해하려면 먼저 인터널 네트워크(Internal Network)를 이해해야 한다. 인터널 네트워크는 기업 내부 간 데이터 통신을 위한 네트워크이다.
(3)	(③)(은)는 휴대폰 기지국과 위성 서비스를 이용하여 사람이나 차량, 선박 등의 위치를 찾아내는 서비스를 말한다.
(4)	(④)(은)는 해킹 방식의 하나로서 여러 대의 공격자를 분산 배치하여 동시에 공격함으로써 시스템이 더 이상 정상적인 서비스를 제공할 수 없도록 만드는 것을 말한다. 여러 대의 공격자를 분산 배치하여 동시에 동작하게 함으로써 특정 사이트를 공격하는 해킹 방식의 하나이다. 서비스 공격을 위한 도구들을 여러 대의 컴퓨터에 심어놓고 공격 목표인 사이트의 컴퓨터 시스템이 처리할 수 없을 정도로 엄청난 분량의 패킷을 동시에 범람시킴으로써 네트워크의 성능을 저하시키거나 시스템을 마비시키는 방식이다.
(5)	(⑤)(은)는 인터넷 텔레포니의 핵심 기술로서 지금까지 일반 전화 교환망(PSTN) 네트워크를 통해 이루어졌던 음성 서비스를 인터넷 프로토콜(IP) 기술을 사용하여 제공하는 것이다. 음성이 디지털화되고, 전달 체계로 IP를 이용함으로써 전화는 물론 인터넷 팩스, 웹콜, 통합 메시지 처리 등의 향상된 인터넷 텔레포니 서비스가 가능하게 된다.

• 답 (1) :
• 답 (2) :
• 답 (3) :
• 답 (4) :
• 답 (5) :

04 객체지향 기법의 기본 5원칙을 쓰고 각 원칙을 간단히 정의하시오.

· 답 (1) :

· 답 (2) :

· 답 (3) :

· 답 (4) :

· 답 (5) :

05 다음 Java코드에서 밑줄로 표시된 부분에는 어떤 보안 약점이 존재하는가? (단, key 는 암호화 키를 저장하는 변수이다.)

득점	배점
	5

```
import javax.crypto.KeyGenerator;
import javax.crypto.sepc.SecretKeySpec;
import javax.crypto.Cipher;
……생략
public String encriptString(String usr) {
String key = "22df3023sf~2;asn!@#/>as";
if (key != null) {
byte[] bToEncrypt = usr.getBytes("UTF-8");
……생략
```

· 답 :

06 알고리즘 설계 기법을 3가지만 쓰시오.

득점	배점
	5

· 답 :

07 다음 설명하는 소프트웨어 제품 품질 관련 국제 표준을 쓰시오.

득점	배점
	5

> • ISO/IEC 9126의 품질 모델을 따르며 패키지 소프트웨어의 일반적인 제품 품질 요구사항 및 테스트를 위한 국제 표준이다.
> • 제품 설명서, 사용자 문서 및 프로그램으로 구분하여 각각 품질 요구사항을 규정하고 있다.

• 답 :

08 UML 다이어그램에서 구조적 다이어그램 6가지 중 4가지를 쓰시오.

득점	배점
	5

• 답 :

09 다음 설명하는 UML 관계를 쓰시오.

득점	배점
	5

> • 한 사물의 객체가 다른 사물의 객체와 연결된 것을 표현한다.
> • 두 클래스가 서로 연관이 있다면 A, B 객체를 서로 참조할 수 있음을 표현한다.
> • 이름 : 관계의 의미를 표현하기 위해 이름을 가질 수 있다.
> • 역할 : 수행하는 역할을 명시적으로 이름을 가질 수 있다.
>
>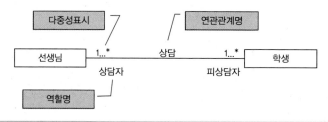

• 답 :

10 소프트웨어 설계 과정 중 UI 설계원칙 4가지를 쓰시오.

득점	배점
	5

• 답 :

11 한국형 웹 콘텐츠 접근성 지침 2.1의 4가지 원칙을 쓰시오.

득점	배점
	5

• 답 :

12 다음 공통으로 설명하는 용어를 쓰시오.

득점	배점
	5

> • 인간의 소망으로 이미지나 감성을 구체적 제품 설계를 통하여 실현해내는 공학적 접근 방법이다.
> • 인간이 가지고 있는 소망으로서의 이미지나 감성을 구체적인 제품 설계로 실현해내는 인문사회과학, 공학, 의학 등 여러 분야의 학문이 융합된 기술이다.
> • 인간 감성의 정성, 정량적 측정과 평가를 통하여 제품 환경 설계에 반영하는 기술이다.
> • 인간과 컴퓨터 간의 상호작용, 즉 HCI(human Computer Interaction or Interface) 설계에 인간의 특성 등을 반영한다.

• 답 :

13 소프트웨어 설계 과정 중 생성되는 코드의 3대 기능을 쓰시오.

득점	배점
	5

• 답 :

14 모듈 설계 과정 중에서 서로 다른 두 모듈 간의 상호 의존도로서 두 모듈 간의 기능적인 연관 정도를 나타내는 결합도의 결합 강도 순서를 나열하시오. (단, 결합도가 약한 것부터 강한 것 순으로 하시오.)

득점	배점
	5

• 답 :

15 분석모델 검증의 절차를 〈보기〉에서 골라 순서대로 쓰시오.

득점	배점
	5

〈보기〉

> 개념수준 분석 클래스 검증, 유스케이스 모델 검증, 분석 클래스 검증

• 답 :   →   →

16 다음은 C언어로 작성된 삽입 정렬 프로그램이다. 이를 실행한 결과를 쓰시오.

득점	배점
	5

```c
#include <stdio.h>
#define MAX_SIZE 5

void insertion_sort(int list[], int n) {
        int i, j, key;
        for (i = 1; i < n; i++) {
                key = list[i];
                for (j = i - 1; j >= 0 && list[j] < key; j--) {
                        list[j + 1] = list[j];
                }
                list[j + 1] = key;
        }
}

void main() {
        int i;
        int n = MAX_SIZE;
        int list[MAX_SIZE] = { 8, 5, 6, 2, 4 };
        insertion_sort(list, n);
        for (i = 0; i < n; i++) {
                printf("%d   ", list[i]);
        }
}
```

• 답 :

17 다음 Java 코드는 어떤 공격을 방지하기 위한 코드인지 쓰시오.

득점	배점
	5

```java
import java.util.regex.Matcher;
import java.util.regex.Pattern;

/* 특수문자 공백 처리 */
final Pattern SpecialChars = Pattern.compile("['\'\\-#()@;=*/+]");
UserInput = SpecialChars.matcher(UserInput).replaceAll("");

final String regex = "(union|select|from|where)";

final Pattern pattern = Pattern.compile(regex, Pattern.CASE_INSENSITIVE);
final Matcher matcher = pattern.matcher(UserInput);

if(matcher.find()) {
    out.println("<script>alert('Block');</script>");
}
```

• 답 :

18 다음이 설명하는 테이블 파티셔닝의 종류를 쓰시오.

- Partitioning Column의 Partitioning Key 값에 함수를 적용하여 Data를 분할하는 방식이다.
- 데이터 이력관리의 목적보다 성능 향상의 목적으로 나온 개념이다.
- Range Partition에서 범위를 기반으로 나누었을 경우 특정 범위의 분포도가 몰려서 각기 Size가 다르게 되는 것을 보완하여, 일정한 분포를 가진 파티션으로 나누고 균등한 데이터 분포도를 이용한 병렬처리로 퍼포먼스를 보다 향상시킬 수 있다.
- 이 파티셔닝에서 Table은 단지 논리적인 구조이며 실제 데이터가 물리적으로 저장되는 곳은 Partition으로 나누어진 Tablespace에 저장이 된다.

- 구문 Sample

```
CREATE TABLE SALES_DATA_2008
(
        COLUMN_1 NUMBER NOT NULL,
        COLUMN_2 VARCHAR2(4),
        COLUMN_3 VARCHAR2(4),
        COLUMN_4 VARCHAR2(2),
        COLUMN_5 VARCHAR2(2),
        COLUMN_6 NUMBER
)
TABLESPACE TABLE_SPACE_DATA_1
PCTFREE 5
PCTUSED 40
INITRANS 11
MAXTRANS 255
STORAGE
(
        INITIAL 2048K
        NEXT 1024K
        PCTINCREASE 0
        MINEXTENTS 1
        MAXEXTENTS 121
)
PARTITION BY HASH (COLUMN_3, COLUMN_4, COLUMN_5)
(
        PARTITION P_200801,
        PARTITION P_200802,
        PARTITION P_200803,
        PARTITION P_200804,
        PARTITION P_5 VALUES LESS THAN (MAXVALUE)
)
```

- 답 :

19 다음은 Python 언어로 작성된 프로그램이다. 이를 실행한 결과를 쓰시오.

득점   배점   5

```
def selection_sort(arr):
    for i in range(len(arr) - 1):
        min_idx = i
        for j in range(i + 1, len(arr)):
            if arr[j] < arr[min_idx]:
                min_idx = j
        arr[i], arr[min_idx] = arr[min_idx], arr[i]

a = [ 14, 25, 7, 80 ]
selection_sort(a)
print(a)
```

• 답 :

20 아래 보기의 〈성적〉 테이블을 대상으로 하는 〈SQL문〉의 결과를 쓰시오.

득점   배점   5

〈성적〉

NO	NAME	KOR	ENG	MATH
203355	강희영	100	100	100
211135	김아름	100	NULL	100
212233	홍길동	NULL	0	100

〈SQL문〉

```
(1) SELECT SUM(KOR) FROM 성적;
(2) SELECT SUM(ENG) FROM 성적;
(3) SELECT SUM(MATH) FROM 성적;
```

• 답 (1) :

• 답 (2) :

• 답 (3) :

모의고사 05회

다음 물음에 답을 해당 답란에 답하시오.

배점 **100** 문제수 **20**

01 실무적으로 검증된 개발보안 방법론 중 하나로서 SW 보안의 모범 사례를 SDLC (Software Development Life Cycle)에 통합한 소프트웨어 개발 보안 생명주기 방법론은 무엇인지 쓰시오.

득점	배점
	5

• 답 :

02 물리적인 사물과 컴퓨터에 동일하게 표현되는 가상 모델로 실제 물리적인 자산 대신 소프트웨어로 가상화함으로써 실제 자산의 특성에 대한 정확한 정보를 얻을 수 있고, 자산 최적화, 돌발사고 최소화, 생산성 증가 등 설계부터 제조, 서비스에 이르는 모든 과정의 효율성을 향상시킬 수 있는 모델을 무엇이라고 하는지 쓰시오.

득점	배점
	5

• 답 :

03 양자 컴퓨터 또는 양자 정보의 기본 단위로서 두 개의 상태(동전의 양면과 같은)를 가진 양자의 시스템이다. 고전 정보의 기본 단위인 비트를 양자역학적으로 확장한 것은 무엇인지 쓰시오.

득점	배점
	5

• 답 :

04 다음 의미하는 데이터 형태를 쓰시오.

득점	배점
	5

> 동영상 파일, 오디오 파일, 사진, 보고서(문서), 메일 본문 등과 같이 정의된 구조가 없는 형태의 데이터이다. 이 데이터는 데이터의 구조가 없어 자체적으로 내용에 대한 질의 처리가 불가능하여 데이터의 특징을 추출하여 반정형, 또는 정형 데이터로 변환하는 전처리가 필요하다. 데이터 분석, 인공지능 모델의 개발 목적과 입력 데이터의 종류에 따라 다양한 방법의 전처리를 사용한다.

• 답 :

05 소프트웨어 아키텍처를 설계하는 데 발생하는 문제점을 해결하기 위하여 일반화되고 재사용 가능한 솔루션인 아키텍처 패턴의 계층 구조의 4계층을 쓰시오.

득점	배점
	5

-
-
-
-

06 다음은 디자인 패턴 분류에서 구조 패턴 중 한 패턴을 설명한 것이다. 알맞은 패턴 이름을 쓰시오.

득점	배점
	5

- "건물의 정면"이라는 사전적 의미를 가지고 있다.
- 여러 객체들을 한 번에 관리하고 싶을 때 표면 클래스를 새로 만들어 한꺼번에 관리하는 방법이다.
- 클래스 간의 의존관계가 줄고, 복잡성이 낮아진다.

- 답 :

07 요구사항 검증 방법 중 요구사항을 검토하는 다음 방식에 대하여 간략히 설명하시오.

득점	배점
	5

- 동료 검토 :

- 워크스루 :

- 인스펙션 :

08 아래 보기의 〈학생〉 테이블에 이름 속성이 '영'을 포함하는 학생들의 학번을 검색하되 학년이 높은 학생 순으로(내림차순) 출력하는 SQL문을 작성하시오.

득점	배점
	5

〈학생〉

학번	이름	학년
201101	이영진	1
191201	홍순신	2
181302	김감찬	3
181107	강희영	3
181403	이철수	3
171511	이영희	4

• 답 :

09 SQL 제어어는 관리자가 데이터의 보안, 무결성 유지, 병행제어, 회복 등을 하기 위해 사용하는 언어를 말한다. SQL 제어어의 종류에는 COMMIT, ROLLBACK, GRANT, RE-VOKE 등이 있다. 이 중 COMMIT 명령문에 대해 간략히 설명하시오.

득점	배점
	5

• 답 :

10 다음에 제시된 Java 프로그램이 〈처리결과〉와 같이 결과를 출력해주고 있다. Java 프로그램의 ___〈?〉___ 에 들어갈 Java 표현을 대소문자를 구별하여 쓰시오.

득점	배점
	5

〈처리결과〉

이름은 HRDKorea 입니다.
이름은 강희영 입니다.

```
package practiceTest05;
class Person {
        private String name;
        Person() {
                name = "HRDKorea";
        }
        Person(String name) {
                ___<?>___ = name;
        }
        public void printPerson() {
                System.out.println("이름은 " + name + " 입니다.");
        }
}
public class Exam {

        public static void main(String[] args) {
                Person p1 = new Person();
                Person p2 = new Person("강희영");
                p1.printPerson();
                p2.printPerson();
        }

}
```

• 답 :

11 다음은 Java로 작성된 프로그램이다. 이를 실행한 결과를 쓰시오.

```java
class Point {
        private int x;
        private int y;
        Point(int x, int y) {
                this.x = x;
                this.y = y;
        }
        public int getX() {
                return x;
        }
        public void setX(int x) {
                this.x = x;
        }
        public int getY() {
                return y;
        }
        public void setY(int y) {
                this.y = y;
        }
        public void printPoint() {
                System.out.println("x : " + x +" y : " + y);
        }
}
public class Exam {
        public static void main(String[] args) {
                Point p1 = new Point(10, 20);
                p1.printPoint();
                p1.setX(11);
                p1.setY(22);
                system.out.println("x : " + p1.getX() +" y : " + p1.getY());
        }
}
```

• 답 :

12 다음에 제시된 Python 프로그램이 〈처리결과〉와 같이 결과를 출력해주고 있다. Python 프로그램의 _〈?〉_ 에 들어갈 Python 표현을 대소문자를 구별하여 쓰시오.

〈처리결과〉

```
결과 : a
결과 : b
결과 : c
```

```
for a ___<?>___ ['A', 'B', 'C']:
    b = a.lower()
    print("결과 : ", b)
```

• 답 :

13 다음은 Python 언어로 작성된 프로그램이다. 이를 실행한 결과를 쓰시오.

```
total = 0

for i in range(1, 11):
    total += i

print (total)
```

• 답 :

14 다음은 리눅스의 CLI에 관한 설명이다. 빈칸 ①~②에 알맞은 것을 쓰시오.

득점	배점
	5

- #mkdir는 디렉터리를 생성하는 명령어이며, −p 옵션을 사용하면 하위 디렉터리까지 한 번에 생성할 수 있다.
- 리눅스는 최상위 유저를 CLI 환경에서 ___①___ (으)로 표시하며 일반 유저를 ___②___ (으)로 표시한다.
- 명령어에 대한 도움말은 −help, −h, #man을 명령어 뒤에 붙임으로써 확인할 수 있다.
- #cp는 파일 복사 명령어인데, −i는 덮어쓰기, −r는 하위 디렉터리 및 파일 모두 복사, −v는 명령어 실행 과정을 보여주는 옵션값이다.

• 답 (1) :
• 답 (2) :

15 다음은 제약 조건과 관련 설명이다. 빈칸 ①~②에 알맞은 제약 조건을 쓰시오.

득점	배점
	5

제약 조건	설명
(①)	참조 대상을 테이블 이름으로 명시해야 한다.
PRIMARY KEY	테이블의 기본키를 정의한다.
(②)	테이블 내에서 열은 유일한 값을 가져야 한다.

• 답 (1) :
• 답 (2) :

16 다음 〈보기〉에서 웹 애플리케이션 서버(WAS)의 종류를 모두 골라 쓰시오.

득점	배점
	5

〈보기〉

WebLogic, WebSphere, Jeus, JBoss, Tomcat, JUnit

• 답 :

17 다음 R과 S 두 릴레이션에 대한 Division 연산(R÷S)의 수행 결과를 쓰시오.

득점	배점
	5

R

D1	D2	D3
a	1	A
b	1	A
a	2	A
c	2	B

S

D2	D3
1	A

• 답 :

18 다음과 같이 왼쪽 릴레이션을 오른쪽 릴레이션으로 정규화를 하였을 때 어떤 정규화 작업을 한 것인지 쓰시오.

득점	배점
	5

국가	도시
대한민국	서울, 부산
미국	워싱턴, 뉴욕
중국	베이징

⇨

국가	도시
대한민국	서울
대한민국	부산
미국	워싱턴
미국	뉴욕
중국	베이징

• 답 :

19 사용자가 요청한 디스크 입·출력 내용이 아래와 같은 순서로 큐에 들어있다. 현재 헤드 위치는 70이고, 가장 안쪽이 1번, 가장 바깥쪽이 200번 트랙이라고 할 때, SSTF 스케줄링을 사용하면 가장 먼저 처리되는 트랙 번호를 쓰시오.

득점	배점
	5

> 요구 트랙 : 98, 193, 45, 36, 125, 156 123

• 답 :

20 둘 이상의 프로세스가 서로 남이 가진 자원을 요구하면서 양쪽 모두 작업 수행을 할 수 없이 대기 상태로 놓아 동작이 되지 않는 상태를 무엇이라 하는지 쓰시오.

득점	배점
	5

• 답 :

다음 물음에 답을 해당 답란에 답하시오. 배점 **100** 문제수 **20**

01 XP의 12가지 실천 사항(Practice) 중 하나의 컴퓨터에 2명의 프로그래머가 모든 코드를 코딩과 리뷰 역할을 바꿔가며 공동 작업을 진행하는 실천 사항을 쓰시오.

득점	배점
	5

• 답 :

02 SCRUM 개발 방법론에서 다음이 설명하는 단계를 쓰시오.

득점	배점
	5

- 그동안 스프린트에서 수행한 활동과 결과물을 살펴본다.
- 개선점이 없는지 살펴보고 문제점을 기록하는 정도로 진행한다.
- 정해진 규칙이나 표준을 잘 수행했는지 확인한다.
- 팀의 단점을 찾기보다는 강점을 찾아 팀 능력을 극대화한다.
- 개발 추정속도와 실제 작업속도를 비교하고 차이가 있다면 이유를 분석해본다.

• 답 :

03 현행 DBMS 분석 시 5대 고려사항을 쓰시오.

득점	배점
	5

• 답 :

04 디자인 패턴의 생성 패턴에서 전역 변수를 사용하지 않고 객체를 하나만 생성하도록 하며, 생성된 객체를 어디에서든지 참조할 수 있도록 하는 디자인 패턴을 쓰시오.

득점	배점
	5

• 답 :

05 소프트웨어 개발 모델 중 나선형 모델의 4가지 주요 활동을 순서대로 나열하시오.

득점	배점
	5

• 답 :   →   →   →

06 다음 설명하는 신기술 용어를 쓰시오.

득점	배점
	5

> 웹에서 누구나 사용할 수 있도록 무료로 공개되는 연계 데이터이다. 웹에 게시되는 데이터에 식별자(URI)를 부여하고 관련 정보를 구조적으로 제공하는 연계 데이터를 저작권 없이 무료로 제공하여 사용자가 정보를 다양하고 효율적으로 활용할 수 있도록 한다.
> 하이퍼텍스트 전송 규약(HTTP), 자원 기술 프레임워크(RDF : Resource Description Framework)와 인터넷 식별자(URI : Uniform Resource Identifier) 등의 웹 표준 기술을 이용하여 시맨틱 웹을 구축하고, 출처가 서로 다르지만 인터넷 식별자(URI)를 통해 데이터를 서로 연결한다. 데이터를 재사용할 수 있고, 데이터 중복을 줄일 수 있다는 장점이 있다. 국립중앙도서관, 서울시, 한국관광공사, 특허청 등에서 이것을 활용한 서비스를 하고 있다.

• 답 :

07 블랙박스 테스트와 화이트박스 테스트의 종류를 구분하여 3가지씩 쓰시오.

득점	배점
	5

• 블랙박스 테스트 종류 :
• 화이트박스 테스트 종류 :

08 아래 〈성적〉 테이블을 대상으로 〈지시사항〉을 실행하는 SQL문은 다음과 같다. 빈칸 ①~③에 알맞은 용어를 쓰시오.

	득점	배점
		5

〈성적〉

학번	이름	학년	수강과목	점수
1607	이영진	4	운영체제	92
1609	박태인	4	데이터베이스	85
1719	김정애	3	데이터베이스	91
1710	강순신	3	운영체제	88
1717	이태순	3	빅데이터개론	80
1819	김인성	2	데이터베이스	70
1925	강희영	1	빅데이터개론	72

〈지시사항 및 SQL문〉

- 〈성적〉 테이블에서 데이터베이스과목을 수강하는 학생이거나 점수가 80점 이상인 학생의 이름을 출력 하시오.
  ▶ SELECT 이름 FROM 성적
  　 WHERE 수강과목 = '데이터베이스' (　① 　) 점수 >= 80;

- 〈성적〉 테이블에서 수강과목별 점수의 평균이 85점 이상인 수강과목을 출력하시오.
  ▶ SELECT 수강과목 FROM 성적
  　 GROUP BY 수강과목 (　② 　) AVG(수강과목) >= 85;

- 〈성적〉 테이블에서 '빅데이터개론'을 수강한 학생의 점수를 모두 0점으로 갱신하시오.
  ▶ UPDATE 성적 (　③ 　) 점수 = 0 WHERE 수강과목 = '빅데이터개론';

- 답 (1) :
- 답 (2) :
- 답 (3) :

09 다음은 입력받은 자연수(N)의 각 자릿수의 합을 C언어로 작성한 프로그램이다(아래 출력 결과 참조). C 프로그램상의 빈 줄 ①~②에 들어갈 적당한 C 표현을 쓰시오. (예 : 123 입력 후, 결과 1+2+3=6)

득점	배점
	5

〈출력 결과〉

```
자연수 입력 : 1234567
자릿수 합계 : 28
```

```c
#include <stdio.h>
void main()
{
    int input;
    int output = 0;
    printf("자연수 입력 : ");
    scanf("%d", &input);
    while(input)
    {
            output +=    ①    % 10;
            input /=    ②   ;
    }
    printf("자릿수 합계 : %d\n", output);
}
```

• 답 (1) :
• 답 (2) :

10 다음에 제시된 Java 프로그램은 두 정수를 입력받아 정수의 합을 출력하는 프로그램이다. Java 프로그램의 〈?〉에 들어갈 Java 표현을 대소문자를 구별하여 쓰시오.

득점	배점
	5

```java
    〈?〉    java.util.Scanner;
public class Exam  {
        public static void main(String [ ] args)  {
                int x, y;
                System.out.print("두 정수를 입력하시오 : ");
                Scanner stdInput = new Scanner(System.in);
                x = stdInput.nextInt();
                y = stdInput.nextInt();
                System.out.println(x + "와 " + y + "의 덧셈 결과 : " + (x + y));
        }
}
```

• 답 :

11 다음은 Java로 작성된 프로그램이다. 이를 실행한 결과를 쓰시오.

득점	배점
	5

```java
class User {
        private String id;
        private String name;
        User(String id, String name) {
                this.id = id;
                this.name = name;
        }
}
public class Exam {

        public static void main(String[] args) {
                User a = new User("pass1", "김길동");
                User b = new User("pass1", "김길동");
                User c = a;

                System.out.println(a == b);
                System.out.println(a == c);
                System.out.println(a.equals(c));
                System.out.println(a.equals(b));
        }

}
```

• 답 :

12 다음은 Python 언어로 작성된 프로그램이다. 이를 실행한 결과를 쓰시오.

득점	배점
	5

```python
alphabet = ['A', 'B', 'C']
for a in alphabet[ : :-1]:
    print(a)
```

• 답 :

13 다음에 제시된 Python 프로그램이 〈처리결과〉와 같이 결과를 출력해주고 있다. Python 프로그램의 __〈?〉__ 에 들어갈 Python 표현을 대소문자를 구별하여 쓰시오.

득점	배점
	5

〈처리결과〉

```
{'email': 'abc@hrdk.org', 'age': '20', 'name': '홍길동'}
홍길동
20
길이 : 3
```

```
members = { 'name':'홍길동', 'age':'20', 'email':'abc@hrdk.org' }
print(members)
print(members['name'])
print(members['age'])
print('길이 : %d' %      <?>      (members))
```

• 답 :

14 주기억장치 관리 기법 중 "Best Fit" 기법 사용 시 20K의 프로그램은 주기억장치 영역 번호 중 어느 곳에 할당되는지 영역 번호를 쓰시오.

득점	배점
	5

영역 번호	영역 크기	상태
1	21K	사용 중
2	30K	공백
3	18K	공백
4	25K	공백

• 답 :

15 다음은 자바 언어에서 3개의 변수와 변수의 생명주기에 대한 설명이다. 빈칸 ①~②에 알맞은 변수를 쓰시오.

득점	배점
	5

변수	생명주기 설명
(①)	프로그램 전체에서 유효하다.
지역변수	함수를 선언한 { } 내에서만 유효하다.
(②)	일반적으로 메소드가 호출될 때 생명이 시작되고, 메소드가 끝나면 소멸된다.

• 답 (1) :

• 답 (2) :

16 형상관리 도구인 Git 명령어 중 타 개발자가 수정 작업을 위하여 저장소(Repository)에 저장된 파일을 자신의 작업공간으로 인출하는 명령어를 쓰시오.

득점	배점
	5

• 답 :

17 다음 〈보기〉에서 DBMS의 특징에 해당하는 것을 모두 골라 쓰시오.

득점	배점
	5

〈보기〉

데이터 무결성, 데이터 정확성, 데이터 일관성, 데이터 회복성, 데이터 보안성, 데이터 효율성

• 답 :

18 아래 〈수강〉 테이블에 다음의 작업을 수행하려고 할 때 발생하는 이상 현상을 쓰시오.

득점	배점
	5

〈수강〉

학번	수강과목	학년	학점
151010	전자계산기	4	A
151010	운영체제	4	B
193311	운영체제	1	A
193311	데이터베이스	1	C
193311	전자계산기	1	C
171101	데이터베이스	2	B
182122	자료구조	3	B

위 〈수강〉 테이블은 학생들의 수강과목에 대한 정보를 나타내고 있다. 〈수강〉 테이블은 '학번'과 '수강과목'이 조합된 (학번, 수강과목)이 기본키이다. 〈수강〉 테이블에서 학번이 '182122'인 학생이 '자료구조' 과목을 취소하게 되어 '자료구조' 값을 삭제하려고 한다. 하지만 관계 데이터 모델에서 삭제는 튜플 단위로 이루어지기 때문에 '자료구조'가 포함된 튜플 전체가 삭제된다. 이와 같이 삭제하는 데 있어 원하지 않는 자료도 더불어 삭제되었다.

• 답 :

19 DNS 서버가 사용하는 TCP 포트 번호는 무엇인지 쓰시오.

득점	배점
	5

• 답 :

20 다음 공통으로 설명하는 용어를 쓰시오.

득점	배점
	5

• Not Only SQL의 약자로 기존 RDBMS 형태의 관계형 데이터베이스가 아닌 다른 형태의 데이터 저장 기술을 의미한다.
• 기존의 관계형 데이터베이스 시스템의 주요 특성을 보장하는 ACID(Atomic, Consistency, Integrity, Durability) 특성을 제공하지 않는, 그렇지만 뛰어난 확장성이나 성능 등의 특성을 갖는 수많은 비관계형, 분산 데이터베이스들이 등장하면서 보편적으로 사용되었다.
• RDBMS와는 달리 데이터 간의 관계를 정의하지 않으며, RDBMS에 비해 훨씬 더 대용량의 데이터를 저장할 수 있고, RDBMS와는 다르게 테이블의 스키마가 유동적이다. 기존의 관계형 데이터베이스보다 더 융통성 있는 데이터 모델을 사용하고, 데이터의 저장 및 검색을 위한 특화된 메커니즘을 제공한다.

• 답 :

다음 물음에 답을 해당 답란에 답하시오.

배점 **100** 문제수 **20**

01 형상관리 도구에서 인증을 받은 컴포넌트를 등록하는 저장소로 손쉽게 컴포넌트를 이용할 수 있도록 하는 저장소로서, 컴포넌트의 최신 버전 유지 관리, 컴포넌트의 버전별 상태 유지 관리를 함으로써 사용자가 컴포넌트를 쉽게 이용하도록 하는 것은 무엇인지 쓰시오.

득점	배점
	5

• 답 :

02 애플리케이션 테스트 관리에서 테스트 커버리지에 대하여 약술하시오.

득점	배점
	5

• 답 :

03 알고리즘 설계 기법 중 다음이 설명하는 설계 기법을 쓰시오.

득점	배점
	5

- 주어진 문제를 해결하기 위해 부분문제에 대한 답을 계속적으로 활용해 나가는 Bottom-Up 방식을 가지고 있으며, 요구문제는 부분문제로 나눈 후, 가장 낮은 단계의 부분문제 해답을 구하고, 이 부분문제의 해답을 이용해 상위 부분문제를 해결해 나간다.
- 이 알고리즘 설계 기법은 이전 단계의 해답을 활용하기 위해 반드시 기억할 수 있는 저장소가 필요하기 때문에 속도는 빠르지만, 공간복잡도가 커지는 단점이 있다.
- 예로는 플로이드 알고리즘, 피보나치 수열 알고리즘이 있다.

• 답 :

04 소스코드 품질 분석 도구는 정적 분석 도구와 동적 분석 도구로 구분할 수 있다. 다음 보기 중 정적 분석 도구를 모두 찾아 쓰시오.

득점	배점
	5

> pmd, cppcheck, SonarQube, ccm, cobertura, Avalanche, Valgrind

• 답 :

05 인터페이스 구현 검증 도구의 종류 중 다음 빈칸에 알맞는 도구 이름을 쓰시오.

득점	배점
	5

인터페이스 구현 검증 도구	설명
Watir	Ruby 기반 웹 애플리케이션 테스트 프레임워크이며 모든 언어 기반의 웹 애플리케이션 테스트와 브라우저 호환성을 테스트할 수 있다.
(①)	• java(JUnit), C++(Cppunit), .Net(Nunit) 등 다양한 언어를 지원하는 단위 테스트 프레임워크이다. • 함수, 클래스 등 다른 구성 단위를 테스트를 도와준다.
FitNesse	• 웹 기반 테스트 케이스 설계/실행/결과 확인 등을 지원하는 테스트 프레임워크이다. • 테스트 케이스 테이블을 작성하면 자동으로 빠르고 쉽게 작성한 테스트를 수행할 수 있다.
STAF	• 서비스 호출, 컴포넌트 재사용 등 다양한 환경을 지원하는 테스트 프레임워크이다. • 데몬을 사용하여 테스트 대상 분산 환경에서 대상 프로그램을 통해서 테스트를 수행하고 통합하는 자동화 검증 도구이다.
NTAF Naver	테스트 자동화 프레임워크이며, STAF와 FitNesse를 통합하였다.
(②)	• 다양한 브라우저 지원 및 개발 언어를 지원하는 웹 애플리케이션 테스트 프레임워크이다. • 테스트를 위한 스크립트 언어 습득 없이, 기능 테스트 작성을 위한 플레이백 도구를 제공한다.

• 답 (1) :
• 답 (2) :

06 다음 설명하는 통신 프로토콜을 쓰시오.

득점	배점
	5

패킷 교환망에서 DCE(회선 종단 장치)와 DTE(데이터 단말 장치) 사이에 이루어지는 상호작용을 규정한 프로토콜이다. 가장 일반적으로 사용되고 있으며, 세계적인 표준이 되었다. 회선 교환 방식에서는 상호 접속된 장치들 간에 직접 물리적으로 연결되어 있는 것처럼 통신 경로가 매우 투명하다고 할 수 있다.

• 답 :

07 아래 〈학생〉 테이블에 〈보기〉 SQL명령문을 수행한 결과 에러가 발생하였다. 수행 불가능한 상황의 이상 현상의 종류와 에러의 원인이 되는 무결성 제약조건은 무엇인지 쓰시오. (〈학생〉 테이블의 기본키는 학번 속성이다.)

득점	배점
	5

〈학생〉

학번	이름	학과
S1	김학생	컴퓨터과
S2	홍학생	경영학과
S3	강학생	무역학과
S4	정학생	기계과
S5	박학생	전기과

〈보기〉 SQL명령문

```
INSERT INTO 학생 VALUES ('S3', '신학생', '심리학과');
```

• 이상 현상 :
• 위반 무결성 :

08 아래 〈사원〉 테이블에서 평균 급여보다 많이 받는 사원의 사원번호, 사원명, 급여를 출력하는 SQL문을 작성하시오. (단, where절에 하위 쿼리를 사용하여 작성하시오.)

득점	배점
	5

〈사원〉

사원번호	사원명	급여	부서
emp001	김사원	2,500,000	마케팅부
emp002	이사원	3,300,000	마케팅부
emp003	박사원	2,800,000	교육부
emp004	정사원	3,100,000	교육부
emp005	최사원	2,700,000	관리부
emp006	강사원	3,200,000	관리부
emp007	신사원	4,500,000	영업부

• 답 :

09 아래의 〈출력 결과〉가 출력되는 Java 프로그램의 ___〈?〉___ 에 들어갈 공통 Java의 기본 어노테이션(Annotation) 표현을 쓰시오.

득점	배점
	5

〈출력 결과〉

```
원의 넓이 : 3.141592653589793
직사각형의 넓이 : 15
```

```java
abstract class Shapes {
    abstract public void area();
}
class Circle extends Shapes {
    int r;
    public Circle(int r) {
            this.r = r;
    }
           <?>
    public void area() {
            System.out.println("원의 넓이 : " + Math.PI * r * r);
    }
}
class Rectangle extends Shapes {
    int w;
    int h;
    public Rectangle(int w, int h) {
            this.w = w;
            this.h = h;

    }
           <?>
    public void area() {
            System.out.println("직사각형의 넓이 : " + w * h);
    }
}
public class Exam {
    public static void main(String[] args) {
            Circle  s1 = new Circle(1);
            s1.area();
            Rectangle s2 = new Rectangle(3, 5);
            s2.area();
    }
}
```

• 답 :

10 아래의 〈출력 결과〉가 출력되도록 Java 프로그램의 ___〈?〉___ 에 들어갈 Java 표현을 대소문자를 구별하여 쓰시오.

득점	배점
	5

〈출력 결과〉

```
num1 : 2
num2 : 0
num1 : 2
num2 : 2
```

```java
class Number {
        _____<?>_____ public int num1 = 0;
        public int num2 = 0;
        public void increment() {
                num1++;
                num2++;
        }
        public void decrement() {
                num1--;
                num2--;
        }
        public void printNumber() {
                System.out.println("num1 : " + num1);
                System.out.println("num2 : " + num2);

        }
}

public class Exam {

        public static void main(String[] args) {
                Number n1 = new Number();
                Number n2 = new Number();

                n1.increment();
                n2.increment();
                n2.increment();
                n1.decrement();
                n1.printNumber();
                n2.printNumber();
        }

}
```

• 답 :

11 다음 〈보기〉와 같은 단계로 오름차순으로 수행되는 정렬 알고리즘은 무엇인지 쓰시오.

〈보기〉

```
PASS 0 : 5 8 6 4 2
PASS 1 : 2 8 6 5 4
PASS 2 : 2 4 8 6 5
PASS 3 : 2 4 5 8 6
PASS 4 : 2 4 5 6 8
```

• 답 :

12 다음은 Python 언어로 작성된 프로그램이다. 이를 실행한 결과를 쓰시오.

```python
a = list(range(1,10,2))
a.append(a[2])
a.append(a[4])
a.remove(a[1])
a.remove(a[3])
for i in a:
    print(i, end = ' ')
```

• 답 :

13 다음은 C언어로 작성된 프로그램이다. 이를 실행한 결과를 쓰시오.

<table>
<tr><td>득점</td><td>배점</td></tr>
<tr><td></td><td>5</td></tr>
</table>

```c
#include <stdio.h>

int refunc(int i)
{
    printf("%d ", i);
    if (i < 1)
    {
        return 2;
    }
    else
    {
        return (3 * refunc(i - 1) + 1);
    }
}

void main()
{
    int n;
    n = refunc(7);

    printf("\n");
    printf("%d\n", n);
}
```

• 답 :

14 다음은 TCP/IP의 플래그 비트와 관련된 설명이다. 빈칸 ①~③에 알맞은 용어를 영문 약어로 쓰시오.

<table>
<tr><td>득점</td><td>배점</td></tr>
<tr><td></td><td>5</td></tr>
</table>

플래그	설명
(①)	초기 TCP 연결을 요청한다.
ACK	ACK 번호 필드에 값이 타당한지 알려준다.
(②)	TCP 연결을 정상적으로 종료한다.
(③)	TCP 연결을 즉시 종료한다.
PSH	세그먼트 내의 긴급데이터가 아닌 데이터를 가능한 빨리 처리한다.
URG	긴급 데이터를 처리한다.

• 답 (1) :

• 답 (2) :

• 답 (3) :

15 다음은 영속 계층(Persistence Layer)의 객체 종류와 관련 설명이다. 빈칸 ①~③에 알맞은 객체명을 영문 약어로 쓰시오.

득점	배점
	5

종류	설명
(①)	특정 타입의 데이터베이스나 다른 지속적인 메커니즘(Persistence Mechanism)에 추상 인터페이스를 제공하는 객체
(②)	프로세스 사이에서 데이터를 전송하는 객체
(③)	getter 기능만 제공하는 불변 클래스를 만들어서 사용하며, 간단한 독립체(Entity)를 의미하는 작은 객체

• 답 (1) :
• 답 (2) :
• 답 (3) :

16 다음 〈보기〉에서 교착 상태 발생의 필요조건에 해당하는 항목의 기호를 모두 골라 쓰시오.

득점	배점
	5

〈보기〉

> ㉠ 상호배제(mutual exclusion) 조건
> ㉡ 환형대기(circular wait) 조건
> ㉢ 선점(preemption) 조건
> ㉣ 비선점(non-preemption) 조건
> ㉤ 재진입 가능(reentrant) 조건
> ㉥ 점유와 대기(hold and wait) 조건

• 답 :

17 한 프로세스가 다른 프로세스보다 우선순위 등이 낮아 기다리게 되는 경우, 한 번 양보하거나 일정 시간이 지나면 우선순위를 한 단계씩 높여줌으로써 오래 기다린 프로세스를 고려하여 무기한 지연을 해결하는 방법을 무엇이라 하는지 쓰시오.

득점	배점
	5

• 답 :

18 다음 〈보기〉는 test.text 파일의 소유 그룹을 hrdk로 변경하고자 할 때 실행하는 리눅스 명령어이다. 빈칸 (   )에 들어갈 명령으로 알맞은 것을 쓰시오.

득점	배점
	5

〈보기〉

```
[root@localhost]# (      ) :hrdk test.txt
```

• 답 :

19 소프트웨어 컴포넌트의 테스트를 가능하게 하거나 프로그램의 입력을 받아들이거나 빠진 컴포넌트의 기능의 대신하거나 실행 결과와 예상 결과를 비교하기 위하여 동원된 소프트웨어 도구를 테스트 하네스라고 한다. 테스트 하네스 도구의 구성요소 중 테스트 슈트에 대하여 약술하시오.

득점	배점
	5

• 답 :

20 다음 설명하는 프로그래밍 언어는 무엇인지 쓰시오.

득점	배점
	5

• 통계 계산과 그래픽을 위한 프로그래밍 언어이자 소프트웨어 환경으로 뉴질랜드 오클랜드 대학의 로스 이하카(Ross Ihaka)와 로버트 젠틀맨(Robert Gentleman)에 의해 시작되었다. S 프로그래밍 언어의 구현으로 GNU S라고도 한다. MS 윈도우, 맥 OS 및 리눅스를 포함한 UNIX 플랫폼에서 이용 가능하다.
• 통계 계산 및 시각화를 위한 언어 및 개발 환경을 제공하며 기본 통계 기법부터 모델링, 최신 데이터마이닝 기법까지 구현 및 개선이 가능하며 다양한 형태로 시각화할 수 있다. 현재 빅데이터 분석이 필요한 기업에서 활용되고 있다.

• 답 :

다음 물음에 답을 해당 답란에 답하시오.　　　　배점 **100**　문제수 **20**

01 비정규화(De-normalization, 반정규화, 역정규화)의 개념을 간략히 설명하시오.

득점	배점
	5

· 답 :

02 다음 설명에 부합하는 마크업 언어는 무엇인지 영문 약어로 쓰시오.

득점	배점
	5

> · HTML의 단점을 보완한 인터넷 언어로, SGML의 복잡한 단점을 개선한 다목적 마크업 언어이다.
> · 웹상에서 구조화된 문서를 상호 교환 가능하도록 설계된 웹 표준 문서 포맷으로, 메타데이터에 대한 정의가 명확하다.
> · 사용자가 새로운 태그와 속성을 정의할 수 있는 확장성을 가진다.
> · 유니코드를 사용하여 전 세계의 모든 문자를 처리 가능하며 장치와 시스템에 독립적이다.

· 답 :

03 소프트웨어 테스트 방법의 일반적인 원리 중 하나인 살충제 패러독스(Pesticide Paradox)의 개념을 간략히 설명하시오.

득점	배점
	5

· 답 :

04 하나의 프로그램을 몇 개의 작은 부분으로 분할하는 경우, 그 분할 단위를 일반적으로 모듈(Module)이라고 한다. 다음 중 바람직한 모듈에 대한 설명으로 빈칸 ①~②에 알맞은 용어를 쓰시오.

득점	배점
	5

> 모듈화를 중심으로 하는 소프트웨어 설계 방법에서는 모듈의 독립성을 높게 해주는 것이 좋은 설계 방향이
> 다. 모듈의 독립성을 높여주기 위해서는 각 모듈 간의 관련성을 나타내는 (①   )(은)는 낮추고, 모듈 안의
> 요소들이 서로 관련되어 있는 정도를 나타내는 (②   )(은)는 높이는 것이 가장 바람직하다.

• 답 (1) :
• 답 (2) :

05 다음은 어떤 프로그램의 구조를 나타낸다. Fan-in의 수가 2 이상인 모듈의 이름을 쓰시오.

득점	배점
	5

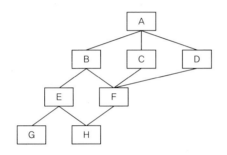

• 답 :

06 다음 설명 중 빈칸 (   )에 가장 부합하는 프로그래밍 언어를 영문 약어로 쓰시오.

득점	배점
	5

- (   )(은)는 데이터를 저장하거나 전송할 때 많이 사용되는 경량의 DATA 교환 형식이다. (   ) 표현식은 사람과 기계 모두 이해하기 쉬우며 소용량으로 최근에는 XML을 대체해서 데이터 전송 등에 많이 사용한다. Ajax에서 서버와 통신하며 데이터 교환을 쉽게 하기 위해 (   )(을)를 데이터 전송 형식으로 많이 사용한다.
- (   )의 문법은 key와 value가 쌍으로 존재하며 태그로 표현하기보다는 중괄호({ }) 같은 형식으로 표현하고, 값을 ','로 나열하기 때문에 그 표현이 간단하다.
- 형식 : { String key : String value }
- 예

```
{
    "firstName" : "Hong",
    "lastName" : "GilDong",
    "age" : 25,
    "email" : "abc@pass.com"
}
```

- 답 :

---

07 다음 설명 중 빈칸 ①~③에 가장 부합하는 애플리케이션 성능 측정을 위한 지표를 쓰시오.

득점	배점
	5

애플리케이션 성능이란 사용자의 요구 기능을 해당 애플리케이션이 최소의 자원을 사용하면서 얼마나 빨리, 많은 기능을 수행하는가를 육안 또는 도구를 통하여 점검하는 것을 말한다. 이를 측정하기 위한 지표는 (①), (②), (③), 자원 사용률이 있다. (①)(은)는 애플리케이션이 주어진 시간에 처리할 수 있는 트랜잭션의 수로, 웹 애플리케이션의 경우 시간당 페이지 수로 표현하기도 한다. (②)(은)는 사용자 입력이 끝난 후, 애플리케이션의 응답 출력이 개시될 때까지의 시간으로, 웹 애플리케이션의 경우 메뉴 클릭 시 해당 메뉴가 나타나기까지 걸리는 시간을 말한다. (③)(은)는 애플리케이션에 사용자가 요구를 입력한 시점부터 트랜잭션 처리 후 그 결과의 출력을 완료할 때까지 걸리는 시간을 말한다. 자원 사용률은 애플리케이션이 트랜잭션을 처리하는 동안 사용하는 CPU 사용량, 메모리 사용량, 네트워크 사용량을 말한다.

- 답 (1) :
- 답 (2) :
- 답 (3) :

08 학생(STUDENT) 테이블에 전자과 학생 50명, 정보통신과 학생 100명, 건축과 학생 50명의 정보가 저장되어 있을 때, 다음 ①~③ SQL문의 실행 결과 튜플 수를 쓰시오. (단, DEPT 컬럼은 학과명이다.)

득점	배점
	5

```
① SELECT DEPT FROM STUDENT;
② SELECT DISTINCT DEPT FROM STUDENT;
③ SELECT COUNT(DISTINCT DEPT) FROM STUDENT WHERE DEPT='정보통신';
```

• 답 (1) :

• 답 (2) :

• 답 (3) :

09 다음 설명 중 빈칸 (   )에 가장 부합하는 네트워크 공격 유형에 해당하는 용어를 쓰시오.

득점	배점
	5

• (   )(은)는 네트워크 패킷의 출발지 IP를 변조하여 공격 대상의 자원을 소모시키는 공격으로 기밀성과 가용성을 침해하는 공격 유형이다.
• 주로 3 Way Handshaking의 연결 지향적 특징을 가지는 서비스에서 발생된다.
• (   )(은)는 출발지 IP 주소와 도착지 IP 주소가 동일한 특징이 있어 네트워크 모니터링 도구인 와이어샤크의 컨버세션(Conversations) 기능을 통해 동일 IP 주소 간에 통신 여부를 체크하는 방법으로 공격 여부를 확인할 수 있다. 해당 패킷의 출발지와 도착지의 IP 주소가 동일한 패킷을 기본적으로 차단하여 (   )(을)를 막을 수 있다.
• 패킷 분석의 예

NO	Source IP	Destination IP	Protocol	Length
11	1.1.1.130	1.1.1.130	ICMP	42
12	1.1.1.130	1.1.1.130	ICMP	60
13	1.1.1.130	1.1.1.130	ICMP	78
14	1.1.1.130	1.1.1.130	ICMP	96
15	1.1.1.130	1.1.1.130	ICMP	114
16	1.1.1.130	1.1.1.130	ICMP	132

• 답 :

10 다음은 C언어로 작성된 프로그램이다. 이를 실행한 결과를 쓰시오.

득점	배점
	5

```c
#include <stdio.h>
int main()
{
    int a[] = { 95, 75, 85, 100, 50 };
    int i, j, temp;
    int n = sizeof(a) / sizeof(int);    // int n = 5;

    for( i = 0; i < n-1; i++ ) {
        for( j = 0; j < 4-i; j++ ) {
            if( a[j] > a[j+1] ) {
                temp = a[j];
                a[j] = a[j+1];
                a[j+1] = temp;
            }
        }
    }
    for( i = 0; i < 5; i++ ) {
        printf("%d ", a[i]);
    }
    return 0;
}
```

• 답 :

11 다음은 Java로 작성된 프로그램이다. 이를 실행한 결과를 쓰시오.

```java
public class Exam {

        public static int[] makeArray(int n) {
                int[] t = new int[n];
                for(int i = 0; i < n; i++) {
                    t[i] = i;
                }
                return t;
        }
        public static void main(String[] args) {
                int[] a = makeArray(4);
                for(int i = 0; i < a.length; i++)
                        System.out.print(a[i] + " ");
        }

}
```

• 답 :

12 다음은 Java로 작성된 프로그램이다. 이를 실행한 결과를 쓰시오.

```java
public class Exam {

    public static void main(String[] args) {
        int i = 3, k = 1;
        switch( i ) {
            case 1: k++;
            case 2: k += 3;
            case 3: k = 0;
            case 4: k += 3;
            case 5: k -= 10;
            default: k--;
        }
        System.out.print(k);
    }

}
```

• 답 :

13 통신 프로토콜(Communication Protocol)은 컴퓨터나 원거리 통신 장비 사이에서 메시지를 주고받는 양식과 규칙의 체계이다. 통신 프로토콜을 구성하는 기본 요소 3가지를 쓰시오.

득점	배점
	5

• 답 :

14 운영체제의 비선점 프로세스 스케줄링 기법 중 하나인 HRN(Highest Response-ratio Next)은 어떤 작업이 서비스를 받을 시간과 그 작업이 서비스를 기다린 시간으로 결정되는 우선순위에 따라 CPU를 할당하는 기법이다. HRN의 우선순위를 결정하는 계산식을 쓰시오.

득점	배점
	5

• 답 :

15 트랜잭션(Transaction)은 데이터베이스 내에서 한꺼번에 모두 수행되어야 할 연산들의 집합으로 하나의 작업 처리를 위한 논리적 작업 단위를 말한다. 다음은 트랜잭션의 주요 특성 4가지이다. 빈칸 ①~②에 알맞은 용어를 쓰시오.

득점	배점
	5

주요 특성	설명
(①)	트랜잭션의 가장 기본적인 특성으로 트랜잭션 내의 연산은 반드시 모두 수행되어야 하며 그렇지 못한 경우 모두 수행되지 않아야 함
일관성	트랜잭션이 정상적으로 완료된 후 언제나 일관성 있는 데이터베이스 상태가 되어야 하며, 결과에 모순이 생겨서는 안 됨
(②)	하나의 트랜잭션이 수행 중에는 다른 트랜잭션이 접근할 수 없고 각각의 트랜잭션은 독립적이어야 함
영속성	지속성이라고도 하며, 트랜잭션이 성공적으로 완료된 후 결과는 지속적으로 유지되어야 함

• 답 (1) :
• 답 (2) :

16 OSI 7 참조 모델 중 두 장비 간의 전송을 위한 연결이나 전달 등의 인터페이스의 기계적, 전기적, 절차적 특성을 정의하며 비트를 물리적인 매체를 통해 전송하는 계층을 쓰시오.

득점	배점
	5

• 답 :

17 릴리즈 노트(Release Note)는 고객 편의성을 고려하여 조직의 최종 사용자인 고객과 잘 정리된 릴리즈 정보를 공유하는 문서이다. 릴리즈 노트의 내용에는 보통 특정 소프트웨어 릴리즈의 최근 변경 사항, 개선 사항 및 버그 수정이 간결히 요약되어 있다. 릴리즈 노트 작성 항목 중 문서 이름(릴리즈 노트 이름), 제품 이름, 버전 번호, 릴리즈 날짜, 참고 날짜, 노트 버전 등을 기술하는 작성 항목은 무엇인지 쓰시오.

득점	배점
	5

• 답 :

18 데이터 마이닝(Data mining)의 개념을 간략히 설명하시오.

득점	배점
	5

• 답 :

19 입력 데이터로부터 128비트의 축약 메시지인 해시값을 생성하는 해시 함수로 주로 프로그램이나 파일이 원본 그대로인지를 확인하는 무결성 검사 용도로 많이 쓰이고 있다. 1990년 R. Rivert가 MD4를 일방향 해시 함수로 개선한 알고리즘이 무엇인지 쓰시오.

득점	배점
	5

• 답 :

20 LOC 기법에 의하여 예측된 총 라인 수가 30,000라인일 경우 개발에 투입될 프로그래머의 수가 5명이고, 프로그래머들의 평균 생산성이 월당 300라인일 때, 개발에 소요되는 기간을 구하는 계산식과 기간(개월)을 구하여 쓰시오. (단, 프로젝트에 참여하는 개발자들의 평균 생산성은 모두 동일하다고 가정한다.)

득점	배점
	5

• 계산식 :

• 답 :

다음 물음에 답을 해당 답란에 답하시오.

배점 **100** 문제수 **20**

01 다음 (   ) 안에 공통으로 들어갈 소프트웨어 개발 프로젝트 방법론을 의미하는 용어를 쓰시오.

득점	배점
	5

- (   )(은)는 작업 계획을 짧은 단위로 세우고 시제품을 만들어 나가는 사이클을 반복함으로써 고객의 요구 변화에 유연하고도 신속하게 대응하는 개발 방법론이다. 이와 반대되는 개념이 전통적 개발 방법론이라 할 '워터폴(Waterfall) 방식'이다. (   )(은)는 소프트웨어 개발에 국한되지 않고 조직과 사업 등 기업경영 전반으로 사용 범위가 확산되고 있다.
- (   )(은)는 짧은 개발 주기를 가지고 프로젝트 계획 수립과 진행에 있어서 최초의 프로젝트 일정 계획에 매이지 않고 고객 중심으로 계획을 융통성 있게 변경한다. 단계별 문서 산출물 확인보다는 해당 소프트웨어 코딩이 제대로 동작하는지(code-oriented) 고객에게 확인하는 과정을 꾸준히 진행한다.
- (   )(은)는 프로젝트 진행 도중에 일부 결과물인 시제품을 고객에게 지속적이며 반복적으로 제공한다. 고객의 요구사항이 정확하게 반영되고 있는지 수시로 점검하게 된다.

- 답 :

02 다음은 데이터베이스 설계의 순서이다. 빈칸 (   )에 부합하는 용어를 보기에서 골라 순서대로 쓰시오.

득점	배점
	5

요구사항 분석 → (   ) → (   ) → (   ) → 구현

〈보기〉

논리적 설계, 개념적 설계, 물리적 설계

- 답 :   →   →

03 HTTP, HTTPS, SMTP 등을 사용하여 XML 기반의 메시지를 컴퓨터 네트워크상에서 교환하는 형태의 프로토콜로서 Envelope, Header, Body의 주요 3요소로 구성된 간접 연계 방식 웹 서비스의 기본적인 메시지 전송 수단을 의미하는 용어를 쓰시오.

득점	배점
	5

• 답 :

04 다음 빈칸 (   ) 안에 공통으로 들어갈 가장 적합한 용어를 쓰시오.

득점	배점
	5

> 소프트웨어 개발 과정에서 변경에 대비하기 위한 소프트웨어 (   )(은)는 반드시 필요하다. (   ) (은)는 소프트웨어 품질 보증을 위한 주요한 요소이며, 주 임무는 변경의 통제이다. 소프트웨어 (   ) (이)란 소프트웨어의 개발 과정에서 발생하는 산출물의 변경 사항을 관리하기 위한 일련의 활동을 말한다. 소프트웨어 리사이클 기간 동안 개발되는 제품의 무결성을 유지하고 소프트웨어의 식별, 편성 및 수정을 통제하는 프로세스를 제공한다. 실수의 최소화와 생산성의 최대화가 (   )의 궁극적인 목표라고 할 수 있다. 대표적인 (   ) 도구로는 CVS, Subversion, Clear Case 등이 있다.

• 답 :

05 '비동기식 자바스크립트 XML'를 의미하는 용어로 클라이언트와 웹 서버 간에 XML 데이터를 내부적으로 통신하는 대화식 웹 애플리케이션의 제작을 위해 사용된다. 클라이언트의 요청에 의해 웹 서버에서 로딩된 데이터를 웹 브라우저의 페이지에 보여주기 위해 웹 페이지 전체를 '새로고침'할 필요 없이 즉, 새로운 HTML 페이지로 이동할 필요 없이 현재 페이지에서 필요한 일부분만 로딩되도록 하는 웹 개발 기법을 의미하는 용어를 영문 약자(약어)로 쓰시오.

득점	배점
	5

• 답 :

06 UI(User Interface)는 사용자와 컴퓨터 상호 간의 소통을 원활히 할 수 있도록 도와주는 연계 작업을 뜻한다. 다음은 UI의 설계 원칙 4가지이다. 빈칸 (   )에 알맞은 용어를 쓰시오.

설계 원칙	설명
직관성	누구나 쉽게 이해하고 사용할 수 있어야 한다.
( )	사용자의 목적을 정확하게 달성하여야 한다.
학습성	누구나 쉽게 배우고 익힐 수 있어야 한다.
유연성	사용자의 요구사항을 최대한 수용하며, 오류를 최소화하여야 한다.

• 답 :

07 다음은 테스트 자동화 도구 유형에 대한 설명이다. 빈칸 (   ) 안에 공통으로 들어갈 가장 적합한 용어를 쓰시오.

테스트 자동화 도구는 휴먼 에러(Human Error)를 줄이고, 테스트에 소요되는 비용과 시간을 절감하며, 테스트 품질을 향상할 수 있는 도구이다. 테스트 계획, 테스트 분석/설계, 테스트 수행, 테스트 통제 등의 테스트 활동 단계에 따라 다양한 테스트 도구들이 있다.
(   )(은)는 테스트 수행 단계의 자동화 도구로 만들어진 애플리케이션을 실행하지 않고 분석하는 방법이다. (   )(은)는 대부분의 경우 소스코드에 대한 코딩 표준, 런타임 오류, 코딩 스타일, 코드 복잡도 및 남은 결함을 발견하기 위하여 사용한다. (   )(은)는 테스트를 수행하는 사람이 작성된 소스코드에 대한 이해를 바탕으로 도구를 이용해서 분석하는 것을 말한다.

• 답 :

08 아래 보기의 〈학생〉 테이블을 대상으로 〈요구사항〉을 적용하여 출력하는 SQL문을 작성하시오. (단, 이름 속성의 데이터는 문자형이고, 학번과 학년 속성의 데이터는 숫자형(int)이다.)

득점	배점
	5

〈학생〉

학번	이름	학년
181101	KKK	1
171201	HHH	2
171302	XXX	3
161107	YYY	3
151403	QQQ	4

〈요구사항〉

1. 〈학생〉 테이블에서 학년이 3학년이거나 4학년 학생의 학번과 이름을 검색하시오.
2. 단, 조건절 작성 시 in(value1, value2) 문법을 사용하여 작성하시오.
3. 실행 결과가 일치하더라도 〈요구사항〉을 적용하지 않은 SQL문을 작성하면 오답으로 간주합니다.

• 답 :

09 다음 주어진 〈student〉 테이블의 name 속성을 오름차순하여 idx_name를 인덱스명으로 하는 인덱스를 생성하는 SQL 명령문을 작성하시오.

득점	배점
	5

〈student〉

stid	name	grade	major	address
1000	홍길동	1	컴퓨터공학	서울
2000	김철수	1	전기공학	경기
3000	이순신	2	전자공학	경기
4000	강희영	2	컴퓨터공학	경기
5000	임꺽정	3	전자공학	서울

• 답 :

10 소프트웨어 보안의 취약점 중 하나인 SQL Injection(SQL 인젝션)에 대해 간략히 설명하시오.

• 답 :

11 다음은 Python언어로 작성된 프로그램이다. 이를 실행한 출력 결과를 쓰시오.

```
>>> asia = {'한국', '중국', '일본'}
>>> asia.add('베트남')
>>> asia.add('중국')
>>> asia.remove('일본')
>>> asia.update(['홍콩', '한국', '태국'])
>>> print(asia)
```

• 답 :

12 다음은 Java로 작성된 프로그램이다. 이를 실행한 출력 결과를 쓰시오.

```java
class A {
        int a;
        public A(int n) {
                a = n;
        }
        public void print() {
                System.out.println("a="+a);
        }
}

class B extends A {
        public B(int n) {
                super(n);
                super.print();
        }
}

public class Exam {
        public static void main(String[] args) {
                B obj = new B(10);
        }
}
```

• 답 :

13 다음에 제시된 Java 프로그램은 〈처리결과〉와 같이 결과가 출력된다. Java 프로그램의 ___〈?〉___ 에 들어갈 Java 표현을 대소문자를 구별하여 쓰시오.

득점	배점
	5

〈처리결과〉

```
Child
```

```java
class Parent {
        void show() {
                System.out.println("Parent");
        }
}

class Child extends Parent {
        void show() {
                System.out.println("Child");
        }
}

public class Exam {
        public static void main(String[] args) {

                Parent pa = ___<?>___ Child();
                pa.show();

        }
}
```

• 답 :

14 SQL 제어어(DCL)는 관리자가 데이터의 보안, 무결성 유지, 병행제어, 회복 등을 하기 위해 사용하는 언어를 말한다. SQL 제어어의 종류에는 COMMIT, ROLLBACK, GRANT, REVOKE 등이 있다. 이 중 ROLLBACK 명령에 대해 간략히 설명하시오.

득점	배점
	5

• 답 :

15 네트워크 계층(Network Layer, 3계층)인 IP 계층에서 IP 패킷 단위로 '암호화', '인증', '키 관리'를 통해 보안성을 제공해주는 표준화된 기술을 무엇이라고 하는지 쓰시오.

득점	배점
	5

• 답 :

16 리눅스 커널을 기반으로 동작하며 자바와 코틀린 언어로 개발된 핸드폰이나 소형기기에 사용되는 오픈소스 플랫폼인 모바일 운영체제는 무엇인지 쓰시오.

득점	배점
	5

• 답 :

17 리눅스 서버에 a.txt라는 파일이 있다. 다음 〈조건〉에 알맞은 명령문을 쓰시오.

득점	배점
	5

〈조건〉

- 사용자에게는 읽기, 쓰기, 실행의 세 개의 권한을 모두 부여한다.
- 그룹에게는 읽기, 실행 두 개의 권한을 부여한다.
- 그룹 외 사용자에게는 실행 권한을 부여한다.
- 한 줄로 명령문이 작성되어야 하며, 아라비안 숫자를 사용하여 8진수로 권한을 부여한다.

• 답 :

18 다음은 IP 인프라 서비스 관리 실무와 관련된 〈실무 사례〉에 대한 설명이다. 빈칸 ( ) 안에 가장 적합한 용어를 한글 또는 영문으로 쓰시오.

득점	배점
	5

〈실무 사례〉

귀하는 ㈜한국아이티 보안관제실에서 정보시스템의 정보관리를 위해 모니터링을 담당하며 근무하고 있다. 정보시스템 운영 중 자연재해나 시스템 장애 등의 이유로 대고객 서비스가 불가능한 경우가 종종 발생한다. 이러한 위기 상황을 대비하기 위하여 이번에 최신의 데이터 백업 솔루션을 선정하여 데이터 보호 고도화 작업을 진행하려고 한다. 최신의 데이터 백업 솔루션을 도입하여 백업 시간을 대폭 단축하고 정보시스템 운영의 신뢰성을 도모하기 위해 데이터 백업 솔루션을 선정하는 일은 매우 중요하다.

데이터 백업(보호) 솔루션은 만일의 사태에 대비하여 시스템 내의 데이터 유실을 방지하고, 서비스의 연속성을 보장하는 목적을 가지고 어떤 상황에서도 계획된 (   )(와)과 목표 복구 시점(RPO : Recovery Point Objective)을 보장해야 할 수 있는 제품이어야 한다. (   )(은)는 시스템 장애와 같은 상황에서의 "비상사태 또는 업무중단 시점부터 업무가 복구되어 다시 정상가동 될 때까지의 시간"을 의미하는 용어이다. ROP는 조직에서 발생한 여러 가지 재난 상황으로 IT 시스템이 마비되었을 때 각 업무에 필요한 데이터를 여러 백업 수단을 활용하여 복구할 수 있는 기준점을 의미한다.

귀하가 선정한 데이터 백업 솔루션 DUMOK은 IP망을 통해 재해복구(DR)센터로 데이터를 복제하는 방식을 이용, 목표복구시점(RPO)으로 원상태에 근접한 복구가 가능하며, 최장 3시간 이내의 최단 (   )(을)를 보장한다. 이번 데이터 백업 솔루션을 도입하여 간편한 재해복구 지원이 이루어질 수 있게 되었고 정보시스템의 신뢰성도 크게 향상하게 되었으며 화재, 지진 등의 대형 장애에도 서비스 연속성을 구현할 수 있게 되었다.

• 답 :

19 다음 디자인 패턴과 관련된 설명에 가장 부합하는 용어를 영문으로 쓰시오.

득점	배점
	5

- 디자인 패턴은 유사한 문제를 해결하기 위해 설계들을 분류하고 각 문제 유형별로 가장 적합한 설계를 일반화하여 체계적으로 정리해 놓은 것으로 소프트웨어 개발에서 효율성과 재사용성을 높일 수 있다. GoF(Gang of Four)의 25개의 디자인 패턴은 사용 목적에 따라서 생성 패턴, 구조 패턴, 행위 패턴으로 분류할 수 있다.
- 먼저, 생성 패턴은 객체를 생성하는 것과 관련된 패턴으로 객체의 생성과 변경이 전체 시스템에 미치는 영향을 최소화하도록 하여 시스템 개발을 개발할 때 유연성을 높일 수 있다. 다음으로 구조 패턴은 클래스나 객체를 조합하여 더 큰 구조를 만드는 패턴으로 복잡한 형태의 구조를 갖는 시스템 개발을 쉽게 만들어 주는 패턴이다. 마지막으로 행위 패턴은 반복적으로 사용되는 객체들의 상호작용을 패턴화한 것으로 클래스나 객체들이 상호작용하는 방법과 책임을 분산하는 방법을 정의해 주는 패턴이다.
- 디자인 패턴 중 (   )(은)는 행위 패턴에 해당하며 1대다(one-to-many)의 객체 의존관계를 정의한 것으로, 한 객체가 상태를 변화시켰을 때 의존관계에 있는 다른 객체들에게 자동으로 통지 알림이 전달되고 변경시킨다.
- (   )의 객체 간의 데이터 전달 방식은 푸시 방식과 풀 방식이 있으며, 기본적인 디자인의 원칙은 상호작용하는 객체 사이에서는 가능하면 결합도를 느슨하게 디자인하여 사용해야 한다. 이는 느슨하게 결합(Loose Coupling)하는 디자인을 사용하면 변경 사항이 생겨도 무난히 처리할 수 있는 유연한 객체지향 시스템을 구축할 수 있다.

- 답 :

20 다음 신기술 동향과 관련된 설명에 가장 부합하는 용어를 영문 완전이름(Full-name)으로 쓰시오.

득점	배점
	5

- (   )(은)는 개방형 정부, 개방형 공공 데이터의 시대적 요구와 맞물려 있으며, 기존의 거대한 정보 생태계인 웹을 활용하고 웹 기술과 핵심 개념을 그대로 활용한다는 점에서 주목받고 있다.
- (   )의 주요 특징은 URI(Uniform Resource Identifier)를 사용한다는 점이다. 흔히 알고 있는 'URL(Uniform Resource Locator)'과 비슷한 개념으로 URL이 특정 정보 자원의 종류와 위치를 가리킨다면, URI는 HTTP 프로토콜을 통해 웹에 저장된 객체(식별자)를 가리킨다는 점에서 다르다.
- 웹상에 존재하는 전세계 오픈된 정보를 하나로 묶는 RESTful한 방식이며, 링크 기능이 강조된 시맨틱 웹(Semantic Web)의 모형에 속한다고 볼 수 있다. 즉, (   )(은)는 '시맨틱 웹을 실현시키기 위한 방법이자 기술적 접근점'으로 볼 수 있다.
- (   )(은)는 Linked Data와 Open Data의 합성어이다. Linked Data가 정보 기술적인 면이 강한 반면 Open Data는 정보 문화적인 면이 강한 용어이다.

- 답 :

모의고사 10회

다음 물음에 답을 해당 답란에 답하시오.　　배점 **100** 문제수 **20**

01 형상 통제에 대해 간략히 설명하시오.

득점	배점
	5

• 답 :

02 EAI 구축 유형 중 Message Bus와 Hybrid를 제외한 빈칸 ①~②에 해당하는 나머지 두 가지 유형을 쓰시오.

득점	배점
	5

유형	개념도	설명
(①)		• 중간에 미들웨어를 두지 않고 각 애플리케이션 간 직접 연결 • 솔루션 구매 없이 통합, 상대적 저렴하게 통합 가능 • 변경, 재사용 어려움
(②)	Spoke / Hub	• 단일 접점이 허브 시스템을 통해 데이터를 전송하는 중앙 집중적 방식 • 모든 데이터 전송 보장, 확장 및 유지 보수 용이 • 허브 장애 시 전체 영향
Message Bus (ESB 방식)	서비스 / Bus	• 애플리케이션 사이 미들웨어(버스)를 두어 처리 • 미들웨어 통한 통합 • 어댑터가 각 시스템과 버스를 두어 연결하므로 뛰어난 확정성, 대용량 처리 가능
Hybrid	Bus	• 유연한 통합 작업이 가능 • 표준 통합 기술, 데이터 병목 현상 최소화

• 답 (1) :

• 답 (2) :

03 UI(User Interface)는 사용자와 컴퓨터 상호 간의 소통을 원활히 할 수 있도록 도와주는 연계 작업을 뜻한다. UI의 설계 원칙 중 직관성에 대해 간략히 설명하시오.

득점	배점
	5

• 답 :

04 다음 제어 흐름 그래프에 대한 분기 커버리지(Branch Coverage)를 수행하는 경우의 테스트 케이스 경로를 7단계와 6단계로 나눠서 순서대로 나열하시오.

득점	배점
	5

〈제어 흐름 그래프〉

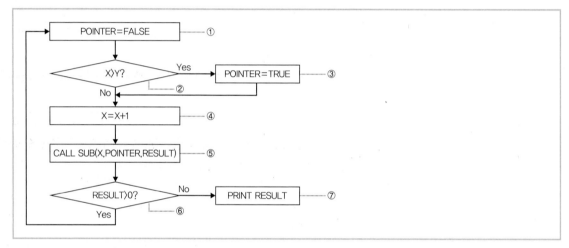

• 답 (1) :　　　－　　　－　　　－　　　－　　　－　　　－
• 답 (2) :　　　－　　　－　　　－　　　－　　　－

05 소프트웨어 테스트 기법 중 프로그램의 외부 사용자 요구사항 명세를 보면서 테스트를 수행하며 주로 구현된 기능을 테스트한다. '명세 기반 테스트'라고도 하며, 동치 분할 테스트, 경계 값 테스트 등과 같이 내부 구조가 보이지 않는 테스트 기법에 해당하는 용어를 쓰시오.

득점	배점
	5

• 답 :

06 〈성적〉 테이블을 대상으로 〈요구사항〉을 적용하여 아래 〈결과〉와 같이 출력하는 SQL 문을 작성하시오.

득점	배점
	5

〈성적〉

학번	과목번호	과목이름	학점	점수
100	2000	데이터베이스	A	95
101	1000	자료구조	B	80
102	2000	데이터베이스	A	99
103	2000	데이터베이스	B	88
104	1000	자료구조	C	79

〈결과〉

과목이름	최소점수	최대점수
데이터베이스	88	99

〈요구사항〉

1. 〈성적〉 테이블에서 과목별 평균 점수가 90점 이상인 과목이름, 최소점수, 최대점수를 출력하시오.
2. 단, WHERE 구문은 사용 불가능하며, GROUP BY, HAVING, AS 구문을 반드시 포함하여 작성하시오.
3. SQL명령문은 대/소문자를 구분하지 않는다.
4. SQL명령문의 종결 문자인 세미콜론(;)은 생략 가능합니다.
5. 실행 결과가 일치하더라도 〈요구사항〉을 모두 적용하지 않은 SQL문을 작성하면 오답으로 간주합니다.

• 답안 기재란

07 아래 보기의 〈학생〉 테이블에 '주소' 컬럼을 추가하는 SQL문을 완성하는 빈칸 ①∼②에 알맞은 용어를 기입하시오. (단, 추가 컬럼의 이름은 '주소'이고, 데이터 타입은 가변 문자형 20자리로 VARCHAR(20)이다.)

득점	배점
	5

〈학생〉

학번	이름	학과	전화번호
2020021	철수	컴퓨터	010-1111-1111
2020001	민수	수학	010-2222-2222
2021022	영희	컴퓨터	010-3333-3333
2022013	민호	통계	010-4444-4444

〈SQL문〉

```
(   ①   ) TABLE 학생 (   ②   ) 주소 VARCHAR(20);
```

• 답 (1) :
• 답 (2) :

08 아래 보기의 〈학생〉 테이블에서 이름이 '민수'인 학생 튜플을 삭제하는 SQL문을 작성하시오. (단, 다음의 요구사항을 참고하여 작성하시오.)

득점	배점
	5

〈요구사항〉

1. 이름 속성의 데이터는 문자형이다. 문자형 데이터는 작은따옴표(' ')로 표시하시오.
2. SQL명령문은 대/소문자를 구분하지 않는다.
3. SQL명령문의 종결 문자인 세미콜론(;)은 생략 가능합니다.
4. 실행 결과가 일치하더라도 〈요구사항〉을 모두 적용하지 않은 SQL문을 작성하면 오답으로 간주합니다.

〈학생〉

학번	이름	학과	전화번호
2020021	철수	컴퓨터	010-1111-1111
2020001	민수	수학	010-2222-2222
2021022	영희	컴퓨터	010-3333-3333
2022013	민호	통계	010-4444-4444

• 답안 기재란

09 다음은 C언어로 작성된 프로그램이다. 이를 실행한 출력 결과를 쓰시오.

득점	배점
	5

```c
#include <stdio.h>

void main( )
{
    int i = 0, c = 0;
    while(i < 10) {
        i++;
        c *= i;
    }
    printf("%d", c);
}
```

• 답 :

10 다음은 C언어로 작성된 프로그램이다. 이를 실행한 출력 결과를 쓰시오.

득점	배점
	5

```c
#include <stdio.h>
int r1( ) {
    return 4;
}

int r10( ) {
    return (30 + r1( ));
}

int r100( ) {
    return (200 + r10( ));
}

void main( ) {
    printf("%d", r100( ));
}
```

• 답 :

다음은 Java로 작성된 프로그램이다. 이를 실행한 출력 결과를 쓰시오.

득점	배점
	5

```java
abstract class Vehicle {
        String name;
        abstract public String getName(String val);

        public Vehicle(String val) {
                this.name = val;
        }
        public String getName( ) {
                return "Vehicle name : " + name;
        }
}

class Car extends Vehicle {
        public Car(String val) {
                super(val);      // name = super.name = val;

        }
        public String getName(String val) {
                return "Car name : " + val;

        }
        public String getName(byte val[ ]) {
                return "Car name : " + val;
        }
}

public class Exam {
        public static void main(String[ ] args) {
                Vehicle obj = new Car("Spark");
                System.out.println(obj.getName( ));
        }
}
```

• 답 :

12 다음은 Java로 작성된 프로그램이다. 이를 실행한 출력 결과를 쓰시오.

```java
public class Main
{
    public static void main(String[ ] args) {
        int i = 0;
        int sum = 0;
        while( i < 10 ) {
            i++;
            if( i%2 == 1 )
                continue;
            sum += i;
        }
        System.out.print(sum);
    }
}
```

• 답 :

13 C++언어의 생성자(Constructor)에 대해 간략히 설명하시오.

• 답 :

14 스키마(Schema)에 대해 간략히 설명하시오.

• 답 :

15 다음에서 설명하는 관계 대수 연산의 기호를 쓰시오.

> 릴레이션 A에서 릴레이션 B의 모든 조건을 만족하는 튜플을 제외한 후 프로젝션하는 연산자

• 답 :

16 대규모 네트워크를 안정되게 운영할 수 있는 표준 라우팅 프로토콜로 최적의 경로를 계산할 때 SPF(Shortest path First) 또는 다익스트라(dijkstra) 알고리즘을 이용하여 각 목적지까지의 최적 경로를 계산하는 동적 라우팅 프로토콜로 링크 상태 라우팅 프로토콜을 무엇이라고 하는지 영문 약어로 쓰시오.

득점	배점
	5

• 답 :

17 TCP/IP에서 신뢰성 없는 비연결형 프로토콜인 IP를 대신하여 송신측으로 네트워크의 IP 상태 및 에러 메시지를 전달해주는 프로토콜을 무엇이라고 하는지 영문 약어로 쓰시오.

득점	배점
	5

• 답 :

18 헝가리안 표기법에 대해 간략히 설명하시오.

득점	배점
	5

• 답 :

19 리팩토링(Refactoring)의 목적에 대해 간략히 설명하시오.

득점	배점
	5

• 답 :

20 빈칸 (　　) 안에 공통으로 들어갈 가장 적합한 용어를 쓰시오.

득점	배점
	5

(　　　)의 본래 의미는 외교 분야에서의 의례 또는 의정서를 의미하는 용어였다. 심리학자 톰 마릴은 컴퓨터가 메시지를 전달하고, 메시지가 제대로 도착했는지 확인하며, 도착하지 않았을 경우 메시지를 재전송하는 일련의 방법을 가리켜 '기술적 은어'라는 뜻으로 (　　　)(이)라 불렀다.

• 답 :

PART 14

기출문제

기출문제 01회 (2020년 제4회)

다음 물음에 답을 해당 답란에 답하시오.

배점 **100** 문제수 **20**

01 다음은 디자인 패턴에 대한 설명이다. 빈칸 (   ) 안에 들어갈 가장 적합한 용어를 쓰시오.

득점	배점
	5

> 디자인 패턴(Design Pattern)은 프로그램을 개발하는 과정에서 빈번하게 발생하는 디자인상의 문제를 정리해서 상황에 따라 간편하게 적용하여 쓸 수 있는 패턴 형태로 만든 것이다.
> 에리히 감마, 리처드 햄(Richard Helm), 랄프 존슨(Ralph Johnson), 존 블리시데스(John Vlissides)가 한 자리에 모이게 되었다. goF(Gang of Four)으로 불리는 이 네 명이 여러 개의 패턴을 집대성하여 저술한 책이 유명한 『디자인 패턴 : 재사용 가능한 객체지향 소프트웨어의 요소들(Design Patterns: Elements of Reusable Object-Oriented Software)』이다.
> goF의 디자인 패턴에는 생성, 구조, (   )(이)가 있다. 생성 패턴은 객체의 생성에 관련된 패턴이고, 구조 패턴은 클래스나 객체를 조합해 더 큰 구조를 만드는 패턴이며, (   ) 패턴은 클래스 사이의 알고리즘이나 책임 분배에 관련된 패턴이다.

• 답 :

02 다음 그림과 같이 탭이 달린 폴더 안에 요소들을 집어넣어 표현하는 다이어그램으로 컴포넌트 구조 사이의 관계를 표현하며 요소들을 그룹으로 조직하기 위한 메커니즘의 UML 다이어그램이 무엇인지 쓰시오.

득점	배점
	5

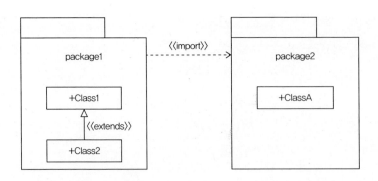

• 답 :

03 테스트 오라클은 테스트의 결과가 참인지 거짓인지를 판단하기 위해서 사전에 정의된 참(True) 값을 입력하여 비교하는 기법 및 활동을 말한다. 테스트 오라클의 유형 중 전수 테스트가 불가한 경우 특정한 몇 개의 입력값에 대해서만 기대하는 결과를 제공해 주는 오라클로 경계값, 구간별 예상값 결과 작성 시 사용하는 오라클을 무엇이라 하는지 쓰시오.

득점	배점
	5

• 답 :

04 다음은 주어진 평가점수별 학점 조건을 토대로 테스트 케이스를 작성하여 테스트를 진행한 결과이다. 다음에 적용한 테스트 기법은 명세 기반 테스트의 기법 중 프로그램의 입력 조건에 중점을 두고, 어느 하나의 입력 조건에 대하여 타당한 값과 그렇지 못한 값을 설정하여 해당 입력 자료에 맞는 결과가 출력되는지 확인하는 테스트 기법이다. 적용한 테스트 기법을 무엇이라 하는지 쓰시오.

득점	배점
	5

〈조건〉

평가점수	학점
0~59	F
60~69	D
70~79	C
80~89	B
90~100	A

〈결과〉

테스트 케이스	1	2	3	4	5
구간	0~59	60~69	70~79	80~89	90~100
테스트데이터	55	66	77	88	99
예측값	F	D	C	B	A
결과값	F	D	C	B	A

• 답 :

05 〈학생〉 테이블을 대상으로 〈요구사항〉을 적용하여 아래 〈결과〉와 같이 출력하는 SQL 문을 작성하시오.

득점	배점
	5

〈학생〉

학번	이름	학과	성적	전화번호
2020021	철수	전기	90	010-1111-1111
2020001	민수	컴퓨터	70	010-2222-2222
2021022	영희	건축	85	010-3333-3333
2022023	민호	건축	95	010-4444-4444
2020007	광철	컴퓨터	100	010-5555-5555

〈결과〉

학과	학과별튜플수
전기	1
컴퓨터	2
건축	2

〈요구사항〉

1. WHERE 구문은 사용하지 않고 SQL문을 작성하시오.
2. GROUP BY 구문과 집계함수를 반드시 사용하여 SQL문을 작성하시오.
3. 인용 문구를 사용 시 작은따옴표(' ') 사용 가능합니다.
4. AS 구문은 반드시 사용하여 작성하시오.
5. SQL 명령문의 대/소문자를 구별하지 않으며 종결 문자인 세미콜론(;)은 생략 가능합니다.
6. 실행 결과가 일치하더라도 〈요구사항〉을 모두 적용하지 않은 SQL문을 작성하면 오답으로 간주합니다.

• 답안 기재란

06 스니핑(Sniffing)에 대하여 간략히 설명하시오.

득점	배점
	5

• 답 :

07 정보보안의 목표가 되는 정보보안 3원칙은 기밀성(C), 무결성(I), 가용성(A)을 만족시키는 것이다. 정보보안의 목표 중 가용성에 대하여 간략히 설명하시오.

득점	배점
	5

• 답 :

08 다음은 C언어로 작성된 프로그램이다. 이를 실행한 출력 결과를 쓰시오.

득점	배점
	5

```
#include <stdio.h>

void main()
{
    char *p = "KOREA";
    printf("%s\n", p);
    printf("%s\n", p+3);
    printf("%c\n", *p);
    printf("%c\n", *(p+3));
    printf("%c\n", *p+2);
}
```

• 답 :

09 다음에 제시된 Java 프로그램이 〈처리결과〉와 같이 결과를 출력한다. Java 프로그램의 빈칸 ①∼②에 들어갈 내용을 각각 쓰시오.

득점	배점
	5

〈처리결과〉

```
1 4 7 10 13
2 5 8 11 14
3 6 9 12 15
```

```java
public class Exam {
        public static void main(String[] args) {
                int[][] arry = new int[ ① ][ ② ];
                for (int i = 0; i < 3; i++) {
                        for (int j = 0; j < 5; j++) {
                                arry[i][j] = j * 3 + (i + 1);
                                System.out.print(arry[i][j] + " ");
                        }
                        System.out.println();
                }
        }
}
```

• 답 (1) :

• 답 (2) :

10 다음에 제시된 Java 프로그램은 〈처리결과〉와 같이 결과를 출력한다. Java 프로그램의 빈칸 ①~②에 들어갈 Java 표현을 대소문자를 구별하여 각각 쓰시오.

득점	배점
	5

〈처리결과〉

```
00001010
```

```
public class Main {
        public static void main(String[] args) {
                int a[] = new int[8];
                int i = 0, n = 10;
                while (_____①_____) {
                        a[i++] =    ②   ;
                        n /= 2;
                }
                for (i = 7; i >= 0; i--)
                        System.out.printf("%d", a[i]);
        }
}
```

• 답 (1) :

• 답 (2) :

11 다음은 Java로 작성된 프로그램이다. 이를 실행한 출력 결과를 쓰시오.

득점	배점
	5

```java
class Parent {
    int compute(int num) {
        if(num <= 1)
            return num;
        return compute(num - 1) + compute(num - 2);
    }
}

class Child extends Parent {
    @Override
    int compute(int num) {
        if(num <= 1)
            return num;
        return compute(num - 1) + compute(num - 3);
    }
}

public class Exam {
    public static void main(String[] args) {
        Parent obj = new Child();
        System.out.print(obj.compute(4));
    }
}
```

• 답 :

12 다음은 Python언어로 작성된 프로그램이다. 이를 실행한 출력 결과를 쓰시오.

득점	배점
	5

```python
lol = [[1, 2, 3], [4, 5], [6, 7, 8, 9]]
print(lol[0])
print(lol[2][1])
for sub in lol:
    for item in sub:
        print(item, end=" ")
    print()
```

• 답 :

13 데이터베이스에서 릴레이션을 처리하는 데 여러 문제를 초래하는 이상 현상 3가지를 쓰시오.

득점	배점
	5

• 답 :

14 다음은 데이터 회복 기법에 대한 설명이다. 빈칸 ( ) 안에 공통으로 들어갈 가장 적합한 용어를 쓰시오.

득점	배점
	5

데이터 회복 기법은 트랜잭션들을 수행하는 도중 장애로 인해 손상된 데이터베이스를 손상되기 이전의 정상적인 상태로 복구시키는 작업을 말한다.
다양한 데이터 회복 기법 중 ( ) 회복 기법은 로그를 이용한 회복 기법으로 데이터베이스에 대한 갱신 로그를 저장함으로서 회복에 대비한다. 일반적으로 데이터베이스와 로그의 동시 손상을 대비하여 별도의 전용 디스크에 로그를 저장할 수 있다.
( ) 회복 기법은 트랜잭션이 실행(활동) 상태에서 변경되는 내용을 그때그때 바로 데이터베이스에 적용하는 기법이다. 변경되는 모든 내용은 로그(Log)에 기록하여 장애 발생 시 로그(Log)의 내용을 토대로 회복시킨다.
( ) 회복 기법은 장애가 발생하면 로그 파일에 기록된 내용을 참조하여, 장애 발생 시점에 따라 Redo 나 Undo를 실행하여 데이터베이스를 복구한다.

• 답 :

15 다음 프로세스 상태 전이도의 빈칸 ①～③에 알맞은 프로세스 상태를 각각 쓰시오.

득점	배점
	5

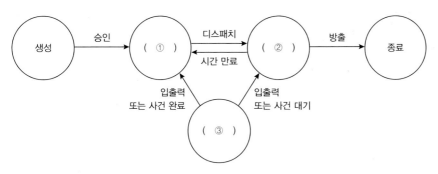

• 답 (1) :
• 답 (2) :
• 답 (3) :

16 다음 설명에 해당하는 용어를 쓰시오.

득점	배점
	5

IETF(Internet Engineering Task Force)에서 IP Address의 부족과 Mobile IP Address 구현 문제를 해결 방안으로 만들어진 IPv4를 보완하는 차세대 IP Address 주소 체계이다. 주소 유형은 유니캐스트, 멀티캐스트, 애니캐스트 3가지이며, 주소의 길이는 128bit이고 8개 그룹으로 배열되며 각 그룹은 16비트이다. 각 그룹은 4개의 16진수로 표현되며 그룹 간은 콜론(:)으로 구분된다. 패킷 전송 시 멀티캐스트를 사용한다.

• 답 :

17 다음 설명에 해당하는 운영체제를 적으시오.

득점	배점
	5

• 1960년대 말 벨 연구소(Bell Labs)에서 개발된 운영체제로 다중 사용자, 멀티태스킹 운영체제이다.
• 이식성이 높으며 대화식 운영체제로 서버 운영에 필수적인 CLI 인터페이스가 강력하다.
• C언어라는 고급 프로그래밍 언어로 커널까지 대부분 작성된 운영체제이다.
• 파일 생성, 삭제, 보호 기능을 가지며, 디렉터리 구조는 계층적 트리 구조 형태이다.

• 답 :

18 다음 설명에 해당하는 용어를 쓰시오.

득점	배점
	5

• PC처럼 가격이 싼 컴퓨팅 서버들과 저장장치들을 활용하여 가상화된 거대한 저장장치를 형성하고 그 안에 빅데이터(Big Data)를 상대적으로 쉽게 저장하고 활용하여 처리할 수 있도록 한 분산 파일 시스템이다.
• 2004년 미국 프로그래머 더그 컷팅이 방대한 데이터를 처리하기 위하여 구글의 맵리듀스(MapReduce) 등을 활용해 이를 개발하였다.

• 답 :

19 다음 설명에 해당하는 용어를 쓰시오.

득점	배점
	5

오픈소스 분산 컴퓨팅 기술로 분산 처리와 암호화 기술을 동시에 적용한 분산 데이터베이스(Distributed Ledger)의 한 형태이다. 가상화폐의 거래 정보를 기록한 원장인 '블록'이라고 하는 소규모 데이터들이 특정 기관의 중앙 서버에서 공동으로 기록 관리되지 않고 P2P 방식을 기반으로 생성된 체인 형태의 연결고리 기반 분산 데이터 저장 환경에 저장된다. 때문에 누구라도 임의로 수정할 수 없지만 누구나 변경의 결과를 열람할 수 있는 기술이다.

• 답 :

20 다음 설명하는 용어를 영문으로(Full name 또는 영문 약어)로 작성하시오.

득점	배점
	5

우리나라 말로 번역하면 '네트워크 주소 변환'으로 내부에서 사용하는 사설 IP 주소와 외부로 보여지는 공인 IP 주소 간의 IP Address 변환 방식을 말한다. 한정된 하나의 공인 IP를 여러 개의 내부 사설 IP로 변환하여 사용하기 위한 기술이며, 내부 네트워크 주소의 보안을 위해 사용하는 방법 중 하나이다.

• 답 :

기출문제 02회 (2021년 제1회)

다음 물음에 답을 해당 답란에 답하시오.

배점 **100** 문제수 **20**

01 다음은 기술 내용에 따라 분류한 요구사항 분석 기법에 대한 설명이다. 빈칸 ①~②에 알맞은 용어를 각각 쓰시오.

득점	배점
	5

(①) 요구사항	• 제품 구현을 위해 소프트웨어가 가져야 할 기능적 속성 • (예) – 파일 저장 기능, 편집 기능, 보기 기능 등 – 차 운행, 탑승객, 예약을 입력하는 방법 결정 – 기차표와 예약 정보에 어떤 정보가 포함되어야 할지 결정 – 관리자와 승객이 DB에 접근할 때 어떤 정보를 얻을 수 있는지 결정
(②) 요구사항	• 제품 품질 기준 등의 만족을 위해 소프트웨어가 가져야 할 특성 • 고객의 새로운 요구사항을 추가하기 위하여 시스템을 확장할 수 있도록 설계 • (예) 성능, 사용의 용이성, 신뢰도, 보안성, 안전성 등

• 답 (1) :

• 답 (2) :

02 다음은 데이터 모델링에 대한 설명이다. 빈칸 ①~③에 알맞은 용어에 해당하는 기호를 〈보기〉에서 골라 쓰시오.

득점	배점
	5

데이터 모델링은 정보시스템을 구축하기 위해, 어떤 데이터가 존재하는지 또는 업무가 필요로 하는 정보는 무엇인지를 분석/표현하는 방법을 말한다.

데이터 모델링은 (②) 데이터 모델링, (③) 데이터 모델링, (①) 데이터 모델링을 통해 데이터 베이스를 구축하는 일련의 절차를 거쳐 진행된다.

- (①) 데이터 모델링은 특정 DBMS에 의존하는 데이터 형식, 제약조건, 뷰, 인덱스 등을 설정하는 작업으로 결과물로는 테이블 정의서, 제약조건 리스트, 인덱스 명세서 등이 있다.
- (②) 데이터 모델링은 업무의 대상이 대상이 되는 실제 데이터에 대해서 서로의 상관관계를 파악하는 작업으로 이를 통한 대표적인 결과물로는 ERD(Entity Relation Diagram)이 있다.
- (③) 데이터 모델링은 DBMS의 유형에 맞추어 DBMS에 저장될 데이터의 골격(스키마)를 만드는 작업으로 이를 통해 함수종 속성 파악, 논리적 스키마(릴레이션 구조) 등의 결과를 얻을 수 있다.

〈보기〉

구현, 요구사항, 개념, 논리, 물리

- 답 (1) :
- 답 (2) :
- 답 (3) :

03 다음 빈칸 ( ) 안에 공통으로 들어갈 가장 적합한 용어를 쓰시오.

득점	배점
	5

- ( )(은)는 시스템의 성능 향상과 개발(Development)과 운영(Maintenance)의 단순화를 위해 중복, 통합, 분리 등을 수행하는 데이터 모델링의 기법을 의미한다.
- ( )(이)란 DB의 성능 향상을 목적으로 정규화를 통해 분할된 테이블을 다시 합치는 과정을 의미한다.
- ( )(은)는 중복성의 원리를 활용하여 데이터 조회 시 성능을 향상시키는 역할을 할 수 있다.

- 답 :

04 기업 내부에서 운영되는 각종 플랫폼 및 애플리케이션 간의 상호 정보 전달, 연계, 통합을 가능하게 해주는 솔루션이다. Point to Point, Hub&Spoke, Message Bus 등의 데이터 연계 방식을 갖는 소프트웨어 및 정보시스템 아키텍처 프레임워크를 무엇이라 하는지 쓰시오.

득점	배점
	5

• 답 :

05 웹 서비스에서 웹 서비스명, 서비스 제공 위치, 서비스 메시지 포맷, 프로토콜 정보 등에 대한 상세 정보를 기술한 파일이며, XML로 기술된 웹 서비스 기술 언어 또는 기술된 정의 파일의 총칭을 무엇이라 하는지 쓰시오.

득점	배점
	5

• 답 :

06 다음은 결합도에 대한 설명이다. 빈칸 (   ) 안에 들어갈 가장 적합한 용어에 해당하는 기호를 〈보기〉에서 골라 쓰시오.

득점	배점
	5

결합도 유형	설명
(①)	한 모듈이 다른 모듈 내부에 있는 지역 변수나 기능을 사용(참조 또는 수정)하는 경우의 결합도
(②)	모듈 간의 인터페이스로 배열이나 오브젝트(Object), 스트럭처(Structure) 등이 전달되는 경우의 결합도
(③)	파라미터가 아닌 모듈 밖에 선언되어 있는 전역 변수를 참조하고 전역 변수를 갱신하는 식으로 상호 작용하는 경우의 결합도

〈보기〉

ㄱ. 자료 결합도　　　ㄴ. 스탬프 결합도　　　ㄷ. 제어 결합도
ㄹ. 공통 결합도　　　ㅁ. 내용 결합도　　　ㅂ. 외부 결합도

• 답 (1) :
• 답 (2) :
• 답 (3) :

07 다음은 목적 및 실행 코드 기반의 실행을 통한 블랙박스 검사 기법에 대한 설명이다. 빈칸 (   ) 안에 들어갈 가장 적합한 용어를 쓰시오.

득점	배점
	5

테스트 목적	설명
(①)	• (①)(은)는 입력의 경계값에서 발생하는 오류를 제거하기 위한 검사 기법으로 등가분할의 경계부분의 입력값에서 결함이 발견될 확률이 높다는 가정으로 테스트하는 기법이다. • (예) 입력 값(x)의 유효범위로 0<=x<=10을 갖는 프로그램에서 −1, 0, 10, 11을 테스트 케이스의 입력값으로 테스트를 진행한다.
(②)	(②)(은)는 검사 사례 설계를 프로그램의 입력 명세 조건에 따라 설정한다. 즉, 검사 사례는 일반적으로 입력 데이터에 해당하므로 프로그램의 입력 조건에 중점을 두고, 어느 하나의 입력 조건에 대하여 타당한 값(유효값)과 그렇지 못한 값을 설정한다.

• 답 (1) :
• 답 (2) :

08 다음은 테스트 종류에 대한 설명이다. 빈칸 (   ) 안에 들어갈 가장 적합한 용어에 해당하는 기호를 〈보기〉에서 골라 쓰시오.

득점	배점
	5

테스트 종류	설명
(①)	(①)(은)는 '모듈 테스트'라고도 하며, 작은 소프트웨어 단위(컴포넌트 또는 모듈)를 개별 테스트하는 것으로써, 일반적으로 개발자 자신에 의해 행해진다. 과거에는 시간 부족을 이유로 생략되었으나 최근에는 개발 도구의 발전으로 개발 과정 중에 자동으로 진행된다. (①)(은)는 아주 중요한 부분이므로 개발 도구에서 지원하지 않아도 반드시 수행해야 한다.
(②)	(②)(은)는 컴포넌트 간 인터페이스 테스트를 하고 운영체제(OS), 파일 시스템, 하드웨어 또는 시스템 간 인터페이스와 같은 각각 다른 부분과 상호 연동이 정상적으로 작동하는지 여부를 테스트한다.

〈보기〉

ㄱ. 시스템 테스트	ㄴ. 인수 테스트	ㄷ. 알파 테스트
ㄹ. 단위 테스트	ㅁ. 통합 테스트	ㅂ. 회귀 테스트

• 답 (1) :
• 답 (2) :

09 〈EMP〉 테이블을 대상으로 다음 〈SQL문〉을 적용한 출력 결과를 쓰시오.

〈EMP〉

EMPNO	ENAME	AGE	SAL	DEPT_ID
100	홍길동	25	1000	20
200	강감찬	40	3000	30
300	이순신	42	2000	40
400	강희영	25	2500	40

〈SQL문〉

```
SELECT COUNT(*) FROM EMP
WHERE EMPNO > 100 AND SAL >=3000 OR EMPNO = 200;
```

• 답 :

10 다음 설명에 해당하는 용어를 쓰시오.

- 접근통제 모델 중 정보의 소유자가 정보의 보안 수준을 결정하고 이에 대한 정보의 접근 통제까지 설정하는 모델이다.
- 주체 또는 소속 그룹의 아이디(ID)에 근거하여 소유자가 자신의 의지대로 데이터에 대한 접근 권한을 지정하고 제어하는 방식이다.
- 객체별로 세분된 접근제어가 가능하며 유연한 접근제어 서비스를 제공할 수 있다.
- 대부분의 운영체제에서 지원이 되어 다양한 환경에서 폭넓게 사용되고 있다.

• 답 :

11 다음은 C언어로 작성된 프로그램이다. 이를 실행한 출력 결과를 쓰시오.

득점	배점
	5

```c
#include <stdio.h>
struct insa
{
    char name[10];
    int age;
};
void main()
{
        struct insa  a[] = { "Kim", 28, "Lee", 38, "Kang", 48 };
        struct insa  *p;
        p = a;
        p++;
        printf("%s\n", p->name);
        printf("%d\n", p->age);
}
```

• 답 :

12 다음은 Java로 작성된 프로그램이다. 이를 실행한 출력 결과를 쓰시오.

득점	배점
	5

```java
public class Main {
    public static void main(String[] args) {
        int a[][] = { {45, 50, 55}, {89} };
        System.out.println(a[0].length);
        System.out.println(a[1].length);
        System.out.println(a[0][0]);
        System.out.println(a[0][1]);
        System.out.println(a[1][0]);
    }
}
```

• 답 :

13 다음은 Java로 작성된 프로그램이다. 이를 실행한 출력 결과를 쓰시오.

득점	배점
	5

```java
public class Main {
    public static void main(String[] args) {
        int i, j = 0;
        for(i = 0; i <= 5; i++) {
            j += i;
            System.out.print(i);
            if ( i == 5 ) {
                System.out.print("=");
            } else {
                System.out.print("+");
            }
        }
        System.out.println(j);
    }
}
```

• 답 :

14 다음은 Python언어로 작성된 프로그램이다. 이를 실행한 출력 결과를 쓰시오.

득점	배점
	5

```python
class Arr:
    a = [ "Seoul", "Kyeonggi", "Inchon", "Daejoen", "Deagu", "Pusan" ]

str01 = ' '
for i in Arr.a:
    str01 = str01 + i[0]

print(str01)
```

• 답 :

15 아래 보기의 〈학생〉 릴레이션의 카디널리티(Cardinality)와 디그리(Degree)를 쓰시오.

득점	배점
	5

〈학생〉 릴레이션

학번	성명	학년	전화번호
110011	강희영	1	010-1111-1111
220022	홍길동	2	010-2222-2222
330033	김철수	2	010-3333-3333
440044	신면철	3	010-4444-4444
550055	김지연	4	010-5555-5555

• 카디널리티 :
• 디그리 :

16 다음은 데이터 모델의 구성요소에 대한 설명이다. 빈칸 ①~②에 알맞은 용어를 각각 쓰시오.

득점	배점
	5

데이터 모델은 현실 세계의 정보를 컴퓨터 세계의 환경에 맞게 표현하기 위해 단순화·추상화하여 체계적으로 표현한 개념적인 도구이다.
데이터 모델은 일반적으로 다음의 3가지 구성요소를 포함하고 있다.
• (①)(은)는 데이터 모델의 구성요소 중 데이터베이스에 표현된 개체 인스턴스를 처리하는 작업에 대한 명세로서 데이터베이스를 조작하는 기본 도구에 해당한다.
• (②)(은)는 데이터 모델의 구성요소 중 데이터베이스에 표현될 대상으로서의 개체 타입과 개체 타입들 간의 관계에 해당한다.
• 논리적으로 표현된 (②)(와)과 허용될 수 있는 (①)에서의 제약조건에 대한 명세를 기술한 것이다.

• 답 (1) :
• 답 (2) :

17 '프로세스 간 통신'이라고도 하며, 세마포어, 소켓 등 프로세스 간 메시지 전달이나 공유 메모리 기법을 통해 자원이나 데이터를 서로 주고받는 행위 또는 그에 대한 방법이나 경로를 의미하는 용어를 쓰시오.

득점	배점
	5

• 답 :

18 다음은 IP주소에 대한 설명이다. 빈칸 ①~②에 알맞은 용어를 각각 쓰시오.

득점	배점
	5

IPv6는 IETF(Internet Engineering Task Force)에서 IPv4 Address의 부족과 Mobile IP Address 구현 문제를 해결 방안으로 만들어진 IPv4를 보완하는 차세대 IP Address 주소 체계이다. 주소 유형은 유니캐스트, 멀티캐스트, 애니캐스트 3가지이며, 주소의 길이는 (　①　)bit이고 8개 그룹으로 배열되며 각 그룹은 16비트이다. 각 그룹은 4개의 16진수로 표현되며 그룹 간은 콜론(:)으로 구분된다. 패킷 전송 시 멀티캐스트를 사용한다.

약 32억 개의 유한한 IPv4의 주소는 네트워크의 크기나 호스트의 수에 따라 A, B, C, D, E클래스로 나누어진다. 202.255.208.223과 같은 IPv4의 길이는 32bit이고 (　②　)bit씩 4부분으로 구분하여 10진수로 표현한다.

· 답 (1) :

· 답 (2) :

19 TCP/IP의 인터넷 계층의 프로토콜로 호스트의 물리 주소를 통하여 논리 주소인 IP 주소를 얻어 오기 위해 사용되는 프로토콜을 쓰시오.

득점	배점
	5

· 답 :

20 빈칸 (　　) 안에 공통으로 들어갈 가장 적합한 용어를 쓰시오.

득점	배점
	5

(　　　)(은)는 '세션 가로채기'라고도 하며, 두 시스템 간의 정상적 연결이 활성화된 상태, 즉 로그인된 상태를 가로채는 것이다. RST(Reset)패킷을 통해 일시적으로 TCP세션을 끊고 시퀀스 넘버를 종료시킨 후 서버와 클라이언트에 각각 잘못된 시퀀스 번호를 위조해서 연결된 세션에 잠시 혼란을 준 뒤 자신이 끼어들어가는 방식을 사용하는 능동적 공격 기법이다.

TCP (　　　)(은)는 TCP 세션을 훔쳐서 서버에게 새로운 시퀀스 넘버를 보내서 마치 클라이언트 인척하며 연결을 이어나가 인증을 회피하는 공격으로 서버가 세션과 클라이언트의 유효성을 검사하지 않아 발생하게 된다. Telnet, FTP 등 TCP를 사용한 모든 세션의 갈취가 가능하다.

· 답 :

다음 물음에 답을 해당 답란에 답하시오.　　배점 **100** 문제수 **20**

01 다음은 디자인 패턴에 대한 설명이다. 빈칸 (　　) 안에 들어갈 가장 적합한 용어를 쓰시오.

득점	배점
	5

GoF(Gang of Four) 디자인 패턴은 에릭 감마(Eric Gamma), 리처드 헬름(Richard Helm), 랄프 존슨(Ralph Johnson), 존 브리시데스(John Vlissides)가 제안하였다.
객체지향 설계 단계 중 재사용에 관한 유용한 설계를 디자인 패턴화하였다.
생성 패턴, 구조 패턴, (　　) 패턴으로 분류한다. (　　) 패턴은 반복적으로 사용되는 객체들의 상호작용을 패턴화한 것으로, 클래스나 객체들이 상호작용하는 방법과 책임을 분산하는 방법을 정의한다.
(　　) 패턴에는 Command, Interpreter, Iterator, Mediator, Memento, Observe 등이 있다.

• 답 :

02 다음 〈고객주문〉 릴레이션의 함수적 종속관계를 분석하여 〈주문량〉 릴레이션과 〈제품〉 릴레이션으로 분해하였다. 빈칸에 알맞은 정규형을 쓰시오.

득점	배점
	5

〈고객주문〉 릴레이션

고객번호	제품번호	제품명	주문량
A012	S-321	SD메모리	2
A012	M-789	메모리	1
A023	K-002	키보드	1
A123	K-012	헤드셋	2
A134	M-123	마우스	4
A134	S-321	SD메모리	2
A321	K-012	헤드셋	1
A567	M-123	마우스	2
A789	M-123	마우스	3
A789	S-567	스캐너	1

〈고객주문〉 릴레이션의 함수적 종속 관계를 표현하면 다음과 같다.
• (고객번호, 제품번호) → 주문량
• 제품번호 → 제품명

따라서 이와 같이 부분 함수 종속 관계가 있는 릴레이션을 기본키에 완전함수 종속이 되도록 분해하면 다음과 같이 분해할 수 있다.

〈주문량〉 릴레이션

고객번호	제품번호	주문량
A012	S-321	2
A012	M-789	1
A023	K-002	1
A123	K-012	2
A134	M-123	4
A134	S-321	2
A321	K-012	1
A567	M-123	2
A789	M-123	3
A789	S-567	1

〈제품〉 릴레이션

제품번호	제품명
S-321	SD메모리
M-789	메모리
K-002	키보드
K-012	헤드셋
M-123	마우스
S-567	스캐너

부분 함수종속이 발생하게 되면 제( )정규형을 만족하지 못하게 되므로 릴레이션을 분해하여 이를 해결하여야 한다. 제( )정규형이란 모든 도메인이 원자값인 릴레이션이 완전 함수적 종속성을 만족하는 상태를 말한다.

• 답 :

03 다음은 응집도에 대한 설명이다. 빈칸 ①~③에 들어갈 가장 적합한 용어에 해당하는 기호를 〈보기〉에서 골라 쓰시오.

득점	배점
	5

응집도 유형	설명
(①)	모듈이 다수의 관련 기능을 가질 때 모듈 내부의 기능 요소들이 그 기능을 순차적으로 수행할 경우
(②)	동일한 입력과 출력을 사용하는 소작업들이 모인 경우
(③)	모듈 내부의 모든 기능 요소들이 한 문제와 연관되어 수행되는 경우

〈보기〉

ㄱ. 기능적 응집도	ㄴ. 순차적 응집도	ㄷ. 교환적 응집도
ㄹ. 절차적 응집도	ㅁ. 시간적 응집도	ㅂ. 논리적 응집도 ㅅ. 우연적 응집도

• 답 (1) :
• 답 (2) :
• 답 (3) :

04 다음은 요구사항 분석 단계에서 파악된 화면 설계와 관련된 용어에 대한 설명이다. 빈칸 ①~②에 들어갈 용어를 각각 쓰시오.

득점	배점
	5

용어	설명
(①)	(①)(은)는 인간과 디지털 기기 소프트웨어 사이에서 의사소통할 수 있도록 만들어진 매개체를 의미한다. (①)의 종류로는 GUI, CLI, NUI, MUI 등이 있다.
(②)	(②)(은)는 사용자가 제품을 대상으로 직/간접적으로 사용하면서 느끼고 생각하게 되는 지각과 반응, 행동 등 모든 경험을 의미한다. (①)(은)는 사람과 시스템 간의 상호작용을 의미하지만, (②)(은)는 제품과 서비스, 회사와 상호작용을 통한 전체적인 느낌이나 경험을 말한다.

• 답 (1) :
• 답 (2) :

05 다음은 코드 커버리지(Code Coverage)에 대한 설명이다. 빈칸 ①~③에 들어갈 가장 적합한 용어에 해당하는 기호를 〈보기〉에서 골라 쓰시오.

득점	배점
	5

구분	설명
(①) 커버리지	코드 구조 내의 모든 문장에 대해 한 번 이상 수행하는 테스트 커버리지
(②) 커버리지	결정 포인트 내의 모든 분기문에 대해 수행하는 테스트 커버리지
(③) 커버리지	결정 포인트 내의 모든 개별 조건식에 대해 수행하는 테스트 커버리지

〈보기〉

ㄱ. 변경/조건   ㄴ. 다중 조건   ㄷ. 조건   ㄹ. 결정   ㅁ. 반복   ㅂ. 구문

• 답 (1) :

• 답 (2) :

• 답 (3) :

06 테스트 하네스 도구 구성요소 중 하향식 테스트 시 상위 모듈은 존재하나 하위 모듈이 없는 경우의 테스트를 위해 임시 제공되는 모듈로 골격만 있는 또는 특별한 목적의 소프트웨어 컴포넌트를 구현한 것을 의미하는 용어를 쓰시오.

득점	배점
	5

• 답 :

07 아래 보기의 〈학생〉 테이블을 대상으로 하는 〈지시사항〉을 수행하는 SQL문의 빈칸 ①~②에 알맞은 명령을 정확히 쓰시오.

득점	배점
	5

〈학생〉

학번	성명	학년	점수
211101	이영진	1	70
191107	강희영	3	80
191403	김철수	3	90
181511	이영희	4	100

〈지시사항〉

〈학생〉 테이블에서 성명이 '강희영'인 학생의 점수를 92점으로 갱신하시오.

〈SQL문〉

(①) 학생 (②) 점수 = 92 WHERE 성명 = '강희영';

- 답 (1) :
- 답 (2) :

08 아래 보기의 두 테이블을 결합하여 학생이름과 학과이름을 출력하도록 SQL문의 빈칸 ①~②에 알맞은 명령을 정확히 쓰시오.

득점	배점
	5

〈SQL문〉

```
SELECT A.이름 "학생이름", B.학과 "학과이름"
FROM 학생정보 A JOIN 학과정보 B
  ( ① ) A.학과 = B.( ② );
```

〈학생정보〉

학번	이름	학과	학년	점수
1122	홍길동	컴퓨터	4	80
2233	김길동	기계	3	90
3344	박길동	컴퓨터	2	60
4455	최길동	수학	1	100
6677	강길동	법학	1	70

〈학과정보〉

학과	전화번호
컴퓨터	02-333-1111
기계	02-333-2222
수학	02-333-3333
법학	02-333-4444
체육	02-333-5555

- 답 (1) :
- 답 (2) :

09 아래 보기의 〈학생〉 테이블에 이름 속성이 '이'로 시작하는 학생들의 학번을 검색하여 학년이 높은 학생 순으로(내림차순으로) 출력하도록 SQL문의 빈칸 ①~②에 알맞은 명령을 정확히 쓰시오.

득점	배점
	5

〈학생〉

학번	이름	학년
1000	이영진	1
2000	홍순신	2
3000	김감찬	3
4000	강희영	3
5000	이철수	3
6000	이영희	4

〈SQL문〉

SELECT 학번 FROM 학생 WHERE 이름 LIKE (①) ORDER BY 학년 (②);

• 답 (1) :

• 답 (2) :

10 평문의 길이와 동일한 스트림(Stream)을 생성하여 비트 단위로 암호화하며 DES를 대신하여 새로운 표준이 된, 블록 크기는 128bit이고 키 길이는 128/192/256bit인 SPN(Substitution-Permutation Network) 구조의 비밀키 암호화 기법을 의미하는 용어를 쓰시오.

득점	배점
	5

• 답 :

11 다음은 C언어로 작성된 프로그램이다. 이를 실행한 출력 결과를 쓰시오.

득점	배점
	5

```c
#include <stdio.h>
int mp(int base, int exp);
int main()
{
    int res;
    res = mp(2, 10);
    printf("%d", res);
    return 0;
}
int mp(int base, int exp) {
    int res = 1;
    int i;
    for (i = 0; i < exp; i++) {
        res *= base;
    }
    return res;
}
```

• 답 :

12 다음은 C언어로 작성된 프로그램이다. 이를 실행한 출력 결과를 쓰시오.

득점	배점
	5

```c
#include <stdio.h>

int main()
{
    int ary[3];
    int s = 0;
    int i;
    *(ary + 0) = 1;
    ary[1] = *(ary + 0) + 2;
    ary[2] = *ary + 3;
    for (i = 0; i < 3; i++) {
        s = s + ary[i];
    }
    printf("%d", s);
    return 0;
}
```

• 답 :

13 다음은 Java로 작성된 프로그램이다. 〈결과〉와 같이 실행되도록 빈 줄에 알맞은 내용에 해당하는 기호를 〈보기〉에서 골라 쓰시오.

득점	배점
	5

```java
public class Test {
    public static void main(String[] args) {
        System.out.println(Test.check(1));
    }
    _____ String check(int num) {
        return (num >= 0) ? "POSITIVE" : "NEGATIVE";
    }
}
```

〈결과〉

```
POSITIVE
```

〈보기〉

ㄱ. static
ㄴ. public
ㄷ. protected
ㄹ. private

• 답 :

14 다음은 Java로 작성된 프로그램이다. 이를 실행한 출력 결과를 쓰시오.

득점	배점
	5

```java
public class Over1 {
    public static void main(String[] args) {
        Over1 a1 = new Over1();
        Over2 a2 = new Over2();
        int r = a1.sun(3, 2) + a2.sun(3, 2);
        System.out.println(r);
    }
    int sun(int x, int y) {
        return x + y;
    }
}
class Over2 extends Over1 {
    int sun(int x, int y) {
        return x-y + super.sun(x, y);
    }
}
```

• 답 :

15 다음은 Python언어로 작성된 프로그램이다. 이를 실행한 출력 결과를 쓰시오.

득점	배점
	5

```python
a = 100
result = 0

for i in range(1, 3):
    result = a >> i
    result = result +1

print(result)
```

• 답 :

16 데이터베이스에서 트랜잭션의 특징인 ACID 중 원자성(Atomicity)의 개념에 대하여 간략히 설명하시오.

득점	배점
	5

• 답 :

17 하나의 트랜잭션이 데이터를 액세스하는 동안 다른 트랜잭션이 그 데이터 항목을 엑세스할 수 없도록 하는 방법을 무엇이라 하는지 쓰시오.

득점	배점
	5

• 답 :

18 다음은 패킷 교환 방식(Packet Switching)에 대한 설명이다. 빈칸 ①~②에 알맞은 용어를 각각 쓰시오.

득점	배점
	5

패킷 교환 방식(Packet Switching)은 패킷 교환망에서 메시지를 일정한 길이의 전송 단위인 패킷으로 나누어 전송하는 방식이다. 패킷 교환은 저장-전달 방식을 사용한다.
패킷 교환의 방식으로는 연결형인 (①) 방식과 비연결형인 (②) 방식, 두 가지 방식으로 구분된다.
(①) 방식은 패킷이 전송되기 전에 논리적인 연결 설정이 이루어져야 한다.
(①) 방식은 모든 패킷이 동일한 경로로 전달되므로 항상 보내어진 순서대로 도착이 보장된다.
(①) 방식은 연결형 서비스 방식으로 패킷을 전송하기 전에 미리 경로를 설정해야 한다.
(②) 방식은 일정 크기의 데이터 단위(Packet)로 나누어 특정 경로의 설정 없이 전송되는 방식이며, 각 패킷마다 목적지로 가기 위한 경로 배정이 독립적으로 이루어진다.

• 답 (1) :
• 답 (2) :

19 다음 설명에 해당하는 용어를 쓰시오.

득점	배점
	5

- 무선 기반의 이동단말기 간 연결망의 일종으로서, 라우터 장비가 따로 없고 이동단말기 중 일부가 라우터 역할을 담당하는 네트워크이다.
- 동적으로 경로를 설정할 수 있어 '기반구조 없는 네트워크'라고도 한다. 험난한 지형이나 위험한 장소에서의 네트워크 구성을 하는 데 유용하다. 이동단말기에 센서 기능을 부가할 경우 USN(Ubiquitous Sensor Network)으로 발전한다.

- 답 :

20 다음은 데이터 모델링에 대한 설명이다. 빈칸 ①~③에 들어갈 가장 적합한 용어에 해당하는 기호를 〈보기〉에서 골라 쓰시오.

득점	배점
	5

모델링	설명
(①) Modeling	럼바우의 객체지향 분석 모델로 프로세스들의 자료 흐름을 중심으로 처리 과정을 자료 흐름도(DFD, Data Flow Diagram)로 만드는 과정이다.
(②) Modeling	럼바우의 객체지향 분석 모델로 시간의 흐름에 따라 객체들 간의 제어 흐름, 동작 순서 등의 동적인 행위를 상태 변화도(STD, State Diagram)로 만드는 과정이다.
(③) Modeling	개념적 모델링(Conceptual Modeling)이라고도 하며 개체와 개체들 간의 관계에서 ER다이어그램(ERD)을 만드는 과정이다.

〈보기〉

ㄱ. Logical   ㄴ. Physical   ㄷ. Information
ㄹ. Procedure   ㅁ. Functional   ㅂ. Object   ㅅ. Dynamic

- 답 (1) :
- 답 (2) :
- 답 (3) :

다음 물음에 답을 해당 답란에 답하시오.

배점 **100** 문제수 **20**

01 다음은 객체지향과 관련된 개념에 대한 설명이다. 빈칸 ①~②에 들어갈 가장 적합한 용어를 〈보기〉에서 골라 쓰시오.

득점	배점
	5

구분	설명
Abstraction	• 객체(Object)에서 표현하고자 하는 것을 가시화하여 추출하는 과정이다. • 주어진 문제나 시스템 중에서 중요하고 관계있는 부분만을 분리하여 간결하고 이해하기 쉽게 만드는 작업이다.
Inheritance	• 서브클래스(Subclass)는 슈퍼클래스(Superclass)의 모든 특성을 물려받는다. • 각 서브클래스는 물려받은 특성 외에 자신만의 속성과 행동을 추가한다.
(①) 관계	• (①)(은)는 컴퓨터 시스템과 같이 하나의 객체가 다른 객체들의 조합에 의해 만들어진 경우이다. • A 객체가 B 객체에 포함된 관계이며 전체 개념의 클래스로부터 구성요소를 찾을 수 있다. • '부분'을 나타내는 객체를 다른 객체와 공유할 수 있다. • UML에서는 '전체' 클래스 방향에 빈 마름모로 표시하고, Or 관계에 놓이면 선 사이를 점선으로 잇고 {or}를 표시한다.
(②) 관계	• 객체지향에서 상속 관계(Is A Kind Of)를 표현한다. • 일반적 개념의 클래스와 구체적 클래스의 관계이다. • 한 클래스가 다른 클래스를 포함하는 상위 개념일 때 사용한다.

〈보기〉

Association, Dependency, Aggregation, Generalization, Composition, Realization

• 답 (1) :

• 답 (2) :

02 다음 빈칸 (   ) 안에 공통으로 들어갈 가장 적합한 용어를 쓰시오.

득점	배점
	5

(   ) 다이어그램은 시스템을 구성하는 객체 간의 관계를 추상화한 모델을 논리적 구조로 표현한다.
(   ) 다이어그램은 클래스, 속성, 오퍼레이션, 연관 관계를 이용하여 시스템을 정적인 관점으로 나타낸
것이다. (   ) 다이어그램을 통해 해당 시스템에서 사용되는 데이터를 발견할 수 있다.

• 답 :

03 객체 생성만을 전문으로 하는 서브 클래스를 정의하고, 해당 객체에서 어떤 객체를
만들지 결정하여 반환하는 메소드를 사용하여 필요한 객체를 생성하는 생성 패턴은 무엇
인지 〈보기〉에서 골라 쓰시오.

득점	배점
	5

〈보기〉

Factory Method, Singleton, Prototype, Builder, Abstract Factory

• 답 :

04 다음 빈칸 (   ) 안에 공통으로 들어갈 가장 적합한 용어를 쓰시오.

득점	배점
	5

파일 구조에는 순차, (   ), 해싱이 있다.
• 순차 접근 방법은 레코드가 저장되어 있는 물리적 순차를 따른다. 즉, 레코드의 물리적 순서와 논리적 순
  서가 같게 순차적으로 저장하는 방법이다.
• (   ) 접근 방법은 레코드 접근을 위해 해당 (   )(을)를 찾아, 그 (   )(이)가 가리키는 주소를
  따라가서 레코드에 접근할 수 있도록 데이터를 저장하는 데이터 접근 방식이다. (   )(은)는 〈값, 주
  소〉의 자료구조로 구성되어 있다.
• 해싱 접근 방법을 이용하는 파일 구조는 (   ) 구조에 의존할 필요 없이 원하는 레코드에 대한 디스크
  블록 주소를 레코드의 탐색 값에 대한 함수 계산을 통해 직접 얻을 수 있다.

• 답 :

05 어떤 모듈이 다른 모듈의 내부 논리 조작을 제어하기 위한 목적으로 제어신호를 이용하여 통신하는 경우이며, 하위 모듈에서 상위 모듈로 제어신호가 이동하여 상위 모듈에게 처리 명령을 부여하는 권리 전도현상이 발생하게 되는 결합도를 무엇이라 하는지 영문으로 쓰시오.

득점	배점
	5

• 답 :

06 윈도우즈나 매킨토시 등에서 사용자가 마우스나 키보드로 아이콘이나 메뉴를 선택하여 원하는 작업을 수행하는 사용자 인터페이스를 의미하는 용어를 쓰시오.

득점	배점
	5

• 답 :

07 요구 명세서를 입력 조건과 출력 조건 간의 논리적 관계로 표현하여 여러 입력 데이터 간의 관계와 출력에 미치는 상황을 체계적으로 분석한 테스트 케이스를 도출하고, 입력 환경의 복합성을 고려한 블랙박스 테스트 기법이 무엇인지 〈보기〉에서 골라 쓰시오.

득점	배점
	5

〈보기〉

Syntax, Equivalence Partitioning, Boundary Value Analysis, Cause Effect Graph

• 답 :

08 다음은 테스트 케이스의 사례이다. 빈칸 ①~③에 들어갈 가장 적합한 테스트 케이스의 구성요소에 해당하는 용어를 〈보기〉에서 골라 쓰시오.

득점	배점
	5

테스트ID	케이스	①	②	③	수행결과	Pass/Fail
1	모듈에서 도서명과 저자명이 필수로 입력되어지는가?	등록버튼 클릭	도서명, 저자명	정상입력	정상	Pass

〈보기〉

테스트 우선순위, 모듈이름, 테스트 설계자, 테스트 설계 날짜, 테스트 실행자, 테스트 실행 날짜, 테스트 조건, 수행 절차, 테스트 데이터, 예상 결과

• 답 (1) :
• 답 (2) :
• 답 (3) :

09 다음은 점진적 통합 테스트에 대한 설명이다. 빈칸 ①~②에 들어갈 용어를 〈보기〉에서 골라 쓰시오.

득점	배점
	5

점진적 통합 테스트는 단계적으로 각 모듈을 통합하며 테스트를 한다. 오류 수정이 쉽고 인터페이스 관련 오류를 테스트할 수 있다.
점진적 통합 테스트 중 (①) 테스트는 가장 아래에 있는 모듈부터 테스트를 시작한다. (①) 테스트에서는 상위 모듈의 역할을 하는 (②)(이)가 필요하다. (②)(은)는 하위 모듈을 순서에 맞게 호출하고 호출 시 필요한 매개변수를 제공하며 결과를 전달하는 역할을 한다.

〈보기〉

상향식 통합, 하향식 통합, 빅뱅, 백본, 드라이버, 스텁

• 답 (1) :

• 답 (2) :

10 아래 보기의 두 테이블 〈A〉, 〈B〉에 대하여 다음 SQL문의 수행결과를 쓰시오.

득점	배점
	5

〈A〉

SNO	NAME	GRADE
1000	SMITH	1
2000	ALLEN	2
3000	SCOTT	3

〈B〉

RULE
S%
%T%

〈SQL문〉

```
SELECT COUNT(*) CNT
FROM A CROSS JOIN B
WHERE A.NAME LIKE B.RULE;
```

• 답 :

11 1970년대 IBM이 개발한 대칭키 암호화 알고리즘으로 평문을 64bit로 블록화하고 실제 키의 길이는 56bit를 이용한 16라운드 Feistel 구조의 전사 공격(Brute-Force Attack)에 취약한 비밀키 암호화 기법을 의미하는 용어를 쓰시오.

득점	배점
	5

• 답 :

12 다음 빈칸 (　　) 안에 공통으로 들어갈 가장 적합한 용어를 쓰시오.

득점	배점
	5

(　　　) 스푸핑(Spoofing) 공격은 동일 네트워크에 존재하는 공격 대상 PC의 IP 주소를 공격자 자신의 랜카드(MAC) 주소와 연결해 다른 PC에 전달되어야 하는 정보를 가로채는 공격을 말한다.
어떤 PC에 (　　　) 스푸핑 기능을 가진 악성코드가 설치되면 약간의 조작으로 동일 구역 내의 다른 PC에 쉽게 악성코드를 설치할 수 있다. 즉, 동일 네트워크 하의 PC가 외부 네트워크로 접속을 시도할 경우, 악성코드에 감염된 PC를 경유해서 접속 함으로써 해당 악성코드에 자동으로 감염되게 되는 것이다. 또한 동일 네트워크 하의 모든 PC가 감염된 PC를 게이트웨이로 인식해 외부 네트워크와 통신하기 위해 발생하는 모든 패킷을 해당 PC에 전송하므로 네트워크 속도가 크게 느려진다.

• 답 :

13 다음은 C언어로 작성된 프로그램이다. 이를 실행한 출력 결과를 쓰시오.

득점	배점
	5

```c
#include <stdio.h>
struct score {
    char name[12];
    int os, db, hab, hhab;
};

int main()
{
    struct score st[3] = { {"가", 95, 88},
                           {"나", 84, 91},
                           {"다", 86, 75} };
    struct score *p;
    p = &st[0];

    (p+1)->hab = (p+1)->os + (p+2)->db;
    (p+1)->hhab = (p+1)->hab + p->os + p->db;

    printf("%d", (p+1)->hab + (p+1)->hhab);

    return 0;
}
```

• 답 :

14 다음은 C언어로 작성된 프로그램이다. 이를 실행한 출력 결과를 쓰시오.

```c
#include <stdio.h>

int main()
{
    int *array[3];
    int a = 12;
    int b = 24;
    int c = 36;
    array[0] = &a;
    array[1] = &b;
    array[2] = &c;

    printf("%d", *array[1] + **array + 1);

    return 0;
}
```

• 답 :

15 다음은 Java로 작성된 프로그램이다. 이를 실행한 출력 결과를 쓰시오.

```java
class Singleton {
    private static Singleton instance = null;
    private int count = 0;
    private Singleton () { };
    public static Singleton getInstance() {
        if(instance == null) {
            instance = new Singleton();
            return instance;
        }
        return instance;
    }
    public void count() {
        count++;
    }
    public int getCount() {
        return count;
    }
}
public class Test {
    public static void main(String[] args) {
        Singleton sg1 = Singleton.getInstance();
        sg1.count();
        Singleton sg2 = Singleton.getInstance();
        sg2.count();
        Singleton sg3 = Singleton.getInstance();
        sg3.count();
        System.out.print(sg1.getCount());
    }
}
```

• 답 :

16 다음은 Java로 작성된 프로그램이다. 이를 실행한 출력 결과를 쓰시오.

득점	배점
	5

```java
public class Test {
    public static void main(String[] args) {
        int w = 3, x = 4, y = 3, z = 5;
        if((w == 2 | w == y) & !(y > z) & (1 == x ^ y != z)) {
            w = x + y;
            if(7 == x ^ y != w) {
                System.out.println(w);
            } else {
                System.out.println(x);
            }
        } else {
            w = y + z;
            if(7 == y ^ z != w) {
                System.out.println(w);
            } else {
                System.out.println(z);
            }
        }
    }
}
```

• 답 :

17 다음은 Python언어로 작성된 프로그램이다. 이를 실행한 출력 결과를 쓰시오.

득점	배점
	5

```python
a, b = 10, 20

print(a == b)
```

• 답 :

18 데이터 제어어(DCL) 중 GRANT 명령어의 기능에 대하여 간략히 설명하시오.

득점	배점
	5

• 답 :

19 다음은 OSI 7 계층에 대한 설명이다. 빈칸 ①~③에 들어갈 가장 적합한 용어를 쓰시오.

득점	배점
	5

계층	설명
(①) 계층	• 내부 네트워크상에서 두 노드 간을 직접 연결하는 링크 상의 흐름 제어, 에러 제어 • 현재 노드와 다음에 접근할 노드의 물리적 주소를 포함하여 프레임(Frame)을 구성 • 표준 프로토콜 : HDLC, LLC, LAPB, LAPD, ADCCP
(②) 계층	• 논리 주소 지정, 패킷(Packet)의 최적의 경로를 설정 및 네트워크 연결 관리 • 표준 프로토콜 : X.25, IP
(③) 계층	코드 변환, 암호화 및 복호화, 압축, 구문 검색

• 답 (1) :

• 답 (2) :

• 답 (3) :

20 다음은 AAA서버에 대한 설명이다. 빈칸 ①~③에 들어갈 가장 적합한 용어에 해당하는 기호를 〈보기〉에서 골라 쓰시오.

득점	배점
	5

AAA	설명
(①)	사용자가 시스템에 접근을 허용하기 전에 가입자 신분을 확인
(②)	사용자가 시스템 자원에 대한 접근 권한 유무를 판별 후 접근 허가를 결정
(③)	사용 시간, 정보, 위치 등 정보 수집 등 시스템 자원 사용의 정보를 수집하고 관리

〈보기〉

ㄱ. Authentication	ㄴ. Analysis	ㄷ. Authorization
ㄹ. Architecture	ㅁ. Accounting	ㅂ. Availability

• 답 (1) :

• 답 (2) :

• 답 (3) :

기출문제 05회 (2022년 제1회)

다음 물음에 답을 해당 답란에 답하시오.

배점 **100** 문제수 **20**

01 터치, 증강현실, 상황 인식 등 사람의 감각 행동 인지를 통하여 원하는 작업을 수행하는 사용자 인터페이스를 의미하는 용어를 쓰시오.

득점	배점
	5

• 답 :

02 다음은 소스코드 품질 분석 도구에 대한 설명이다. 설명에 해당하는 분석 도구를 빈칸 ①~②에 각각 〈보기〉에서 골라 쓰시오.

득점	배점
	5

(①) Analysis	• 원시 코드를 분석하여 잠재적인 오류를 분석하며, 코딩 표준, 런타임 오류 등을 검증한다. • 결함 예방/발견, 코딩 표준, 코드 복잡도 등을 분석하는 것이 가능하다.
(②) Analysis	• 프로그램 수행 중 발행하는 오류의 검출을 통한 오류 검출(Avalanche, Valgrind 등)한다. • 메모리 릭(Leak), 동기화 오류 등을 분석하는 것이 가능하다.

〈보기〉

ㄱ. Static	ㄴ. Time Complexity	ㄷ. Requirements	ㄹ. Hybrid	ㅁ. Dynamic

• 답 (1) :
• 답 (2) :

03 다음 공통으로 설명하는 용어를 쓰시오

득점	배점
	5

• 디자인 패턴 책의 저자인 Erich Gamma와 TDD의 창시자인 Kent Beck가 작성한 인터페이스 구현 검증을 위한 오픈 소스 프레임워크이다.
• JAVA 언어를 지원하는 xUnit이라는 이름의 단위 테스트 프레임워크이다.
• Annotation(@)으로 간결하게 사용 가능하며 하나의 jar파일로 되어 있다.

• 답 :

04 다음 〈보기〉에서 블랙박스 테스트 기법에 해당하는 기법을 모두 골라 쓰시오.

득점	배점
	5

ㄱ. Basic Path Testing
ㄴ. Boundary Value Testing
ㄷ. Cause−Effect Graphing Testing
ㄹ. Condition Testing
ㅁ. Data Flow Testing
ㅂ. Equivalence Partitioning Testing
ㅅ. Loop Testing

• 답 :

05 다음은 폭포수 모델에 품질 보증을 위한 테스팅 과정을 보완한 V모델이다. 빈칸 ①∼
④에 알맞은 순서대로 〈보기〉에서 골라 나열하시오.

득점	배점
	5

〈V모델〉

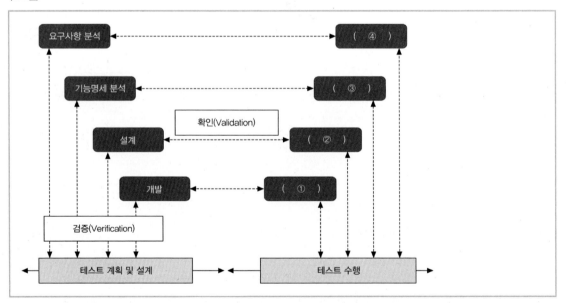

〈보기〉

인수 테스트, 통합 테스트, 단위 테스트, 시스템 테스트, 빅뱅 테스트

• 답 :　　　　　 −　　　　 −　　　　 −

06 아래 보기의 〈성적〉 테이블에 점수가 높은 순으로(내림차순으로) 학생의 이름과 점수를 출력하도록 SQL문의 빈칸 ①~③에 알맞은 명령을 정확히 쓰시오. (성적 테이블의 이름의 컬럼명은 NAME, 점수의 컬럼명은 SCORE이다.)

득점	배점
	5

〈성적〉

SID	NAME	GRADE	SCORE
1000	이영진	1	80
2000	홍순신	2	90
3000	김감찬	3	100
4000	강희영	3	70
5000	이철수	3	50
6000	이영희	4	85

〈SQL문〉

```
SELECT NAME, SCORE FROM 성적 (    ①    ) BY (    ②    ) (    ③    );
```

• 답 (1) :

• 답 (2) :

• 답 (3) :

07 무선 라우터에서 WEP 암호화를 대체하기 위해 만들어진 보안 프로토콜로 최적의 보안을 위해서는 AES를 사용하게 되어 있지만, 일부 장치와의 호환성을 위해 사용하는 '임시 키 무결성 프로토콜'을 의미하는 용어를 영문 약어로 쓰시오.

득점	배점
	5

• 답 :

08 다음은 C언어로 작성된 프로그램이다. 키보드로 5를 입력 후, 실행한 출력 결과를 쓰시오.

득점	배점
	5

〈실행〉

```
5 [Enter]
```

```c
#include <stdio.h>

int func(int a)
{
    if(a <= 1)
        return 1;
    return a * func(a - 1);
}

int main()
{
    int a;
    scanf("%d", &a);
    printf("%d", func(a));
    return 0;
}
```

• 답 :

09 다음은 C언어로 작성된 프로그램이다. 〈결과〉와 같이 실행되도록 빈 줄 ①~③에 C 문법에 알맞은 내용을 쓰시오.

득점	배점
	5

```c
#include <stdio.h>

int main()
{
    int number = 1234;
    int divider = 10;
    int result = 0;

    while(number   ①   0)
    {
        result = result * divider;
        result = result + number   ②   divider;
        number = number   ③   divider;
    }

    printf("%d", result);
    return 0;
}
```

〈결과〉

4321

• 답 (1) :
• 답 (2) :
• 답 (3) :

10 다음은 C언어로 작성된 프로그램이다. 이를 실행한 출력 결과를 쓰시오.

득점	배점
	5

```c
#include <stdio.h>

int isPrime(int number)
{
    int i;
    for(i = 2; i < number; i++)
    {
        if(number % i == 0)
            return 0;
    }
    return 1;
}

int main()
{
    int number = 13195, max_div = 0;
    int i;
    for(i = 2; i < number; i++)
        if(isPrime(i) == 1 && number % i == 0)
            max_div = i;

    printf("%d", max_div);
    return 0;
}
```

• 답 :

11 다음은 Java로 작성된 프로그램이다. 이를 실행한 출력 결과를 쓰시오.

득점	배점
	5

```java
class A {
    int a;
    int b;
}

public class Test {
    static void func1(A m) {
        m.a *= 10;
    }
    static void func2(A m) {
        m.a += m.b;
    }
    public static void main(String args[]) {
        A m = new A();
        m.a = 100;
        func1(m);
        m.b = m.a;
        func2(m);
        System.out.printf("%d", m.a);
    }
}
```

• 답 :

12 다음은 Java로 작성된 프로그램이다. 〈결과〉와 같이 실행되도록 빈 줄에 Java 문법에 알맞은 내용을 쓰시오.

```java
class Car implements Runnable {
    int a;
    public void run() {
        System.out.println(""Thread 실행");
    }
}

public class Test {
    public static void main(String args[]) {
            Thread t1 = new Thread(new _____ ());
            t1.start();
    }
}
```

〈결과〉

Thread 실행

• 답 :

13 다음은 Python언어로 작성된 프로그램이다. 이를 실행한 출력 결과를 쓰시오.

```python
def func(a, b = 2):
    print('a =', a, 'b =', b)

func(20)
```

• 답 :

14 다음은 Python 데이터 타입 중 시퀀스(Sequence) 데이터 타입에 해당하는 리스트(List) 타입의 객체의 메소드에 대한 설명이다. 메소드 기능 설명에 해당하는 메소드를 빈칸 ①~③에 각각 〈보기〉에서 골라 쓰시오.

득점	배점
	5

(①)	기존 리스트 객체에 새로운 리스트를 확장하는 기능이다.
(②)	기존 리스트의 가장 마지막 순서의 요소를 반환하고 삭제하는 기능이다.
(③)	기존 리스트의 순서를 역순으로 뒤집는 기능이다.

〈보기〉

ㄱ. pop	ㄴ. remove	ㄷ. reverse	ㄹ. sort	ㅁ. append
ㅂ. insert	ㅅ. extend	ㅇ. index	ㅈ. clear	ㅊ. count

• 답 (1) :

• 답 (2) :

• 답 (3) :

15 다음은 손상된 데이터베이스를 손상되기 이전의 정상적인 상태로 복구(Recovery)시키는 과정에 대한 설명이다. 트랜잭션에 대해 검사시점(Checkpoint) 회복 기법이 사용될 때, 시스템이 장애가 발생한 후 수행하는 트랜잭션 관리 연산의 기호를 빈칸 ①~②에 각각 〈보기〉에서 골라 쓰시오.

득점	배점
	5

(①)	트랜잭션이 수행되어 COMMIT이 되면 변경된 내용을 데이터베이스에 반영한다. 이때 로그(Log)의 내용을 토대로 재수행하며 변경된 내용으로 데이터베이스에 반영하는 과정
(②)	트랜잭션이 수행되는 도중 오류가 발생하거나 비정상적으로 종료되는 경우 트랜잭션 이 시작된 시점으로 되돌아가 수행 연산을 취소하는 과정

〈보기〉

ㄱ. RENAME	ㄴ. TRUNCATE	ㄷ. GRANT	ㄹ. REVOKE
ㅁ. SAVEPOINT	ㅂ. COMMIT	ㅅ. ROLLBACK.	ㅇ. REDO	ㅈ. UNDO

• 답 (1) :

• 답 (2) :

16 이상(Anomaly) 현상 중 삭제 이상에 대하여 간략히 설명하시오.

득점	배점
	5

• 답 :

---

17 다음은 키(Key)에 대한 설명이다. 빈칸 ①~②에 들어갈 가장 적합한 용어에 해당하는 기호를 〈보기〉에서 골라 쓰시오.

득점	배점
	5

- 관계형 데이터베이스의 키(Key)는 릴레이션에서 조건에 만족하는 튜플을 찾거나 순서대로 정렬할 때 다른 튜플들과 구별할 수 있는 유일한 기준이 되는 속성 또는 속성들의 집합이다.
- 슈퍼키(Super key)는 한 릴레이션 내의 속성들의 집합으로 릴레이션을 구성하는 모든 튜플에 대한 (①)(은)는 만족시키지만 (②)(은)는 만족시키지 못한다.
- 후보키(Candidate key)는 릴레이션에서 튜플을 유일하게 구별해주는 속성 또는 속성들의 조합으로 (①)(와)과 (②)(을)를 모두 만족하는 속성 또는 속성들의 집합이다.
- 기본키(Primary Key)는 후보키 중에서 튜플을 식별하는 기준으로 선택된 널 값(NULL VALUE)을 갖지 않는 특별한 키이다. 대체키(Alternate Key)는 하나의 릴레이션에 존재하는 후보키들 중 기본키를 제외한 나머지 후보키들이다.

〈보기〉

ㄱ. 원자성	ㄴ. 일관성	ㄷ. 이식성	ㄹ. 최소성
ㅁ. 독립성	ㅂ. 영속성	ㅅ. 중복성	ㅇ. 유일성

• 답 (1) :
• 답 (2) :

---

18 서버(Server)에서 구성 가능한 디스크 어레이 구축 방식 중 스트라이핑을 지원하지만 장애 복구 능력이 없기 때문에 데이터 손실의 위험을 감수하더라도 빠른 입출력이 가능하도록 여러 드라이브에 분산 저장하여 고성능을 추구하기 위해 디스크를 병렬로 배치하는 방식의 RAID 레벨(Level)을 쓰시오.

득점	배점
	5

• 답 :

19 다음 공통으로 설명하는 용어를 영문 약어로 쓰시오.

득점	배점
	5

- '정보보호 관리체계'를 의미하는 용어로, 기업(조직)이 각종 위협으로부터 주요 정보 자산을 보호하기 위해 수립, 관리, 운영하는 종합적인 체계의 적합성에 대해 인증을 부여하는 제도이다.
- 기업이 정보보호 활동을 지속적, 체계적으로 수행하기 위해 필요한 보호조치를 체계적으로 구축하였는지를 점검하여 일정 수준 이상의 기업에 인증을 부여하는 제도로 한국인터넷진흥원에서 시행중인 제도이다.
- 수행 절차는 「정책 수립 및 범위설정 – 경영조직 – 위험관리 – 구현 – 사후관리」 순으로 진행된다.

- 답 :

20 표적형 공격으로 사용자가 평소와 같이 이용하던 합법적인 웹 사이트를 미리 악성 코드로 감염시킨 후, 해당 사이트를 방문하면 악성코드를 감염시켜 공격하는 방법에 해당하는 기호를 〈보기〉에서 골라 쓰시오.

득점	배점
	5

〈보기〉

ㄱ. Phishing	ㄴ. Pharming	ㄷ. Watering Hole
ㄹ. Drive-By-Download	ㅁ. Smishing	ㅂ. Sniffing　ㅅ. Zero Day

- 답 :

다음 물음에 답을 해당 답란에 답하시오.

배점 **100** 문제수 **20**

01 다음 설명에 해당하는 객체지향 설계의 원칙을 〈보기〉에서 골라 쓰시오.

득점	배점
	5

- 클라이언트는 자신이 사용하지 않는 메소드에 의존 관계를 맺으면 안 된다는 원칙이다.
- 인터페이스를 클라이언트에 특화되도록 분리시켜 설계하는 원칙이다.
- 예를 들어 복합기 클래스의 모든 기능을 클라이언트가 동시에 사용하는 경우는 거의 없으므로 필요시 프린트, 팩스, 복사기 클라이언트 중 하나의 기능만 이용할 수 있도록 설계하는 경우이다.

〈보기〉

ㄱ. OOP	ㄴ. SRP	ㄷ. OCP	ㄹ. LSP
ㅁ. OOD	ㅂ. ISP	ㅅ. DIP	ㅇ. IEP

- 답 :

02 다음은 함수종속(Functional Dependency)과 정규화(Normalization)에 대한 설명이다. 설명에 해당하는 용어를 빈칸 ①~③에 각각 〈보기〉에서 골라 쓰시오.

득점	배점
	5

이상(Anomaly)과 함께 관계형 데이터베이스에서 고려해야 할 것 중에 하나가 함수종속(Functional Depen-dency)이다. 함수종속의 종류로는 (①) Functional Dependency, (②) Functional Dependency, (③) Functional Dependency 등이 있다.

'고객번호', '제품번호', '제품명', '주문량'으로 구성된 〈고객주문〉 테이블이 있다. 〈고객주문〉 테이블에서는 '고객번호'와 '제품번호'가 조합된 (고객번호, 제품번호)가 기본키이고 다음과 같은 함수종속 관계가 존재한다.

> (고객번호, 제품번호) → 주문량
> 제품번호 → 제품명

〈고객주문〉 테이블에서 '주문량' 속성은 기본키인 '고객번호'와 '제품번호'를 모두 알아야 구분할 수 있다. 이런 경우, '주문량' 속성은 기본키에 (①) Functional Dependency 되었다고 한다.
반면, 기본키의 일부인 '제품번호'만 알아도 '제품명'을 알 수 있다. 이와 같은 경우 '제품명'은 기본키에 (②) Functional Dependency 되었다고 한다.

(②) Functional Dependency는 릴레이션에서 한 속성이 기본키가 아닌 다른 속성에 종속이 되거나 또는 기본키가 2개 이상의 복합키(합성키)로 구성된 경우, 이 중 일부 속성에 종속이 되는 경우를 말한다. (①) Functional Dependency는 릴레이션에서 한 속성이 오직 기본키에만 종속이 되는 경우를 말한다.
정규화(Normalization) 중 1NF는 한 릴레이션을 구성하는 모든 도메인이 원자값(Atomic Value)만으로 구성되도록 하는 정규형을 말한다. 2NF는 1NF에서 (②) Functional Dependency로 인한 이상의 문제를 해결하기 위해 릴레이션을 분해한 정규형을 말한다. 2NF의 속성들 간에는 (①) Functional Dependency 관계가 성립하게 된다.
3NF는 (③) Functional Dependency 관계가 성립하지 않도록 하는 것이다. (③) Functional Depen-dency란 간접적인 함수 종속관계를 의미한다. 즉, 예를 들어 속성 A가 속성 B를 결정하고, 속성 B는 속성 C를 결정하는 경우, 『A → C』가 성립한다. 아울러 3NF에서는 결정자이면서 후보키가 아닌 것이 존재함에 따라 이상 현상이 발생할 수도 있다. 결정자이면서 모두 후보키이면, 릴레이션 R은 BCNF에 속한다.

〈보기〉

ㄱ. Determinant	ㄴ. Dependent	ㄷ. Transitive	ㄹ. Full
ㅁ. Boyce-code	ㅂ. Adjoin	ㅅ. Multi-valued	ㅇ. Partial

• 답 (1) :

• 답 (2) :

• 답 (3) :

03 다음은 어떤 프로그램 구조를 나타낸다. 모듈 F의 Fan-in과 Fan-out을 쓰시오.

득점	배점
	5

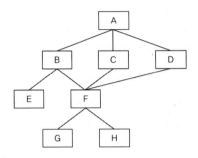

- Fan-in :
- Fan-out :

04 다음은 개발된 소프트웨어를 당장 사용할 수 있도록 준비되어 있는지 확인하기 위한 단계에서 이루어지는 테스트 종류이다. 빈칸 ①~②에 각각 알맞은 테스트 명칭을 쓰시오.

득점	배점
	5

(①) 테스트	• 개발사 내에서 진행하는 테스트이다. • 개발자 관점에서 수행된다. • 개발자는 사용상의 문제를 기록하여 반영되도록 하는 테스트이다.
(②) 테스트	• 선정된 다수의 사용자가 자신들의 사용 환경에서 일정 기간 사용하면서 테스트한다. • 문제점이나 개선 사항 등을 기록하고 개발 조직에 통보하여 반영되도록 하는 테스트이다.

- 답 (1) :
- 답 (2) :

05 다음 설명에 해당하는 테스트를 〈보기〉에서 골라 쓰시오.

득점	배점
	5

- 소프트웨어의 변경 또는 수정된 코드에 새로운 결함이 없음을 확인하는 테스트이다.
- 오류를 제거한 수정 및 변경 모듈에 대한 확정 테스트가 끝나면 새로운 오류가 확인을 위해 이미 테스트했던 부분을 다시 실행해 보는 일종의 반복 테스트이다.
- 한 모듈의 수정이 다른 부분에 미치는 영향을 최소화하기 위해 필요한 테스트이다.

〈보기〉

ㄱ. Performance	ㄴ. Recovery	ㄷ. Structure	ㄹ. Security
ㅁ. Stress	ㅂ. Regression	ㅅ. Parallel	ㅇ. Iterating

- 답 :

06 〈제품〉 테이블에서 제조사가 'H'인 전체 제품의 단가보다 더 큰 단가의 제품의 제품명, 단가, 제조사를 출력하도록 SQL문의 빈칸에 알맞은 명령을 정확히 쓰시오.

득점	배점
	5

〈제품〉

제품번호	제품명	단가	제조사
1000	드라이버	4000	A
2000	나사못	100	B
3000	너트	200	B
4000	드라이버	3000	C
5000	망치	1000	H
6000	면장갑	800	H
7000	렌치	2500	A
8000	절연테이프	500	H

〈SQL문〉

```
SELECT 제품명, 단가, 제조사
FROM 제품
WHERE 단가 > (        ) (SELECT 단가 FROM 제품 WHERE 제조사 = 'H');
```

- 답 :

07 〈TBL〉 테이블에 다음 〈SQL문〉을 실행한 결과를 쓰시오.

득점	배점
	5

〈TBL〉

COL1	COL2	COL3
2	NULL	1
3	7	NULL
4	5	5
5	3	NULL
NULL	3	9

〈SQL문〉

```
SELECT COUNT(COL2)
FROM TBL
WHERE COL1 IN (2, 3) OR COL2 IN (3, 5);
```

• 답 :

08 다음은 블록 암호화 방식에 대한 설명이다. 빈칸 ①~②에 각각 알맞은 암호화 방식을 쓰시오.

득점	배점
	5

(①)	• 1990년에 Lai와 Massey가 제안한 PES가 1991년 IPES로 개선된 이후, 1992년 (①)(으)로 개명된 DES를 대체하기 위해서 스위스에서 개발한 알고리즘이다. • 상이한 대수 그룹으로부터의 세 가지 연산을 혼합하는 방식이다. • PGP(Pretty Good Privacy)의 데이터 암호 알고리즘으로 채택되어 사용자가 많다. • 128비트의 키로 64비트 평문을 8라운드를 거쳐 64비트의 암호문을 생성한다.
(②)	• 미국 NSA(National Security Agency)가 제안한 블록 암호화 알고리즘이다. • 소프트웨어로 구현되는 것을 막고자 Fortezza Card에 칩 형태로 구현하였다. • Clipper 칩에 내장되는 블록 암호화 알고리즘이다. • 64비트의 입출력, 80비트의 키, 32라운드를 가지며, 주로 전화기와 같은 음성을 암호화하는 데 사용된다.

• 답 (1) :
• 답 (2) :

09 다음 공통으로 설명하는 빈칸에 알맞은 용어를 영문 약어로 쓰시오.

득점	배점
	5

- ( )(은)는 인터넷과 같이 공개된 통신기반 시설을 사용하여 멀리 떨어진 사무실이나 개인 사용자에게 그 들이 속한 조직의 네트워크를 안전하게 접근할 수 있도록 제공해주는 네트워크를 말한다. 한 개의 조직 만이 전용할 수 있도록 구입하거나 대여받은 값비싼 시스템과 비견 될 수 있다.
- ( )(은)는 공중망에서 가상의 사설망을 구현하는 기술로 IPsec과 SSL ( )(이)가 대표 기술이다. 보 안 소켓 계층기반의 가상 사설망인 SSL ( )(은)는 인터넷으로 내부 시스템 자원을 안전하게 사용할 수 있어 구축이 간편하고 비용이 적게 드는 반면 인터넷 보안 프로토콜을 이용하는 IPsec은 센터와 지점 모두 별도의 하드웨어 장비가 필요하다.

• 답 :

10 다음은 C언어로 작성된 프로그램이다. 이를 실행한 출력 결과를 쓰시오.

득점	배점
	5

```c
#include <stdio.h>

struct data
{
    int x;
    int y;
};

int main()
{
    int i;
    struct data st[2];

    for(i = 0; i < 2; i++)
    {
        st[i].x = i;
        st[i].y = i + 1;
    }
    printf("%d", st[0].x + st[1].y);
    return 0;
}
```

• 답 :

11 다음은 C언어로 작성된 프로그램이다. 이를 실행한 출력 결과를 쓰시오.

득점	배점
	5

```c
#include <stdio.h>

int func(char*);

int main()
{
    char* p1 = "2021";
    char* p2 = "202107";
    int n = func(p1);
    int m = func(p2);

    printf("%d", n + m);
    return 0;
}

int func(char* p)
{
    int cnt = 0;
    while(*p != '\0')
    {
        cnt++;
        p++;
    }
    return cnt;
}
```

• 답 :

12 다음은 C언어로 작성된 프로그램이다. 이를 실행한 출력 결과를 쓰시오.

득점	배점
	5

```c
#include <stdio.h>

int main()
{
    int a[] = {0, 2, 4, 8};
    int b[3];
    int* p;
    int sum = 0;
    int i;

    for(i = 1; i < 4; i++)
    {
        p = a + i;
        b[i-1] = *p - a[i-1];
        sum += a[i] + b[i-1];
    }
    printf("%d", sum);
    return 0;
}
```

• 답 :

13 다음은 Java로 작성된 프로그램이다. 이를 실행한 출력 결과를 쓰시오.

득점	배점
	5

```java
public class Exam
{
    public static void main(String[] args) {
        int i = 3, k = 1;
        switch( i ) {
            case 1: k++;
            case 2: k += 3;
            case 3: k = 0;
            case 4: k += 3;
            case 5: k -= 10;
            default: k--;
        }
        System.out.print(k);
    }
}
```

• 답 :

14 다음은 Java로 작성된 프로그램이다. 이를 실행한 출력 결과를 쓰시오.

득점	배점
	5

```java
class AAA
{
    int a;
    AAA(int a) {
        this.a = a;
    }
    int func() {
        int b = 1;
        for(int i = 1; i < a; i++) {
            b = a * i + b;
        }
        return a + b;
    }
}
public class Exam
{
    public static void main(String[] args) {
        AAA obj = new AAA(3);
        obj.a = 5;
        int b = obj.func();
        System.out.print(obj.a + b);
    }
}
```

• 답 :

15 다음은 Python언어로 작성된 프로그램이다. 이를 실행한 출력 결과를 쓰시오.

득점	배점
	5

```python
x = 'REMEMBER NOVEMBER'
y = x[:3] + x[12:16]
z = 'R AND %s' % 'STR'

print(y + z)
```

• 답 :

16 다음 공통으로 설명하는 빈칸에 알맞은 용어를 쓰시오.

득점	배점
	5

- ( )(은)는 관계 데이터 모델의 제안자인 코드(Codd)가 관계 데이터베이스에 적용할 수 있도록 설계하여 제안하였다.
- 원하는 정보와 그 정보를 어떻게 유도하는가를 기술하는 비절차적인 언어이다.
- 수학의 프레디킷 해석(Predicate Calculus)에 기반을 두고 있다.
- 튜플 ( )(와)과 도메인 ( )(이)가 있다.

- 답 :

17 다음 〈EMPLOYEE〉 릴레이션에 〈관계대수식〉을 실행하였다. 빈칸 ①~⑤에 해당하는 결과를 쓰시오.

득점	배점
	5

〈EMPLOYEE〉

ENO	ENAME	TTL	DEPT
1000	홍길동	부장	관리
1001	이길동	대리	교육
1002	강길동	과장	총무
1003	박길동	차장	영업

〈관계대수식〉

$\pi_{TTL}(EMPLOYEE)$

〈결과〉

①
②
③
④
⑤

- 답 (1) :
- 답 (2) :
- 답 (3) :
- 답 (4) :
- 답 (5) :

18 IP Address가 '192.168.32.132'이며, 서브넷 마스크(Subnet Mask)가 '255.255.255.192'인 경우, 빈칸 ①~②에 들어갈 가장 적합한 값을 쓰시오.

득점	배점
	5

네트워크 주소(Network ID)	192.168.32.(①)
네트워크 주소와 브로드캐스트 주소를 제외한 주소 개수	(②)

• 답 (1) :

• 답 (2) :

19 다음은 동적 라우팅 프로토콜에 설명이다. 빈칸 ①~④에 해당하는 프로토콜을 각각 〈보기〉에서 골라 쓰시오.

득점	배점
	5

- 자치 시스템(AS: Autonomous System)은 인터넷상에서 관리적 측면에서 한 단체에 속하여 관리되고 제어됨으로써, 동일한 라우팅 정책을 사용하는 네트워크 또는 네트워크 그룹을 말한다. 라우팅 도메인으로도 불리며, 전 세계적으로 유일한 자치 시스템번호, ASN(Autonomous System Number)을 부여받는다. AS 번호에 따라 (①)(와)과 (②)(으)로 구분한다. 동일한 AS 번호를 사용하는 라우팅 프로토콜을 (①)(이)라 하며, 다른 AS 번호가 사용되는 라우팅 프로토콜을 (②)(이)라 한다.
- 한 자치 시스템 내에서의 IP 네트워크는 라우팅 정보를 교환하기 위해 내부 라우팅 프로토콜인 (①)(을)를 사용한다. (①)의 대표적인 프로토콜로는 RIP와 (③)(이)가 있으며, RIP는 경유하는 라우터의 대수(hop의 수량)에 따라 최단 경로를 동적으로 결정하는 거리 벡터(Distance Vector) 알고리즘을 사용한다. (③)(은)는 링크 상태(Link-State) 라우팅 프로토콜로 IP 패킷에서 프로토콜 번호 89번을 사용하여 라우팅 정보를 전송하여 안정되고 다양한 기능으로 가장 많이 사용되는 (①)(이)다.
- 타 자치 시스템과의 라우팅 정보 교환을 위해서는 외부 라우팅 프로토콜인 (②)(을)를 사용한다. 연구기관이나 국가기관, 대학, 기업 간, 즉 도메인(게이트웨이) 간에 라우팅 정보를 교환한다. (②)의 대표적인 프로토콜인 (④)(은)는 자치 시스템간의 라우팅 테이블을 전달하는데 주로 이용이 되며, 초기에 연결될 때에는 전체 경로 테이블의 내용을 교환하고, 이후에는 변화된 정보만을 교환한다.

〈보기〉

ㄱ. BGP	ㄴ. DHCP	ㄷ. ARP	ㄹ. OSPF
ㅁ. RIP	ㅂ. ICMP	ㅅ. EGP	ㅇ. IGP

• 답 (1) :

• 답 (2) :

• 답 (3) :

• 답 (4) :

20 빈칸 ①~③에 들어갈 가장 적합한 용어에 해당하는 기호를 〈보기〉에서 골라 쓰시오.

득점	배점
	5

- (①)(은)는 TCP/IP 관련 프로토콜 중 (②)(을)를 전송을 위한 프로토콜로 인터넷상의 서버와 클라이언트 사이의 멀티미디어를 송수신하기 위한 프로토콜이다. (①)(은)는 월드 와이드 웹을 위한 데이터 통신의 기초이다.
- (②)에서 다른 문서 간의 연결을 링크(Link)라고 한다. 링크를 이용하면 하나의 문서를 보다가 내용 중의 특정 부분과 관련된 다른 부분을 쉽게 참조할 수 있다.
- (③)(은)는 웹 브라우저에 표시될 수 있는 웹 페이지와 기타 정보들을 보여주기 위한 주요 마크업 언어이다.

〈보기〉

ㄱ. ISP	ㄴ. Browser	ㄷ. CSS	ㄹ. Hypertext
ㅁ. URL	ㅂ. HTML	ㅅ. URI	ㅇ. HTTP

- 답 (1) :
- 답 (2) :
- 답 (3) :

기출문제 07회 (2022년 제3회)

다음 물음에 답을 해당 답란에 답하시오.

배점 **100** 문제수 **20**

01 다음 설명하는 디자인 패턴(Design Pattern)을 빈칸 ①~②에 각각 〈보기〉에서 골라 쓰시오.

득점	배점
	5

(①) 패턴	• 추상과 구현을 분리하여 결합도를 낮춘 구조 패턴이다. • 기능 클래스 계층과 구현 클래스 계층을 연결하고, 구현부에서 추상 계층을 분리하여 각자 독립적으로 변형할 수 있도록 해주는 패턴이다.
(②) 패턴	• 상태가 변할 때 의존자들에게 알리고, 자동 업데이트하는 행위 패턴이다. • 객체 사이에 일대다의 종속성을 정의하고 한 객체의 상태가 변하면 종속된 다른 객체에 통보가 가고 자동으로 수정이 일어나게 한다.

〈보기〉

브릿지, 싱글톤, 프로토타입, 빌더, 팩토리 메소드, 옵저버, 퍼사드

• 답 (1) :

• 답 (2) :

02 다음은 UML(Unified Modeling Language)에 대한 설명이다. 빈칸 ①~③에 각각 알맞은 용어를 쓰시오.

득점	배점
	5

UML은 객체지향 소프트웨어 개발 과정에서 시스템 분석, 설계, 구현 등의 산출물을 명세화, 시각화, 문서화 할 때 사용하는 모델링 기술과 방법론을 통합하여 만든 범용 모델링 언어이다.
UML의 3가지 구성요소는 사물, (①), 다이어그램이며 구조 다이어그램과 행위 다이어그램으로 구분된다.
(②) 다이어그램은 시스템을 구성하는 객체간의 관계를 추상화한 모델을 논리적 구조로 표현하는 대표적인 구조 다이어그램이다. 유스케이스 다이어그램은 사용자의 요구를 기능적 측면에서 표현하는 대표적인 행위 다이어그램이다.
(②) 다이어그램 내의 (③)(은)는 어떤 공통되는 능력이 있는 것들을 대표하는 관점을 의미하며, 확장 요소를 나타내는 스테레오 타입으로 사각형 내에 길러멧 기호《 》를 이용하여 표현한다.

• 답 (1) :

• 답 (2) :

• 답 (3) :

03 다음은 E-R 다이어그램에 대한 설명이다. 빈칸 ①~⑤의 설명에 각각 해당하는 기호를 골라 쓰시오.

득점	배점
	5

〈E-R 다이어그램〉

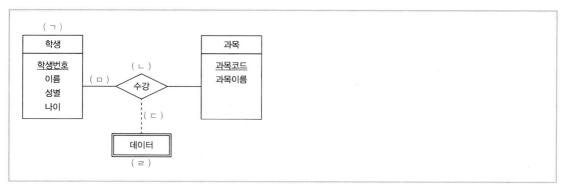

(①)	관계 집합을 표시한다.
(②)	외래키들을 기본키로 사용하지 않고 일반 속성으로 취급하는 비식별 관계를 연결한다.
(③)	개체 집합을 표시한다. 개체 집합의 속성으로 기본키를 명세할 수 있다.
(④)	자신의 개체 속성으로 기본키를 명세 할 수 없는 개체 타입이다.
(⑤)	식별 관계로 개체 집합의 속성과 관계 집합을 연결한다.

• 답 (1) :

• 답 (2) :

• 답 (3) :

• 답 (4) :

• 답 (5) :

04 다음 테스트 데이터 입력에 대한 테스트 결과에 해당하는 블랙박스 테스트를 〈보기〉에서 골라 쓰시오.

득점	배점
	5

평가점수	성적
90 이상~100 이하	A
80 이상~90 미만	B
70 이상~80 미만	C
60 이상~70 미만	D
0 이상~60 미만	F

〈테스트 케이스〉

테스트 케이스	1	2	3	4	5	6	7	8	9	10
테스트 데이터	−1	0	59	60	61	79	80	81	99	100
예상 결과값	오류	F	F	D	D	C	B	B	A	A
실제 결과값	오류	F	F	D	D	C	B	B	A	A

〈보기〉

ㄱ. Comparison Testing   ㄴ. Fault Based Testing

ㄷ. Equivalence Partitioning   ㄹ. Range Testing

ㅁ. Cause Effect Graph   ㅂ. Regression Testing

ㅅ. Boundary Value Analysis   ㅇ. Error Guessin

• 답 :

05 다음과 같이 생성한 부서 테이블과 사원 테이블에 부서와 사원에 대한 정보가 저장되어 있을 때, 다음 ①~② SQL문의 실행 결과를 쓰시오.

득점	배점
	5

〈테이블 생성 SQL문〉

```
create table 부서 (
    부서번호 char(2),
    부서명 varchar(30),
    primary key(부서번호)
);
create table 사원 (
    사원번호 int,
    사원명 varchar(30),
    부서번호 char(2),
    primary key(사원번호),
    foreign key(부서번호)
        references 부서(부서번호) on delete cascade
);
```

〈튜플 삽입 SQL문〉

```
insert into 부서(부서번호, 부서명) values('10', '관리부');
insert into 부서(부서번호, 부서명) values('20', '기획부');
insert into 부서(부서번호, 부서명) values('30', '영업부');
insert into 사원(사원번호, 사원명, 부서번호) values(1000, '김사원', '10');
insert into 사원(사원번호, 사원명, 부서번호) values(2000, '이사원', '20');
insert into 사원(사원번호, 사원명, 부서번호) values(3000, '강사원', '20');
insert into 사원(사원번호, 사원명, 부서번호) values(4000, '신사원', '20');
insert into 사원(사원번호, 사원명, 부서번호) values(5000, '정사원', '30');
insert into 사원(사원번호, 사원명, 부서번호) values(6000, '최사원', '30');
insert into 사원(사원번호, 사원명, 부서번호) values(7000, '안사원', '30');
```

```
① select count(distinct 사원번호) from 사원 where 부서번호 = '20';
② delete from 부서 where 부서번호 = '20';
   select count(distinct 사원번호) from 사원;
```

• 답 (1) :

• 답 (2) :

06 학생(STUDENT) 테이블에 전자과 학생 50명, 정보통신과 학생 100명, 건축과 학생 50명의 정보가 저장되어 있을 때, 다음 ①~③ SQL문의 실행 결과 튜플 수를 쓰시오. (단, DEPT 컬럼은 학과명이다.)

득점	배점
	5

```
① SELECT DEPT FROM STUDENT;
② SELECT DISTINCT DEPT FROM STUDENT;
③ SELECT COUNT(DISTINCT DEPT) FROM STUDENT WHERE DEPT='정보통신';
```

• 답 ⑴ :

• 답 ⑵ :

• 답 ⑶ :

07 다음 공통으로 설명하는 알맞은 용어를 영문 약어로 쓰시오.

득점	배점
	5

- ( )(은)는 보안 정보 및 이벤트 관리 통합 솔루션으로 조직 내에 운영되는 다양한 정보보안 장비 및 IT 시스템들에서 생성되는 로그와 이벤트를 통합 관리하여 외부 위험을 사전에 예측하고 내부 정보 유출을 방지할 수 있도록 하는 개념의 보안 솔루션이다.
- ( )(은)는 '심'이라고 불리며, ( )의 주요 기능은 로그 관리 기능, 이벤트 상관관계 분석 기능, 보안 위협 모니터링 및 대응하는 기능이다.

• 답 :

08 여러 응용 시스템을 접근하는 사용자가 단 한 번의 로그인으로 서비스를 이용할 수 있도록 하는 인증(Authentication) 방법을 의미하는 용어를 영문 약어로 쓰시오.

득점	배점
	5

• 답 :

다음은 C언어로 작성된 프로그램이다. 이를 실행한 출력 결과를 쓰시오.

득점	배점
	5

```c
#include <stdio.h>
int mark(int, int, int, int);
int main()
{
    int mines[4][4] = { {0,0,0,0}, {0,0,0,0}, {0,0,0,0}, {0,0,0,0} };
    int field[4][4] = { {0,1,0,1}, {0,0,0,1}, {1,1,1,0}, {0,1,1,1} };
    int w = 4;
    int h = 4;
    int y, x, i, j;
    for(y = 0; y < h; y++)
    {
        for(x = 0; x < w; x++)
        {
            if(field[y][x] == 0)
                continue;

            for(i = y-1; i <= y+1; i++)
            {
                for(j = x-1; j <= x+1; j++)
                {
                    if(mark(w, h, j, i) == 1)
                        mines[i][j] += 1;
                }
            }
        }
    }
    for(y = 0; y < h; y++)
    {
        for(x = 0; x < w; x++)
            printf("%d ", mines[y][x]);
        printf("\n");
    }
    return 0;
}
int mark(int w, int h, int j, int i)
{
    if(i>=0 && i<h && j>=0 && j<w)
        return 1;
    return 0;
}
```

• 답 :

10 다음은 C언어로 작성된 프로그램이다. 이를 실행한 출력 결과를 쓰시오.

```c
#include <stdio.h>
int main()
{
    int n, k, s, i;
    int cnt = 0;
    for(n = 6; n <= 30; n++)
    {
        s = 0;
        k = n / 2;
        for(i = 1; i <= k; i++)
        {
            if(n%i == 0)
                s += i;
        }
        if(s == n)
            cnt++;
    }
    printf("%d", cnt);

    return 0;
}
```

• 답 :

11 다음은 Java로 작성된 프로그램이다. 이를 실행한 출력 결과를 쓰시오.

```java
public class Exam
{
    static int nSize = 4;

    public static void makeArray(int[] arr) {
        for(int i = 0; i < nSize; i++) {
            arr[i] = i;
        }
    }

    public static void main(String[] args) {
        int[] arr = new int[nSize];
        makeArray(arr);
        for(int i = 0; i < nSize; i++) {
            System.out.print(arr[i] + " ");
        }
    }
}
```

• 답 :

12 다음은 Java로 작성된 프로그램이다. 이를 실행한 출력 결과를 쓰시오.

```java
public class Exam
{
    public static void main(String[] args) {
        int[] rank = new int[5];
        int[] arr = {75, 32, 20, 99, 55};

        for(int i = 0; i < 5; i++) {
            rank[i] = 1;
            for(int j = 0; j < 5; j++) {
                if(arr[i] < arr[j])
                    rank[i]++;
            }
        }
        for(int k = 0; k < 5; k++)
            System.out.print(rank[k]);
    }
}
```

• 답 :

13 다음은 Java로 작성된 프로그램이다. 이를 실행한 출력 결과를 쓰시오.

득점	배점
	5

```java
public class Exam
{
    public static void main(String[] args) {
        int a = 0;
        for(int i = 1; i < 999; i++) {
            if(i%3 == 0 && i%2 != 0)
                a = i;
        }
        System.out.println(a);
    }
}
```

• 답 :

14 다음은 Python언어로 작성된 프로그램이다. 이를 실행한 출력 결과를 쓰시오.

득점	배점
	5

```python
arr = [1, 2, 3, 4, 5]

arr = list( map(lambda num : num + 100, arr) )
print(arr)
```

• 답 :

15 다음은 프로세스 스케줄링에 대한 설명이다. 설명에 해당하는 스케줄링 명칭을 빈칸 ①∼③에 각각 영문 약어로 쓰시오.

득점	배점
	5

(①) 스케줄링	• 준비상태 큐에서 대기하는 프로세스들 중에서 실행 시간이 가장 짧은 프로세스에게 먼저 CPU를 할당하는 비선점 기법이다. • 평균 대기 시간을 최소화한다.
(②) 스케줄링	• 주어진 시간 할당량(Time Slice) 안에 작업을 마치지 않으면 준비완료 리스트 (ready list)의 가장 뒤로 배치되는 선점 기법이다. • 시간 할당량이 너무 커지면 FCFS와 비슷하게 되고, 시간 할당량이 너무 작아지면 오버헤드가 커지게 된다.
(③) 스케줄링	• 실행 중인 프로세스의 남은 시간과 준비상태 큐에 새로 도착한 프로세스의 실행 시간을 비교하여 실행 시간이 더 짧은 프로세스에게 CPU를 할당하는 선점 기법이다. • 시분할 시스템에 유용하다.

• 답 (1) :
• 답 (2) :
• 답 (3) :

16 다음은 관계대수에 대한 설명이다. 설명에 해당하는 관계대수 연산자의 기호를 빈칸 ①∼⑤에 각각 쓰시오.

득점	배점
	5

연산자	기호	의미
합집합	(①)	두 릴레이션의 튜플의 합집합을 구하는 연산
차집합	(②)	두 릴레이션의 튜플의 차집합을 구하는 연산
교차곱	(③)	두 릴레이션의 튜플들의 교차곱(순서쌍)을 구하는 연산
프로덕트	(④)	속성 리스트로 주어진 속성만 구하는 수직적 연산
조인	(⑤)	공통 속성을 기준으로 두 릴레이션을 합하여 새로운 릴레이션을 만드는 연산

• 답 (1) :
• 답 (2) :
• 답 (3) :
• 답 (4) :
• 답 (5) :

17 192.168.1.0/24 네트워크를 FLSM 방식을 이용하여 3개의 Subnet으로 나누고 IP Subnet-zero를 적용했다. 이때 서브네팅 된 네트워크 중 2번째 네트워크의 Broadcast IP 주소를 쓰시오.

득점	배점
	5

• 답 :

18 다음 설명에 해당하는 형상 관리 도구를 빈칸 ①~③에 각각 〈보기〉에서 골라 쓰시오.

득점	배점
	5

(①)	• 오픈 소스 프로젝트에서 널리 사용되는 버전 관리 시스템이다. • 소프트웨어 프로젝트를 진행할 때 파일로 이루어진 모든 작업과 모든 변화를 추적하고, 여러 개발자가 협력하여 작업할 수 있게 지원한다. • 최근에는 (①)(이)가 한계를 맞아 이를 대체하는 (③)(이)가 개발되었다.
(②)	• 프로그램 등의 소스 코드 관리를 위한 분산 버전 관리 시스템이다. • Linux 초기 커널 개발자인 리누스 토르발스가 리눅스 커널 개발에 이용하려고 개발하였으며, 현재는 다른 곳에도 널리 사용되고 있다. • 지역 저장소와 원격 저장소가 존재하며 지역 저장소에서 버전 관리가 진행되어 버전관리가 빠르다.
(③)	• (①)보다 속도 개선, 저장 공간, 변경 관리 단위가 작업 모음 단위로 개선되었다. 2000년 콜랩넷에서 개발되었다. • (①)(와)과 사용 방법이 유사해 (①) 사용자가 쉽게 도입 가능하며 아파치 최상위 프로젝트로서 전 세계 개발자 커뮤니티와 함께 개발되어 있다. • 디렉터리, 파일을 자유롭게 이동해도 버전 관리가 가능하다.

〈보기〉

ㄱ. Ant	ㄴ. CVS	ㄷ. Maven	ㄹ. Clear CASE
ㅁ. Git	ㅂ. Maven	ㅅ. RCS	ㅇ. SVN

• 답 (1) :
• 답 (2) :
• 답 (3) :

19 다음 설명에 해당하는 용어를 빈칸 ①~②에 각각 〈보기〉에서 골라 쓰시오.

득점	배점
	5

(①)	• 운영체제를 변조하는 공격행위에 대한 차단을 위해 ARM 아키텍처에서 지원하는 보안 확장 영역이다. • Monitor Mode 기술을 통해 스위칭 형태를 제공하는 스마트폰의 AP칩(Application Processor)에 적용된 하드웨어 기반 보안 기술이다.
(②)	• '오타 스쿼팅', '가짜 URL'이라고도 하며 단순하지만 효과적인 공격 수법으로 정상 도메인과 비슷한 이름의 도메인을 등록해두고, 자주 사용하는 사이트의 URL을 교묘하게 바꿔 가짜 사이트로 유도하거나, 파일 이름을 속인 악성 소프트웨어를 내려받도록 유도하는 공격 기법이다. • 웹 URL 주소뿐만 아니라 오픈 소스 패키지 이름까지 속이는 공급망 공격이다.

〈보기〉

ㄱ. Trust Zone	ㄴ. Typosquatting	ㄷ. Pretexting	ㄹ. Tailgating
ㅁ. Phishing	ㅂ. Spoofing	ㅅ. Smishing	ㅇ. Pharming

• 답 (1) :

• 답 (2) :

20 다음 설명에 해당하는 용어를 빈칸 ①~②에 〈보기〉에서 골라 쓰시오.

득점	배점
	5

(①)	• 케빈 미트닉(Kevin Mitnick)이 수많은 미국 기업들을 대상으로 즐겨 사용하던 해킹 수법으로 기술적인 요소는 거의 사용하지 않고 인간 사이의 기본적인 신뢰를 이용해서 정상적인 보안 절차를 깨뜨리는 공격을 의미한다. • (①)의 4단계 절차는 정보수집 단계, 관계 형성 단계, 공격 단계, 실행 단계이다.
(②)	• '알 수 없는 데이터'라고도 한다. • 다양한 컴퓨터 네트워크를 통해 수집된 자료이나 분석이나 결과 도출을 위해 사용되지 않는 데이터를 의미한다.

〈보기〉

ㄱ. 사회 공학	ㄴ. 세션 하이재킹	ㄷ. 다크 데이터	ㄹ. ARP 스푸핑
ㅁ. 사전 조사	ㅂ. 포맷 스트링	ㅅ. 제로데이 공격	ㅇ. 버퍼오버플로우

• 답 (1) :

• 답 (2) :

다음 물음에 답을 해당 답란에 답하시오.

배점 **100** 문제수 **20**

01 다음 설명하는 디자인 패턴(Design Pattern)을 〈보기〉에서 골라 쓰시오.

득점	배점
	5

- ( ) 패턴은 특정 객체에 대한 접근을 제어하거나 기능을 추가할 수 있는 가상의 대리인 역할의 객체를 제공하는 패턴이다.
- ( ) 패턴은 기존 코드를 변경하지 않고 새로운 기능을 추가 가능하나 코드의 복잡도가 증가한다.

〈보기〉

Adapter, Bridge, Composite, Decorator, Facade, Proxy

• 답 :

02 다음 공통으로 설명하는 빈칸에 알맞은 용어를 영문 약어로 쓰시오.

득점	배점
	5

- ( )(은)는 '비동기식 자바스크립트 XML'을 의미하는 용어로 클라이언트와 웹 서버 간에 XML 데이터를 내부적으로 통신하는 대화식 웹 애플리케이션의 제작을 위해 사용된다.
- ( )(은)는 클라이언트의 요청에 의해 웹 서버에서 로딩된 데이터를 웹 브라우저의 페이지에 보여 주기 위해 웹 페이지 전체를 '새로고침'할 필요 없이 즉, 새로운 HTML 페이지로 이동할 필요 없이 현재 페이지에서 필요한 일부분만 로딩되도록 하는 웹 개발 기법이다.

• 답 :

03 다음 제어 흐름 그래프에 대한 분기 커버리지(Branch Coverage)를 수행하는 경우의 테스트케이스 경로를 순서대로 나열하시오.

득점	배점
	5

〈제어 흐름 그래프〉

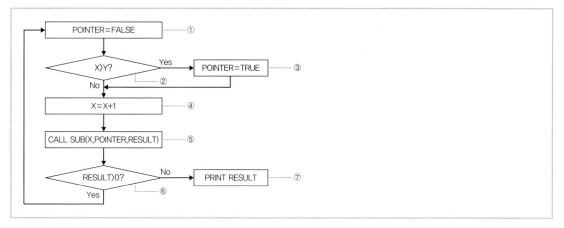

• 답 (1) : ___ ___ ___ ___ ___ ___
• 답 (2) : ___ ___ ___ ___ ___

04 아래 보기의 〈학생〉 테이블에서 이름이 '민수'인 학생 튜플을 삭제하는 SQL문을 작성하시오(단, 다음의 요구사항을 참고하여 작성하시오).

득점	배점
	5

〈요구사항〉

1. 이름 속성의 데이터는 문자형이다. 문자형 데이터는 작은 따옴표('')로 표시하시오.
2. SQL명령문은 대/소문자를 구분하지 않는다.
3. SQL명령문의 종결 문자의 세미콜론(;)은 생략 가능하다.
4. 실행 결과가 일치하더라도 〈요구사항〉을 적용하지 않은 SQL문을 작성하면 오답으로 간주한다.

〈학생〉

학번	이름	학과	전화번호
2345001	철수	컴퓨터	010-1111-1111
2347003	민수	수학	010-2222-2222
2345005	영희	컴퓨터	010-3333-3333
2349007	민호	통계	010-4444-4444

• 답안 기재란

05 〈성적〉 테이블을 대상으로 〈요구사항〉을 적용하여 아래 〈결과〉와 같이 출력하는 SQL 문을 작성하시오.

득점	배점
	5

〈성적〉

학번	과목번호	과목이름	학점	점수
100	2000	데이터베이스	A	95
101	1000	자료구조	B	80
102	2000	데이터베이스	A	99
103	2000	데이터베이스	B	88
104	1000	자료구조	C	79

〈결과〉

과목이름	최소점수	최대점수
데이터베이스	88	99

〈요구사항〉

1. 〈성적〉 테이블에서 과목별 평균 점수가 90점 이상인 과목이름, 최소점수, 최대점수를 출력하시오.
2. 단, WHERE 구문은 사용 불가능하며, GROUP BY, HAVING, AS 구문을 반드시 포함하여 작성하시오.
3. SQL명령문은 대/소문자를 구분하지 않는다.
4. SQL명령문의 종결 문자의 세미콜론(;)은 생략 가능하다.
5. 실행 결과가 일치하더라도 〈요구사항〉을 적용하지 않은 SQL문을 작성하면 오답으로 간주한다.

• 답안 기재란

06 다음 공통으로 설명하는 빈칸에 알맞은 용어를 영문 약어로 쓰시오.

득점	배점
	5

- ( )(은)는 VPN의 터널링 기능을 지원하는 PPTP와 L2F를 통합한 OSI 7의 2계층(데이터 링크 계층) 프로토콜이다.
- ( )(은)는 일반적으로 데이터의 보안 서비스를 제공하기 위하여 IPsec과 결합하여 사용된다.

- 답 :

07 rlogin, telnet, rsh 프로토콜을 대체하기 위해 설계되었으며 22번 포트를 사용하는 두 호스트 사이를 원격 접속하여 안전하게 메시지를 전송할 수 있게 해주는 보안 프로토콜을 무엇이라 하는지 영문 약어로 쓰시오.

득점	배점
	5

- 답 :

08 다음은 C언어로 작성된 프로그램이다. 이를 실행한 출력 결과를 쓰시오.

득점	배점
	5

```c
#include <stdio.h>

int main()
{
    char a[] = "Art";
    char* p = NULL;
    int i;

    p = a;

    printf("%s\n", a);
    printf("%c\n", *p);
    printf("%c\n", *a);
    printf("%s\n", p);
    for(i = 0; a[i] != '\0'; i++)
    {
        printf("%c", a[i]);
    }

    return 0;
}
```

- 답 :

09 다음은 C언어로 작성된 프로그램이다. 이를 실행한 출력 결과를 쓰시오.

득점	배점
	5

```c
#include <stdio.h>

int main()
{
    char* a = "qwer";
    char* b = "qwaexyz";
    int i, j;

    for(i = 0; a[i] != '\0'; i++)
    {
        for(j = 0; b[j] != '\0'; j++)
        {
            if(a[i] == b[j])
                printf("%c", a[i]);
        }
    }

    return 0;
}
```

• 답 :

10 다음 C언어로 구현된 2진수를 10진수로 변환하는 프로그램에서 빈칸 ①~②에 들어갈 가장 적합한 명령을 C언어 코드 형식으로 쓰시오.

득점	배점
	5

```c
#include <stdio.h>

int main()
{
    int input = 1010;
    int digit = 1;
    int sum = 0;
    while(1)
    {
        if(input == 0)
            break;
        else {
            sum += (input   ①     ②    ) * digit;
            digit *= 2;
            input /= 10;
        }
    }
    printf("%d", sum);

    return 0;
}
```

• 답 (1) :

• 답 (2) :

11 다음 C언어로 구현된 버블 정렬 프로그램에서 빈칸 ①~②에 들어갈 가장 적합한 명령을 C언어 코드 형식으로 쓰시오.

득점	배점
	5

```c
#include <stdio.h>

void swap(int a[], int idx1, int idx2)
{
    int temp = a[idx1];
    a[idx1] = a[idx2];
    a[  ①  ] = temp;
}
void sort(int a[], int len)
{
    int i, j;
    for(i = 0; i < 4; i++)
        for(j = 0; j < 4-i; j++)
            if(a[j] > a[j+1])
                swap(a, j, j+1);
}
int main()
{
    int nx = 5;
    int a[] = {6, 5, 8, 9, 4};
    int i;
    sort(a,   ②  );
    for(i = 0; i < 5; i++)
    {
        printf("%d ", a[i]);
    }
    return 0;
}
```

• 답 (1) :

• 답 (2) :

12 다음은 Java로 작성된 프로그램이다. 이를 실행한 출력 결과를 쓰시오.

득점	배점
	5

```java
class Static {
    public int a = 20;
    static int b = 0;
}

public class Exam {
    public static void main(String[] args) {
        int a = 10;
        Static.b = a;
        Static st = new Static();

        System.out.println(Static.b++);
        System.out.println(st.b);
        System.out.println(a);
        System.out.println(st.a);
    }
}
```

• 답 :

13 다음은 Java로 작성된 프로그램이다. 이를 실행한 출력 결과를 쓰시오.

득점	배점
	5

```java
abstract class Vehicle {
    String name;
    abstract public String getName(String val);

    public Vehicle(String val) {
        this.name = val;
    }
    public String getName() {
        return "Vehicle name : " + name;
    }
}

class Car extends Vehicle {
    public Car(String val) {
        super(val);
    }
    public String getName(String val) {
        return "Car name : " + val;
    }
    public String getName(byte val[]) {
        return "Car name : " + val;
    }
}

public class Exam {
    public static void main(String[] args) {
        Vehicle obj = new Car("Spark");
        System.out.println(obj.getName());
    }
}
```

• 답 :

14 다음은 Java로 작성된 프로그램이다. 이를 실행한 출력 결과를 쓰시오.

득점	배점
	5

```java
class Parent {
    int x = 100;
    Parent() {
        this(500);
    }
    Parent(int x) {
        this.x = x;
    }
    int getX() {
        return this.x;
    }
}
class Child extends Parent {
    int x = 1000;
    Child() {
        this(5000);
    }
    Child(int x) {
        this.x = x;
    }
}
public class Exam {
    public static void main(String[] args) {
        Child obj = new Child();
        System.out.println(obj.getX());
    }
}
```

• 답 :

15 다음은 Python언어로 작성된 프로그램이다. 이를 실행한 출력 결과를 쓰시오.

득점	배점
	5

```python
asia = {'한국', '중국', '일본'}
asia.add('베트남')
asia.add('중국')
asia.remove('일본')
asia.update({'홍콩', '한국', '태국'})
print(asia)
```

• 답 :

16 다음 설명에 해당하는 스키마를 빈칸 ①~③에 각각 〈보기〉에서 골라 쓰시오.

득점	배점
	5

(①) 스키마	사용자나 응용 프로그래머가 접근할 수 있는 정의를 기술한다.
(②) 스키마	범 기관적 입장에서 데이터베이스를 정의한 것으로, 개체 간의 관계와 제약 조건을 나타내고, 데이터베이스 접근 권한, 보안 및 무결성 규칙 명세가 있다.
(③) 스키마	물리적 저장 장치의 입장에서 본 데이터베이스 구조로서 실제로 데이터베이스에 저장될 레코드의 형식을 정의하고 저장 데이터 항목의 표현 방법, 내부 레코드의 물리적 순서 등을 나타낸다.

〈보기〉

ㄱ. 논리	ㄴ. 물리	ㄷ. 외부	ㄹ. 내부
ㅁ. 개념	ㅂ. 일반	ㅅ. 정적	ㅇ. 동적

• 답 (1) :

• 답 (2) :

• 답 (3) :

17 다음 설명에 해당하는 릴레이션 관련 용어를 빈칸 ①~③에 각각 〈보기〉에서 골라 쓰시오.

득점	배점
	5

(①)	• 테이블의 행(Row)에 해당하며 파일 구조의 레코드(Record)와 같은 의미이다. • 한 릴레이션의 튜플들의 값은 모두 상이하며, 튜플 간 순서가 없다.
(②)	• 어느 한 시점에 릴레이션이 포함하고 있는 튜플의 집합이다. • 릴레이션의 외연(extension)이며 동적인 성질을 갖는다.
(③)	• 튜플의 개수(기수)이다.

〈보기〉

ㄱ. 속성	ㄴ. 튜플	ㄷ. 원자값	ㄹ. 디그리
ㅁ. 도메인	ㅂ. 카디널리티	ㅅ. 릴레이션 스킴	ㅇ. 릴레이션 인스턴스

• 답 (1) :

• 답 (2) :

• 답 (3) :

18 다음은 패킷 교환 방식(Packet Switching)에 대한 설명이다. 빈칸 ①~②에 알맞은 용어를 각각 쓰시오.

득점	배점
	5

> 패킷 교환 방식(Packet Switching)은 패킷 교환망에서 메시지를 일정한 길이의 전송 단위인 패킷으로 나누어 전송하는 방식이다. 패킷 교환은 저장-전달 방식을 사용한다.
> 패킷 교환의 방식으로는 연결형인 (①)(와)과 비연결형인 (②)의 두 가지 방식으로 구분된다.
> (①)(은)는 패킷이 전송되기 전에 논리적인 연결 설정이 이루어져야 한다.
> (①)(은)는 모든 패킷이 동일한 경로로 전달되므로 항상 보내어진 순서대로 도착이 보장된다.
> (①)(은)는 연결형 서비스 방식으로 패킷을 전송하기 전에 미리 경로를 설정해야 한다.
> (②)(은)는 일정 크기의 데이터 단위(packet)로 나누어 특정 경로의 설정 없이 전송되는 방식이며, 각 패킷마다 목적지로 가기 위한 경로 배정이 독립적으로 이루어진다.

• 답 (1) :

• 답 (2) :

19 TCP/IP에서 신뢰성 없는 비연결형 프로토콜인 IP를 대신하여 송신측으로 네트워크의 IP 상태 및 에러 메시지를 전달해주는 프로토콜을 무엇이라고 하는지 영문 약어로 쓰시오.

득점	배점
	5

• 답 :

20 다음 설명에 해당하는 용어를 빈칸 ①~③에 각각 〈보기〉에서 골라 쓰시오.

득점	배점
	5

(①)	컴퓨터의 취약점을 이용하여 네트워크를 통해 다른 프로그램의 감염 없이 자신 혹은 변형된 자신을 복제하여 컴퓨터 시스템에 침입하는 독립적인 프로그램이다.
(②)	겉으로 보기에 유용한 정상적인 프로그램인 것 같으나 악성코드를 숨겨두어 시스템을 공격하는 악성 프로그램이다.
(③)	컴퓨터 내부의 정상적인 프로그램에 자신을 복사했다가 그 프로그램이 수행될 때 악성코드로 만들어 프로그램 및 PC의 작동을 방해한다.

〈보기〉

ㄱ. 님다	ㄴ. 웜	ㄷ. 랜섬웨어	ㄹ. 버퍼 오버플로우
ㅁ. 트로이 목마	ㅂ. 악성 스크립트	ㅅ. 웹 방화벽	ㅇ. 바이러스

• 답 (1) :

• 답 (2) :

• 답 (3) :

기출문제 09회 (2023년 제2회)

다음 물음에 답을 해당 답란에 답하시오. 배점 **100** 문제수 **20**

01 다음은 디자인 패턴(Design Pattern)에 대한 설명이다. 빈칸 ①~②에 알맞은 용어를 〈보기〉에서 골라 쓰시오.

득점	배점
	5

(①) Pattern	• 생성된 객체를 어디서든지 참조할 수 있도록 하는 패턴이다. • 전역 변수를 사용하지 않고 객체를 하나만 생성하도록 한다.
(②) Pattern	• 객체 구조의 요소들에 수행할 오퍼레이션을 표현한 패턴이다. • 오퍼레이션이 처리할 요소의 클래스를 변경하지 않고도 새로운 오퍼레이션을 정의할 수 있게 한다.

〈보기〉

Adapter, Bridge, Composite, Decorator, Facade, Proxy, Singleton, Visitor

• 답 (1) :
• 답 (2) :

02 데이터베이스 설계 단계를 〈보기〉에서 골라 순서대로 나열하시오.

득점	배점
	5

〈보기〉

ㄱ. 구현   ㄴ. 요구사항분석   ㄷ. 개념설계   ㄹ. 물리설계   ㅁ. 논리설계

• 답 :   →   →   →   →

03 다음은 점진적 통합 테스트와 관련된 용어에 대한 설명이다. 빈칸 ①~②에 알맞은 용어를 쓰시오.

득점	배점
	5

(①)	• 하향식 테스트에서 상위 모듈은 존재하나 하위 모듈이 없는 경우의 테스트를 위해 임시 제공되는 모듈이다. • 골격만 있는 또는 특별한 목적의 소프트웨어 컴포넌트를 구현한 것이다.
(②)	• 상향식 테스트에서 하위 모듈을 순서에 맞게 호출하고 호출 시 필요한 매개변수를 제공하며 결과를 전달하는 역할을 하는 모듈이다.

• 답 (1) :

• 답 (2) :

04 결정 포인트 내의 모든 개별 조건식에 대해 수행하는 테스트 커버리지를 〈보기〉에서 골라 쓰시오.

득점	배점
	5

〈보기〉

ㄱ. 구문 커버리지	ㄴ. 결정 커버리지	ㄷ. 조건 커버리지
ㄹ. 변경/조건 커버리지	ㅁ. 다중 조건 커버리지	ㅂ. 경로 커버리지

• 답 :

05 다음 뷰(VIEW)를 연쇄적으로 제거하는 빈칸에 알맞은 명령을 쓰시오.

득점	배점
	5

〈SQL문〉

```
DROP VIEW 뷰_이름 (          );
```

• 답 :

06 아래 보기의 〈학생〉 테이블에 학번 984104, 성명 '한국산', 학년 3, 과목명 '경영학개론', 전화번호 '050-1234-1234' 학생 튜플을 삽입하는 SQL문을 작성하시오(단, 성명, 과목명, 전화번호 속성의 데이터는 문자형이고, 학번, 학년 속성의 데이터는 숫자형이다. 문자형 데이터는 작은 따옴표(' ')로 표시하시오).

득점	배점
	5

〈학생〉

학번	성명	학년	과목명	전화번호
233355	강희영	2	자료구조	010-1111-1111
244188	홍길동	1	디지털논리회로	010-2222-2222

• 답안 기재란

07 대칭키와 비대칭 키 암호화 기법의 대표적인 암호화 알고리즘을 각각 〈보기〉에서 골라 쓰시오.

득점	배점
	5

〈보기〉

> AES, ARIA, DES, ECC, RSA, SEED

• 대칭키 :
• 비대칭키 :

08 데이터를 고정된 길이의 암호화된 문자열(키)로 변경하는 복호화가 불가능한 방식의 단방향 암호화에 사용되는 함수를 무엇이라 하는지 쓰시오.

득점	배점
	5

• 답 :

09 다음은 C언어로 작성된 프로그램이다. 이를 실행한 출력 결과를 쓰시오.

득점	배점
	5

```c
#include <stdio.h>

int main()
{
    int n[3] = {71, 99, 87};
    int sum = 0;
    for(int i = 0; i < 3; i++)
    {
        sum += n[i];
    }
    switch(sum/30)
    {
        case 10:
        case 9: printf("A");
        case 8: printf("B");
        case 7:
        case 6: printf("C");
        default: printf("D");
    }

    return 0;
}
```

• 답 :

10 다음은 C언어로 작성된 프로그램이다. 이를 실행한 출력 결과를 쓰시오.

득점	배점
	5

```c
#include <stdio.h>

int main()
{
    int i;
    int cnt = 0;

    for(i = 1; i <= 2023; i++)
    {
        if(i%4 == 0) cnt++;
    }

    printf("%d", cnt);

    return 0;
}
```

• 답 :

11 다음은 〈출력 결과〉와 같이 출력하는 C언어로 구현된 프로그램이다. 다음 빈칸 ①에 들어갈 가장 적합한 명령을 C언어 코드 형식으로 쓰시오.

득점	배점
	5

〈출력 결과〉

```
43215
```

```c
#include <stdio.h>

int main()
{
    int i;
    int n[5] = {5, 4, 3, 2, 1};

    for(i = 0; i < 5; i++)
    {
        printf("%d", ____①____);
    }

    return 0;
}
```

• 답 :

12 다음 C언어로 구현된 화폐를 교환하는 프로그램에서 〈처리조건〉을 적용하여 〈출력결과〉와 같이 출력하도록 빈칸 ①~④에 들어갈 가장 적합한 명령을 C언어 코드 형식으로 쓰시오.

득점	배점
	5

〈처리조건〉

1. 4620원을 1000원, 500원, 100원, 10원으로 교환하였을 때의 각 화폐의 개수를 출력하시오.
2. 단, 큰 화폐 단위의 동전 개수를 제일 많이 교환하며 전체 동전의 개수가 최소가 되도록 교환한다.
3. c1000은 1000원의 개수, c500은 500원의 개수, c100은 100원의 개수, c10은 10원의 개수를 의미한다.
4. 빈칸에는 변수 m, 연산자 %와 /, 숫자 0~9만 사용하여 코드를 작성한다.
5. 실행 결과가 일치하더라도 〈처리조건〉을 적용하지 않은 C언어 코드를 작성하면 오답으로 간주한다.

〈출력 결과〉

```
1000원 : 4개
 500원 : 1개
 100원 : 1개
  10원 : 2개
```

```c
#include <stdio.h>

int main()
{
    int m = 4620;
    int c1000, c500, c100, c10;
    c1000 =      ①     ;
    c500  =      ②     ;
    c100  =      ③     ;
    c10   =      ④     ;
    printf("1000원 : %d개\n", c1000);
    printf(" 500원 : %d개\n", c500);
    printf(" 100원 : %d개\n", c100);
    printf("  10원 : %d개\n", c10);

    return 0;
}
```

• 답 (1) :
• 답 (2) :
• 답 (3) :
• 답 (4) :

13 다음 C언어로 구현된 선택정렬의 오름차순 프로그램에서 빈칸 ①에 들어갈 가장 적합한 명령을 C언어 코드 형식으로 쓰시오.

득점	배점
	5

```c
#include <stdio.h>

int main()
{
    int i, j;
    int E[] = {8, 3, 4, 9, 7};
    int n = sizeof(E) / sizeof(int);
    for(i = 0; i < n; i++)
    {
        for(j = i+1; j < n; j++)
        {
            if (E[i]      ①      E[j])
            {
                int tmp = E[i];
                E[i] = E[j];
                E[j] = tmp;
            }
        }
    }
    for(i = 0; i < n; i++)
        printf("%3d", E[i]);

    return 0;
}
```

• 답 :

다음은 C언어로 작성된 프로그램이다. 이를 실행한 출력 결과를 쓰시오.

득점	배점
	5

```c
#include <stdio.h>
#include <stdlib.h>

#define MAX_SIZE 5
int ds[MAX_SIZE];
int top = -1;

int is_full() {
    if(top == MAX_SIZE-1) return 1;
    return 0;
}
int is_empty() {
    if(top == -1) return 1;
    return 0;
}
void into(int num) {
    if(is_full()) {
        printf("Stack is Full");
        exit(0);
    }
    else
        ds[++top] = num;
}
int take() {
    if(is_empty()) {
        printf("Stack is Empty");
        exit(0);
    }
    else
        return ds[top--];
}
int main()
{
    into(5);
    into(2);
    while(!is_empty()) {
        printf("%d", take());
        into(4);
        into(1); printf("%d", take());
        into(3); printf("%d", take()); printf("%d", take());
        into(6); printf("%d", take()); printf("%d", take());
    }
    return 0;
}
```

• 답 :

15 다음은 C언어로 작성된 프로그램이다. 이를 실행하여 "홍영희 → 김영희 → 박영희"
순으로 입력하였을 때의 출력 결과를 쓰시오.

득점	배점
	5

〈입력 화면〉

입력: 홍영희 [Enter]
입력: 김영희 [Enter]
입력: 박영희 [Enter]

```c
#include <stdio.h>

char n[30];

char* getname() {
    printf("입력:");
    gets(n);
    return n;
}

int main()
{
    char* s1 = getname();
    char* s2 = getname();
    char* s3 = getname();

    printf("%s\n", s1);
    printf("%s\n", s2);
    printf("%s\n", s3);

    return 0;
}
```

• 답 :

16 다음은 Java로 작성된 프로그램이다. 이를 실행한 출력 결과를 쓰시오.

득점	배점
	5

```java
public class Exam {
    public static void main(String[] args) {

        String s1 = "Programming";
        String s2 = "Programming";
        String s3 = new String("Programming");

        System.out.println(s1 == s2);
        System.out.println(s1 == s3);
        System.out.println(s1.equals(s3));
        System.out.println(s2.equals(s3));

    }
}
```

• 답 :

17 다음은 Python언어로 작성된 프로그램이다. 이를 실행한 출력 결과를 쓰시오.

득점	배점
	5

```python
s1 = "engineer information programming"

s2 = s1[:3]
s3 = s1[4:6]
s4 = s1[29:]

s5 = s2 + s3 + s4

print(s5)
```

• 답 :

18 다음은 HDLC(High-level Data Link Control)에 대한 설명이다. 빈칸 ①~⑤에 각각 〈보기〉에서 골라 쓰시오.

득점	배점
	5

> • HDLC(High-level Data Link Control)는 점-대-점 링크뿐만 아니라 멀티 포인트 링크를 위하여 ISO에 의해 정해진 비트 방식의 데이터 링크 제어 프로토콜이다.
> • 데이터 링크 계층의 프로토콜로 단방향, 반이중, 전이중 방식의 통신방식을 제공하며, 흐름 및 오류제어를 위한 방식으로 ARQ를 사용할 수 있다. 프레임은 「플래그-주소부-제어부-정보부-FCS-플래그」로 구성되어 있다.
> • 제어부의 확장이 가능하며 프레임의 정보부 필드는 (①) 프레임, (②) 프레임, (③) 프레임의 세 가지 방식으로 구분된다.
> • (①) 프레임은 사용자 데이터를 전달한다. (②) 프레임은 에러 제어와 흐름 제어 데이터를 전달한다. (③) 프레임은 링크의 설정과 해제, 오류 회복을 위해 사용한다.
> • HDLC의 데이터 전달모드는 (③) 프레임의 링크 구성 방식에 따라 정규 응답모드, (④)모드, (⑤)모드의 세 가지 동작모드를 가지고 있다.

〈보기〉

> 양방향 응답, 단방향 응답, 비동기 응답, 동기 응답, 연결 제어,
> 동기 균형, 비동기 균형, 익명, 정보, 제어, 감독, 전송, 비번호, 릴레이

• 답 (1) :
• 답 (2) :
• 답 (3) :
• 답 (4) :
• 답 (5) :

19 다음 설명에 해당하는 용어를 빈칸 ①∼⑤에 각각 〈보기〉에서 골라 쓰시오.

득점	배점
	5

(①)	• 자기 정정 부호로서 오류를 검출하여 1비트의 오류를 수정하는 오류 검출 방식이다.
(②)	• '전진 오류 수정'이라고도 하며, 데이터 전송 과정에서 오류가 발생하면 수신측에서 오류를 검출하여 스스로 수정하는 전송 오류 제어 방식이다. • 역채널이 필요 없으며, 연속적인 데이터의 흐름이 가능하다.
(③)	• '후진 오류 수정'이라고도 하며, 데이터 전송 과정에서 오류가 발생하면 송신측에 재전송을 요구하는 전송 오류 제어 방식이다. • 역채널이 필요하다.
(④)	• 데이터 블록에 1비트의 오류 검출 비트를 추가하여 오류를 검출하는 오류 검출 방식이다.
(⑤)	• 집단 오류에 대한 신뢰성 있는 오류 검출을 위해 다항식 코드를 사용하여 오류 검출 방식이다.

〈보기〉

ㄱ. BCD	ㄴ. BEC	ㄷ. CRC	ㄹ. FEC
ㅁ. MD5	ㅂ. NAK	ㅅ. Hamming Code	ㅇ. Parity Check

• 답 (1) :
• 답 (2) :
• 답 (3) :
• 답 (4) :
• 답 (5) :

20 다음 공통으로 설명하는 용어를 쓰시오.

득점	배점
	5

• 불법적인 사용자에 의해서 프로그램의 불법적인 수정이 이루어지지 않았는지를 검증하는 기업의 디지털 자산 보호 기술에 필요한 요소 기술이다.
• 알고리즘의 구현이나 설계 시에 불법 사용자에 의한 역공학적인 분석 공격이나 프로토콜 공격에 대비할 수 있는 크래킹 방지 기술이다.
• 프로그램 소스 코드를 알아보기 힘든 형태로 바꾸는 기술인 코드 난독화(Code Obfuscation)가 요소 기술로 사용된다. 코드 난독화는 불법적인 사용자가 프로그램 위·변조 시 프로그램의 흐름을 알 수 없도록 하는 기술이다.

• 답 :

다음 물음에 답을 해당 답란에 답하시오.

배점 **100** 문제수 **20**

01 다음 그림과 같이 탭이 달린 폴더 안에 요소들을 집어넣어 표현하는 다이어그램으로 컴포넌트 구조 사이의 관계를 표현하며 요소들을 그룹으로 조직하기 위한 매커니즘의 UML 다이어그램이 무엇인지 쓰시오.

득점	배점
	5

〈그림〉

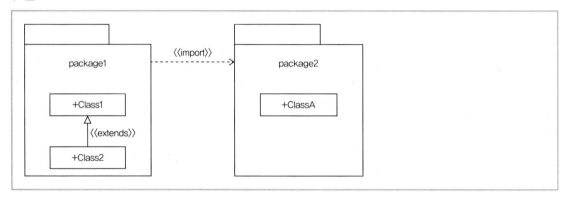

• 답 :

02 다음은 주어진 평가점수별 학점 조건을 토대로 테스트케이스를 작성하여 테스트를 진행한 결과이다. 다음 적용한 테스트 기법은 명세 기반 테스트의 기법 중 프로그램의 입력 조건에 중점을 두고, 어느 하나의 입력 조건에 대하여 타당한 값과 그렇지 못한 값을 설정 하여 해당 입력 자료에 맞는 결과가 출력되는지 확인하는 테스트 기법이다. 적용한 테스트 기법을 무엇이라 하는지 〈보기〉에서 골라 기호를 쓰시오.

득점	배점
	5

〈조건〉

평가점수	학점
0~59	F
60~69	D
70~79	C
80~89	B
90~100	A

〈결과〉

테스트케이스	1	2	3	4	5
구간	0~59	60~69	70~79	80~89	90~100
테스트데이터	55	66	77	88	99
예측값	F	D	C	B	A
결과값	F	D	C	B	A

〈보기〉

ㄱ. Boundary Value Analysis	ㄴ. Basic Path Test
ㄷ. Comparison Testing	ㄹ. Loop Test
ㅁ. Equivalence Partitioning Testing	ㅂ. Data Flow Test
ㅅ. Cause Effect Graphing Testing	ㅇ. Condition Test

• 답 :

03 다음 두 테이블을 대상으로 〈SQL문〉을 실행한 출력결과를 쓰시오.

득점	배점
	5

〈T1〉

A
1
3
2

〈T2〉

A
4
5

〈SQL문〉

```
SELECT A FROM T1
UNION
SELECT A FROM T2
ORDER BY A DESC;
```

• 답 (1) :	
• 답 (2) :	
• 답 (3) :	
• 답 (4) :	
• 답 (5) :	

04 인터넷 사용 시 비밀번호를 사용하지 않고도 간편 로그인과 같이 다른 클라이언트가 사용자의 접근 권한을 위임한 개방형 프로토콜 또는 프레임워크에 해당하는 용어를 〈보기〉에서 골라 기호를 쓰시오.

득점	배점
	5

〈보기〉

ㄱ. OAuth	ㄴ. JWT	ㄷ. Cookie
ㄹ. Session	ㅁ. SAML	ㅂ. SSO

• 답 :

05 다음은 정보의 접근통제 정책에 대한 설명이다. 빈칸 ①~③에 각각 알맞은 용어를 영문 약어로 쓰시오.

득점	배점
	5

정책	(①)	(②)	(③)
권한 부여	시스템	중앙 관리자	데이터 소유자
접근 결정	보안등급(Label)	역할(Role)	신분(Identity)
정책 변경	고정적(변경 어려움)	변경 용이	변경 용이
장점	안정적, 중앙 집중적	관리 용이	구현 용이, 유연함

• 답 (1) :

• 답 (2) :

• 답 (3) :

06 다음은 C언어로 작성된 프로그램이다. 이를 실행한 출력 결과를 쓰시오.

득점	배점
	5

```c
#include <stdio.h>

int func(int n)
{
    if(n <= 1)
        return 1;
    else
        return n * func(n - 1);
}

int main()
{
    printf("%d", func(7));
    return 0;
}
```

• 답 :

득점	배점
	5

```c
#include <stdio.h>

int complete(int n) {
    int sum = 0;
    for(int j = 1; j <= n/2; j++) {
        if(n%j == 0) {
            sum = sum + j;
        }
    }
    if(sum == n) {
        return 1;
    } else {
        return 0;
    }
}

int main()
{
    int total = 0;
    for(int i = 1; i <= 100; i++) {
        if(complete(i))
            total += i;
    }
    printf("%d", total);

    return 0;
}
```

• 답 :

08 다음은 C언어로 작성된 프로그램이다. 이를 실행한 출력 결과를 쓰시오.

득점	배점
	5

```c
#include <stdio.h>

int main()
{
    char* p = "KOREA";

    printf("1. %s\n", p);
    printf("2. %s\n", p+1);
    printf("3. %c\n", *p);
    printf("4. %c\n", *(p+3));
    printf("5. %c\n", *p+4);

    return 0;
}
```

• 답안 기재란

09 다음은 C언어로 작성된 프로그램이다. 이를 실행한 출력 결과가 다음과 같이 출력되도록 빈칸 ①에 알맞은 연산자를 쓰시오.

득점	배점
	5

〈출력 결과〉

```
과목 : 정보처리
점수 : 100
```

```c
#include <stdio.h>

struct gisa
{
    char *name;
    int score;
};

int main() {
        struct gisa std;
        struct gisa *pstd;

        pstd = &std;

        std.name = "정보처리";
        std.score = 100;
        printf("과목 : %s\n", std.name);
        printf("점수 : %d\n", pstd ____①____ score);

        return 0;
}
```

• 답 :

10 다음은 Java로 작성된 프로그램이다. 이를 실행 시 에러가 발생하는 코드의 라인 번호를 쓰시오.

득점	배점
	5

```
1      class Person {
2          private String name;
3          public Person(String val) {
4              name = val;
5          }
6          public static String get() {
7              return name;
8          }
9          public void print() {
10             System.out.println(name);
11         }
12     }
13     public class Exam {
14         public static void main(String[] args) {
15             Person obj = new Person("Kang");
16             obj.print();
17         }
18     }
```

• 답 :

다음은 Java로 작성된 프로그램이다. 이를 실행한 출력 결과를 쓰시오.

득점	배점
	5

```java
class Parent {
    int compute(int num) {
        if(num <= 1)
            return num;
        return compute(num - 1) + compute(num - 2);
    }
}

class Child extends Parent {
    @Override
    int compute(int num) {
        if(num <= 1)
            return num;
        return compute(num - 1) + compute(num - 3);
    }
}

public class Exam {
    public static void main(String[] args) {
        Parent obj = new Child();
        System.out.print(obj.compute(7));
    }
}
```

• 답 :

12 다음은 Java로 작성된 프로그램이다. 이를 실행한 출력 결과를 쓰시오.

득점	배점
	5

```java
class Parents {
    public void paint() {
        System.out.print("A");
        draw();
    }
    public void draw() {
        System.out.print("B");
        draw();
    }
}
class Child extends Parents {
    public void paint() {
        super.draw();
        System.out.print("C");
        this.draw();
    }
    public void draw() {
        System.out.print("D");
    }
}
public class Exam {
    public static void main(String[] args) {
        Parents cld = new Child();
        cld.paint();
        cld.draw();
    }
}
```

• 답 :

13 다음은 Python 언어로 작성된 프로그램이다. 프로그램을 실행하여 '12A34'를 입력하였을 경우 실행 결과가 '12 34'를 출력하도록 빈칸에 알맞는 함수명을 쓰시오.

득점	배점
	5

```python
num1, num2 = input()._____('A')
print(num1, num2)
```

〈출력 결과〉

```
12A34 Enter
12 34
```

• 답 :

14 리눅스 서버에 a.txt라는 파일이 있다. 다음 〈조건〉에 처리하는 〈명령문〉의 빈칸 ①～
②에 각각 알맞은 명령을 쓰시오.

득점	배점
	5

〈조건〉

- 사용자에게는 읽기, 쓰기, 실행의 세 개의 권한을 모두 부여하고 그룹에게는 읽기, 실행 두 개의 권한을 부여하고 그룹 외 사용자에게는 실행 권한을 부여한다.
- 단, 한 줄로 명령문이 작성되어야 하며, 아라비안 숫자를 사용하여 8진수로 권한을 부여한다.

〈명령문〉

<u>　①　</u>　<u>　②　</u>　751 a.txt

- 답 (1) :
- 답 (2) :

15 다음 설명에 해당하는 관계 대수 연산기호를 빈칸 ①～④에 각각 〈보기〉에서 골라 쓰시오.

득점	배점
	5

(①)	공통 속성을 기준으로 두 릴레이션을 합하여 새로운 릴레이션을 만드는 연산
(②)	속성 리스트로 주어진 속성만 구하는 수직적 연산
(③)	조건에 맞는 튜플을 구하는 수평적 연산
(④)	두 릴레이션 R1, R2에 대해 릴레이션 R2의 모든 조건을 만족하는 튜플들을 릴레이션 R1에서 분리해 내어 프로젝션하는 연산

〈보기〉

ㄱ. $\cup$	ㄴ. σ	ㄷ. $\cap$	ㄹ. π
ㅁ. $-$	ㅂ. $\bowtie$	ㅅ. $\times$	ㅇ. $\div$

- 답 (1) :
- 답 (2) :
- 답 (3) :
- 답 (4) :

16 다음 설명하는 빈칸에 알맞은 용어를 영문 약어로 쓰시오.

득점	배점
	5

릴레이션 무결성 제약조건은 릴레이션을 조작하는 과정에서의 의미적 관계(Semantic Relationship)를 명세한 것으로 정의 대상으로 도메인, 키, 종속성 등이 있다.
그 중 (   ) 무결성 제약조건은 릴레이션 R1에 속성 조합인 외래키를 변경하려면 이를 참조하고 있는 릴레이션 R2의 기본키도 변경해야 한다. 이때 참조할 수 없는 외래키 값을 가질 수 없다는 제약조건이다.

• 답 :

17 다음 공통으로 설명하는 라우팅 프로토콜 명칭을 영문 약어로 쓰시오.

득점	배점
	5

• 패킷을 목적지까지 전달하기 위해 사용되는 라우팅 프로토콜이다.
• 거리 벡터 기반 라우팅 프로토콜로 홉 수를 기반으로 경로를 선택한다.
• 최대 15홉 이하 규모의 네트워크를 주요 대상으로 하는 라우팅 프로토콜이다.
• 최적의 경로를 산출하기 위한 정보로서 홉(거리 값)만을 고려하므로, 선택한 경로가 최적의 경로가 아닌 경우가 많이 발생할 수 있다.

• 답 :

18 다음 설명하는 용어를 영문 약어로 쓰시오.

득점	배점
	5

우리나라 말로 번역하면 '네트워크 주소 변환'으로 내부에서 사용하는 사설 IP 주소와 외부로 보여 지는 공인 IP 주소 간의 IP Address 변환 방식을 말한다. 한정된 하나의 공인 IP를 여러 개의 내부 사설 IP로 변환하여 사용하기 위한 기술이며, 내부 네트워크 주소의 보안을 위해 사용하는 방법 중 하나이다.

• 답 :

19 다음 공통으로 설명하는 용어를 영문 약어로 쓰시오.

득점	배점
	5

• B-ISDN의 핵심 기술로 회선 교환과 패킷 교환의 장점을 결합한 교환 및 다중화 기술이다.
• 비동기식 전달 모드로 멀티미디어 서비스에 적합하다.
• 정보는 셀(Cell) 단위로 나누어 전송된다.
• 셀(Cell)의 구성 : 헤더(Header) 5옥텟, 페이로드(Payload) 48옥텟
• ATM의 프로토콜 구조 : 사용자 평면, 제어 평면, 관리 평면

• 답 :

20 다음은 클라우드 컴퓨팅 서비스 모델에 대한 설명이다. 빈칸 ①~③에 알맞은 용어를 영문 약어로 쓰시오.

득점	배점
	5

(①)	• 인프라스트럭처를 서비스로 제공하는 모델 • 서비스를 개발할 수 있는 안정적인 환경과 그 환경을 이용하는 응용 프로그램을 개발할 수 있는 API까지 제공하는 서비스
(②)	• 플랫폼을 서비스로 제공하는 모델 • 서버, 스토리지 자원을 쉽고 편하게 이용하게 쉽게 서비스 형태로 제공하여 다른 유형의 기반이 되는 기술
(③)	• 소프트웨어를 서비스로 제공하는 모델 • 주문형 소프트웨어라고도 하며 사용자는 시스템이 무엇으로 이루어져 있고 어떻게 동작하는지 알 필요가 없이 단말기 등에서 필요하면 언제든지 제공받을 수 있음

• 답 (1) :
• 답 (2) :
• 답 (3) :

모의고사 정답 및 해설

01. 트리거 또는 Trigger

02. 프로토타이핑 또는 Prototyping

03. USE CASE 식별 단계

04. · 답 (1) : 테스트 케이스 또는 Test Case
 · 답 (2) : 단위 테스트

05. 프레임워크 또는 Framework 또는 소프트웨어 프레임워크

06. Software Architecture

07. GNU GPLv3

08. IS NULL

09. · 답 (1) : 동적 분석
 · 답 (2) : 형상 관리

10. · 답 (1) : i+1
 · 답 (2) : a[i]

11. 2 6

12. 43

13. 유니캐스트, 멀티캐스트, 애니캐스트 또는 Unicast, Multicast, Anycast

14. C

15. · 답 (1) : Insert
 · 답 (2) : Select
 · 답 (3) : Update
 · 답 (4) : Delete

16. OSPF

17. · 답 (1) : Sprint Backlog
 · 답 (2) : Daily SCRUM Meeting

18. · 개념 : DBMS는 데이터 저장과 관리를 위한 데이터베이스 소프트웨어이다.
 · 종류 : Oracle, DB2, Sybase, SQL Server, MySQL 등

19. · 답 (1) : L4 스위치
 · 답 (2) : L2 스위치
 · 답 (3) : L3 스위치

20. 상호배제, 점유와 대기, 비선점, 환형대기 또는 mutual exclusion, hold and wait, non-preemption, circular wait

01. 랜섬웨어 또는 Ransomware

02. • 계산식 : 개발 기간=예측된 LOC/(투입 인원×1인당 월 평균 생산 LOC)=50000/(10×200)=25

   • 답 : 25개월

03. A → B이고 B → C일 때, A → C를 만족하는 관계

04. 로킹 단위가 작아지면 공유도가 증가하고, 오버헤드도 같이 증가한다.

05. 멤리스터 또는 memristor

06. • 답 (1) : 요구분석

   • 답 (2) : 유지보수

07. • 목표환경 : 시스템의 개발 환경 및 유형이 서로 다른 경우 테일러링이 필요

   • 요구사항 : 프로젝트의 생명주기 활동 측면에서 개발, 운영, 유지보수 등 프로젝트에서 우선적으로 고려할 요구사항이 서로 다른 경우 테일러링이 필요

   • 프로젝트 규모 : 사업비, 참여 인력, 개발 기간 등 프로젝트의 규모가 서로 다른 경우 테일러링이 필요

   • 보유 기술 : 프로세스, 방법론, 산출물, 인력의 숙련도 등이 다른 경우 테일러링이 필요

08.

과목이름
DB
DB
운영체제

09. PROJECT, π

10. • 정의 : 데이터베이스에서 자료를 교환하는 하나의 논리적 기능을 수행하기 위한 작업 단위를 말한다.

   • 특성

   – 원자성(Atomicity)

   – 일관성(Consistency)

   – 격리성(Isolation, 고립성)

   – 영속성(Durability, 지속성)

11. $Blog_2(1+S/N)$

12. INSERT INTO 학생 VALUES(984104, '한국산', '정보학개론', 3, '010-1234-1234');

   또는

   insert into 학생 values(984104, '한국산', '정보학개론', 3, '010-1234-1234');

   또는

   INSERT INTO 학생(학번, 성명, 과목명, 학년, 전화번호)

   　　　VALUES(984104, '한국산', '정보학개론', 3, '010-1234-1234');

13. • 답 (1) : list[j]

　　 • 답 (2) : list[i]

　　 • 답 (3) : bubble_sort

14. 12

15. + * * / A B C D E

16. 제로데이 공격 또는 Zero Day Attack

17. • Stub : 하향식 통합에 있어서 모듈 간의 통합 시험을 위해 일시적으로 필요한 조건만을 가지고 임시로 제공되는 시험용 모듈

　　 • Driver : 하위 모듈에서 상위 모듈로 통합하면서 테스트하는 상향식 테스트에서 사용하며, 테스트할 소프트웨어 또는 시스템을 제어하고 동작시키는 데 사용되는 도구

18. • 답 (1) : 내부 또는 Internal

　　 • 답 (2) : 개념 또는 Conceptual

　　 • 답 (3) : 외부 또는 External

19. 킬스위치 또는 Kill-Switch

20. APT

13번 해설 SQL 명령문의 답은 대소문자 구별하지 않고 모두 정답입니다.

20번 해설 APT : Advanced Persistent Threat

01. • 답 (1) : COMMIT

   • 답 (2) : ROLLBACK

   • 답 (3) : GRANT

   • 답 (4) : REVOKE

   • 답 (5) : CASCADE

02. SELECT 학번 FROM 학생 WHERE 이름 LIKE '이%' ORDER BY 학년 DESC;

03. 위키노믹스 또는 Wikinomics

04. Stack Guard

05. • 기밀성(Confidentiality) : 인가되지 않는 사용자가 객체 정보의 내용을 알 수 없도록 하는 보안 요소

   • 무결성(Integrity) : 시스템 내의 정보는 오직 인가된 사용자만 수정할 수 있도록 하는 보안 요소

   • 가용성(Availability) : 정보 시스템 또는 정보에 대한 접근과 사용이 요구시점에 완전하게 제공될 수 있는 상태를
     의미하는 보안 요소

06. 하둡 또는 Hadoop

07. 나선형 모형 또는 Spiral Model

08. 10

   5

   4

   3

   2

09. 스머핑 또는 Smurfing

10. • 답 (1) : 200

   • 답 (2) : 100

   • 답 (3) : 300

11. • 답 (1) : 초기(initial)

   • 답 (2) : 최적화(optimizing)

12. • Organic Mode(유기적 모드) : 5만 라인 이하

   • Semi-Detached Mode(반결합 모드) : 30만 라인 이하

   • Embedded Mode(내장 모드) : 30만 라인 이상

13. • 답 (1) : AND 또는 and

   • 답 (2) : HAVING 또는 having

   • 답 (3) : SET 또는 set

14. RSA

15. 15

16. • 전송 데이터를 패킷이라 부르는 일정한 길이의 전송 단위로 나누어 교환 및 전송한다.

 • 패킷교환은 축적교환 방식을 사용한다.

 • 데이터그램 방식과 가상회선 방식이 있다.

 • 메시지 교환이 갖는 장점을 그대로 취하면서 대화형 데이터 통신에 적합하도록 개발된 교환 방식이다.

17. • REDO : T2, T4

 • UNDO : T3, T5

18. X.25

19. 효율성 또는 Efficiency

20. • 정의 : 모듈 안의 작동을 자세히 관찰할 수 있으며, 프로그램 원시 코드의 논리적인 구조를 커버(cover)하도록 검사 사례(Test Case)를 설계하는 프로그램 검사 기법으로, 원시 코드의 모든 문장을 한 번 이상 수행함으로써 수행된다.

 • 테스트 기법 : 기초 경로 검사(Basic Path Test), 조건 검사(Condition Coverage), 데이터 흐름 검사(Data Flow Test), 루프 검사(Loop Test)

01. • 답 (1) : 크라임웨어 또는 CrimeWare
  • 답 (2) : SSL
  • 답 (3) : 루트킷 또는 Rootkit

02. 15

03. • 답 (1) : DRM(Digital Rights Management, 디지털 저작권 관리)
  • 답 (2) : VPN(Virtual Private Network, 가상사설망)
  • 답 (3) : LBS(Location Based Service, 위치 기반 서비스)
  • 답 (4) : DDos(Distributed Denial of Service)
  • 답 (5) : VoIP(Voice over Internet Protocol)

04. • 답 (1) : 캡슐화(Encapsulation)
  – 데이터와 데이터를 조작하는 연산을 하나로 묶는 것을 의미함
  – 연관된 데이터와 함수를 함께 묶어 외부와 경계를 만들고 필요한 인터페이스만을 밖으로 드러내는 과정
  – 캡슐화의 장점 : 응집도 강해짐, 결합도 약해짐, 인터페이스의 단순화, 재사용 용이
  • 답 (2) : 정보 은닉(Information Hiding)
  – 객체가 다른 객체로부터 자신의 자료를 숨기고 자신의 연산만을 통하여 접근을 허용하는 것을 의미함
  – 캡슐화와 밀접한 관계가 있음
  – 정보 은닉의 근본적인 목적은 인터페이스를 최소화하기 위한 것임
  • 답 (3) : 추상화(Abstraction)
  – 주어진 문제나 시스템 중에서 중요하고 관계있는 부분만을 분리하여 간결하고 이해하기 쉽게 만드는 작업을 의미함
  • 답 (4) : 상속성(Inheritance)
  – 상위 클래스의 속성과 메소드를 하위 클래스가 물려받는 것을 의미함
  – 클래스와 객체를 재사용할 수 있음
  • 답 (5) : 다형성(Polymorphism)
  – 많은 상이한 클래스들이 동일한 메소드명을 이용하는 능력을 의미함
  – 한 메시지가 객체에 따라 다른 방법으로 응답할 수 있는 것

05. 하드코드된 암호화 키를 사용하였다.

06. • 분할 정복법(Divide & Conquer)
  • 동적 계획법(Dynamic Programming)
  • 탐욕법(Greedy Method)
  • 퇴각 검색법(Backtracking)
  • 분기 한정법(Branch & Bound)
  • 근사해법(Approximation Algorithm) ※ 4가지만 골라 쓰면 득점

07. ISO/IEC 12119

08. · 클래스 다이어그램(Class Diagram)

· 객체 다이어그램(Object Diagram)

· 복합체 구조 다이어그램(Composite Structure Diagram)

· 배치 다이어그램(Deployment Diagram)

· 컴포넌트 다이어그램(Component Diagram)

· 패키지 다이어그램(Package Diagram)

09. 연관 관계 또는 Association Relation

10. 직관성, 유효성, 학습성, 유연성

11. 인식의 용이성, 운용의 용이성, 이해의 용이성, 견고성

12. 감성 공학

13. 분류 기능, 식별 기능, 배열 기능

14. 자료 결합도(Data Coupling) – 스탬프 결합도(Stamp Coupling) – 제어 결합도(Control Coupling) – 외부 결합도(External Coupling) – 공통 결합도(Common Coupling) – 내용 결합도(Content Coupling)

15. 유스케이스 모델 검증 → 개념수준 분석 클래스 검증 → 분석 클래스 검증

16. 8   6   5   4   2

17. SQL Injection

18. Hash Partition

19. [7, 14, 25, 80]

20. · 답 (1) : 200

· 답 (2) : 100

· 답 (3) : 300

01. Seven Touchpoints

02. 디지털 트윈

03. 큐비트 또는 qubit 또는 퀀텀비트

04. 비정형 데이터 또는 비구조적 데이터 또는 unstructured data

05. • Presentation layer = UI 계층(UI layer)
    • Application layer = 서비스 계층(Service layer)
    • Business logic layer = 도메인 계층(Domain layer)
    • Data access layer = 영속 계층(Persistence layer)

06. 파사드 패턴 또는 퍼사드 패턴 또는 Facade Pattern

07. • 동료 검토 : 명제 작성자가 동료들에게 설명하고 동료들이 결함을 찾는 방법
    • 워크스루 : 검토회의 전 명세서 배포 → 짧은 검토회의 → 결함 발견
    • 인스펙션 : 명세서 작성자 외 전문가가 명세서의 결함을 발견하는 방법

08. SELECT 학번 FROM 학생 WHERE 이름 LIKE '%영%' ORDER BY 학년 DESC;

09. 트랜잭션이 성공적으로 종료된 후 수정된 내용을 지속적으로 유지하기 위한 연산이다.

10. this.name

11. x : 10   y : 20
    x : 11   y : 22

12. in

13. 55

14. • 답 (1) : $
    • 답 (2) : #

15. • 답 (1) : FOREIGN KEY
    • 답 (2) : UNIQUE

16. WebLogic, WebSphere, Jeus, JBoss, Tomcat

17.
D1
a
b

18. 제1정규화 또는 1NF

19. 45

20. 교착 상태 또는 deadlock

01. Pair Programming 또는 짝 프로그래밍 또는 페어 프로그래밍

02. 스프린트 회고 또는 Sprint Retrospective

03. 가용성, 성능, 기술지원, 상호 호환성(호환성), 구축 비용(비용)

04. Singleton Pattern 또는 싱글톤 패턴

05. 계획 수립 – 위험 분석 – 개발 및 검증 – 고객 평가

06. LOD 또는 Linked Open Data

07. • 블랙박스 테스트 종류 : 동치 분할 검사, 경계값 분석, 원인–효과 그래프 검사, 오류 예측 검사, 비교 검사
  • 화이트박스 테스트 종류 : 기초 경로 검사, 조건 검사, 루프 검사, 데이터 흐름 검사

08. • 답 (1) : OR
  • 답 (2) : HAVING
  • 답 (3) : SET

09. • 답 (1) : input
  • 답 (2) : 10

10. import

11. false
  true
  true
  false

12. C
  B
  A

13. len

14. 영역 번호 4

15. • 답 (1) : 전역변수
  • 답 (2) : 매개변수

16. check out

17. 데이터 무결성, 데이터 일관성, 데이터 회복성, 데이터 보안성, 데이터 효율성

18. 삭제 이상

19. 53

20. NoSQL

11번 해설

- 자바의 문자열 비교를 위해 equals 메소드와 비교 연산자(==)의 차이점을 구분하는 문제이다.
- 첫 번째 비교 연산(==)은 a와 b가 서로 다른 클래스 인스턴스이므로 다른 객체로 판단되어 false를 출력한다.
- 두 번째 비교 연산(==)은 a와 c가 동일한 클래스 인스턴스를 참조하므로 true를 출력한다.
- 마지막으로 세 번째 비교 연산은 a 인스턴스의 메소드 equals( )를 통해 c 인스턴스의 멤버 들의 내용 자체를 모두 비교하여 동일한 내용을 가지고 있으므로 true를 출력한다.

01. 컴포넌트 저장소 또는 Repository

02. 주어진 테스트 케이스에 의해 수행되는 소프트웨어의 테스트 범위를 측정하는 테스트 품질 측정 기준이며, 테스트의 정확성과 신뢰성을 향상시키는 역할을 한다.

03. 동적 계획법 또는 Dynamic Programming

04. pmd, cppcheck, SonarQube, ccm, cobertura

05. • 답 (1) : xUnit
  • 답 (2) : Selenium

06. X.25

07. • 이상 현상 : 삽입 이상
  • 위반 무결성 : 개체 무결성 제약조건 위반

08. SELECT 사원번호, 사원명, 급여 FROM 사원 WHERE 급여 〉(SELECT AVG(급여) FROM 사원);

09. @Override

10. static

11. 선택 정렬 또는 SELECTION SORT

12. 1 5 7 5 9

13. 7 6 5 4 3 2 1 0
  5467

14. • 답 (1) : SYN
  • 답 (2) : FIN
  • 답 (3) : RST

15. • 답 (1) : DAO
  • 답 (2) : DTO
  • 답 (3) : VO

16. ㉠, ㉡, ㉣, ㉰

17. aging 또는 에이징

18. chown

19. 일정한 순서에 의하여 수행될 개별 테스트들의 집합 또는 패키지이다.

20. R 또는 R 프로그래밍 언어 또는 R언어

01. 비정규화는 정규화된 엔티티, 속성, 관계에 대해 시스템의 성능 향상과 개발(Development)과 운영(Maintenance)의 단순화를 위해 중복, 통합, 분리 등을 수행하는 데이터 모델링의 기법을 의미한다. 둘 이상의 릴레이션들에 대하여 조인한 결과를 빈번하게 이용하는 경우, 비정규화함으로써 질의응답 시간이 단축될 수 있다.

02. XML

03. 살충제 패러독스란, 동일한 테스트 케이스로 동일한 절차를 반복 수행하면 새로운 결함을 찾을 수 없다는 것을 의미한다. 잠재된 수많은 결함을 발견하기 위해서는 테스트 케이스를 정기적으로 개선하는 것이 필요하다는 원리이다. 같은 테스트 케이스를 가지고 테스트를 계속해서 반복하면 내성으로 인해 결국은 버그가 발견되지 않는다. 이러한 현상을 방지하기 위해서는 테스터가 적극적인 자세를 가지고 지속적으로 테스트 케이스를 검토하고 개선해야 한다.

04. • 답 (1) : 결합도 또는 Coupling
   • 답 (2) : 응집도 또는 Cohesion

05. F, H

06. JSON

07. • 답 (1) : 처리량 또는 Throughput
   • 답 (2) : 응답 시간 또는 Response Time
   • 답 (3) : 경과 시간 또는 반환 시간 또는 Turnaround Time

08. • 답 (1) : 200
   • 답 (2) : 3
   • 답 (3) : 1

09. 랜드 공격 또는 랜드 어택 또는 LAND 공격 또는 LAND Attack

10. 50 75 85 95 100

11. 0 1 2 3

12. −8

13. 구문, 의미, 타이밍 또는 Syntax, Semantic, Timing

14. HRN 우선순위 계산식 = $\dfrac{(\text{대기 시간 + 서비스 시간})}{\text{서비스 시간}}$

15. • 답 (1) : 원자성 또는 Atomicity
   • 답 (2) : 독립성 또는 격리성 또는 Isolation

16. 물리 계층 또는 물리 층 또는 Physical layer

17. 헤더 또는 Header

18. 데이터 마이닝은 대량의 데이터에서 실제로 존재하지 않는 정보를 얻어내기 위해 각 데이터의 상관관계를 통계적 분석, 인공지능 기법 등을 통해 통계적 규칙(Rule)이나 패턴(Pattern)을 찾아내는 것이다.

19. MD5 또는 Message-Digest algorithm 5

20. • 계산식 : (30000/300)/5 = 100/5 = 20
   • 답 : 20개월

결합도와 응집도

결합도(Coupling)	• 두 모듈 간의 상호 의존도로 한 모듈 내에 있는 처리 요소들 사이의 기능적인 연관 정도 • (약함) 자료 → 스탬프 → 제어 → 외부 → 공통 → 내용 (강함)
응집도(Cohesion)	• 단위 모듈 내부 처리 요소 간에 기능적 연관도를 측정하는 척도 • (강함) 기능적 → 순환적 → 교환적 → 절차적 → 시간적 → 논리적 → 우연적 (약함)

Fan-in와 Fan-out

Fan-in(팬인)	주어진 한 모듈을 제어하는 상위 모듈의 수
Fan-out(팬아웃)	주어진 한 모듈이 제어하는 하위 모듈의 수

모듈 F의 상위 모듈은 B, C, D이므로 Fan-in은 3이며, 모듈 H의 상위 모듈은 E, F이므로 Fan-in은 2이다.

SELECT문의 DISTICT 옵션은 테이블 내의 튜플(행) 중 동일한 튜플(행)이 존재할 경우 한 튜플(행)만 남기고 나머지 튜플(행)들은 제거한다.

〈STUDENT〉 테이블

SID	SNAME	DEPT	
S001	홍길동	전자	튜플 수 : 50
...	...	...	
S050	박길동	전자	
S051	김철수	정보통신	튜플 수 : 100
...	...	...	
S150	정철수	정보통신	
S151	강영희	건축	튜플 수 : 50
...	...	...	
S200	신영희	건축	

① SELECT DEPT FROM STUDENT;

DEPT	
전자	튜플 수 : 200
...	
전자	
정보통신	
...	
정보통신	
건축	
...	
건축	

② SELECT DISTINCT DEPT FROM STUDENT;

DEPT
전자
정보통신
건축

} 튜플 수 : 3

③ SELECT COUNT(DISTINCT DEPT) FROM STUDENT WHERE DEPT = '정보통신';

DEPT
정보통신

} 튜플 수 : 1

10번 해설

- 해당 프로그램은 C언어로 버블정렬 알고리즘을 구현하여 오름차순으로 정렬된 1차원 배열의 요소(값)를 출력하는 프로그램이다.
- 버블정렬의 오름차순은 가장 큰 데이터가 가장 오른쪽으로 밀려 이동한다. 각 단계마다 이웃한 두 데이터를 교환하는 과정들이 일어나므로 교환 정렬(Exchange Sort)이라고도 한다.
- 중첩 for 명령문 구조의 반복문을 통해 각 단계에서의 교환 과정은 다음과 같다.

i	j	(비교 전) 배열 a	a[j] 〉 a[j+1]		교환	(교환 후) 배열 a
0	0	a [95 | 75 | 85 | 100 | 50]	a[0] 〉 a[1]	참	○	a [75 | 95 | 85 | 100 | 50]
	1	a [75 | 95 | 85 | 100 | 50]	a[1] 〉 a[2]	참	○	a [75 | 85 | 95 | 100 | 50]
	2	a [75 | 85 | 95 | 100 | 50]	a[2] 〉 a[3]	거짓	×	
	3	a [75 | 85 | 95 | 100 | 50]	a[3] 〉 a[4]	참	○	a [75 | 85 | 95 | 50 | 100]
1	0	a [75 | 85 | 95 | 50 | 100]	a[0] 〉 a[1]	거짓	×	
	1	a [75 | 85 | 95 | 50 | 100]	a[1] 〉 a[2]	거짓	×	
	2	a [75 | 85 | 95 | 50 | 100]	a[2] 〉 a[3]	참	○	a [75 | 85 | 50 | 95 | 100]
2	0	a [75 | 85 | 50 | 95 | 100]	a[0] 〉 a[1]	거짓	×	
	1	a [75 | 85 | 50 | 95 | 100]	a[1] 〉 a[2]	참	○	a [75 | 50 | 85 | 95 | 100]
3	0	a [75 | 50 | 85 | 95 | 100]	a[0] 〉 a[1]	참	○	a [50 | 75 | 85 | 95 | 100]

- 1차원 배열에 저장된 결과가 오름차순이므로 작은 값에서 큰 값을 순서대로 출력한다.

※ 해당 문제는 출력 결과를 작성하는 문제이므로 부분 점수가 부여되지 않는다.

[실행] https://onlinegdb.com/b7q-e-jSb

- 해당 프로그램은 JAVA의 1차원 배열 객체를 생성(new)하고 각 요소에 값을 할당한 후 배열의 요소(값)을 출력하는 프로그램이다.
- makeArray(int n) 메소드는 매개변수 정수 4를 지역변수 n에 전달받아 new int[4];를 실행하여 4개의 요소로 이루어진 1차원 정수 배열 객체를 생성한다. 이후 이 객체는 참조 변수 t를 통해 접근한다.

		[0]	[1]	[2]	[3]
makeArray 메소드	t →	0	1	2	3
		int	int	int	int
main() 메소드	a ↵				

- main() 메소드 내에서 makeArray(4) 명령문을 통해 호출한 결과 생성된 객체 t를 반환하면 int[ ] a를 통해 전달 받게 되며 main() 메소드 내에서는 참조 변수 a를 통해 배열 객체에 접근한다.
- JAVA에서는 배열 객체의 length 속성을 사용하여 배열의 길이(크기)를 얻을 수 있다.
- 주어진 1차원 배열 a 객체의 배열의 길이는 요소의 개수이므로 4이다. 따라서 반복문 for를 통해 0번째 요소부터 3번째 요소까지 요소의 값을 각각 출력한다.

※ 해당 문제는 출력 결과를 작성하는 문제이므로 부분 점수가 부여되지 않는다.

[실행] https://onlinegdb.com/JTqjZ36om

- 선택 제어구조의 명령문인 switch~case 문에서는 switch(정수값) 명령문의 정수값에 해당하는 블록 내의 case문으로 분기된다. 위 프로그램의 정수형 변수 i의 값이 3이므로 레이블 case 3: 위치로 실행 분기가 이루어진다.
- switch~case 블록 내에 break; 명령문이 존재하면, switch~case 블록을 벗어난다. 위 프로그램에서는 break; 명령문이 존재하지 않으므로 레이블 case 3: 이후의 명령어를 차례대로 다음과 같이 실행한다.

i : 3	k : 1	
switch(i) {		
case 1: k++;		
case 2: k += 3;		
case 3: k = 0;	0	0
case 4: k += 3;	0+3	3
case 5: k -= 10;	0+3−10	−7
default: k--;	0+3−10−1	−8
최종 출력 System.out.print(k);	결과 : −8	

※ 해당 문제는 출력 결과를 작성하는 문제이므로 부분 점수가 부여되지 않는다.

[실행] https://onlinegdb.com/JTqjZ36om

01. 애자일 방법론 또는 Agile 방법론 또는 애자일 또는 Agile

02. 개념적 설계 → 논리적 설계 → 물리적 설계

03. SOAP 또는 Simple Object Access Protocol 또는 솝 프로토콜

04. 형상관리 또는 SCM 또는 Software Configuration Management

05. AJAX

06. 유효성

07. 정적 분석 또는 정적 분석 도구 또는 Static Analysis Tools

08. SELECT 학번, 이름 FROM 학생 WHERE 학년 IN(3, 4); ※ SQL 명령문은 대소문자 구분 없이 채점함

09. CREATE INDEX idx_name ON student(name);
    또는 CREATE INDEX idx_name ON student(name asc);

10. • SQL Injection은 클라이언트(사용자)의 입력값 등 외부 입력값이 SQL 쿼리(query)에 삽입되어 공격하는 것을 의미한다.
    • SQL Injection은 공격자가 악의적으로 웹 사이트의 보안상 허점을 이용해 특정 SQL 질의문을 전송하여 공격자가 원하는 데이터베이스의 중요한 정보를 가져오는 공격 기법이다.
    • 내부적으로 데이터베이스를 활용하는 웹 모듈에서 SQL 쿼리를 처리할 때, 쿼리 내용에 사용자 인증을 우회하는 조건이나, 운영체제 명령을 직접 호출할 수 있는 명령을 삽입하여 데이터베이스 관리자 권한을 획득하는 등의 불법 공격을 행하는 것을 말한다.

11. {'한국', '홍콩', '베트남', '태국', '중국'} ※ 답안 작성 시 요소의 순서는 상관없음

12. a=10

13. new 또는 (Parent)new

14. ROLLBACK 명령어는 데이터베이스 내의 연산이 비정상적으로 종료되거나 정상적으로 수행이 되었다 하더라도 수행되기 이전 상태로 되돌리기 위해 연산 내용을 취소할 때 사용하는 명령어를 말한다. 트랜잭션을 취소시키는 명령어로 메모리의 내용을 하드디스크에 저장하지 않고 버린다.

15. IPSec 또는 IP Security 또는 IP Security Protocol 또는 아이피 섹

16. 안드로이드 또는 Android 또는 안드로이드 운영체제

17. chmod 751 a.txt

18. RTO 또는 Recovery Time Objective 또는 목표 복구 시간 또는 복구 목표 시간

19. Observer 또는 Observer Pattern

20. Linked Open Data

01번 해설

- 애자일 개발 방법론은 프로세스와 도구 중심이 아닌 개발 과정의 소통을 중요하게 생각하는 소프트웨어 개발 방법론으로 반복적인 개발을 통한 잦은 출시를 목표로 한다.
- 어느 특정한 개발 방법론이라기보다는 '애자일'한 개발 방법론 모두를 가리킨다. 이전에는 애자일 개발 프로세스를 '경량(Lightweight)' 개발 프로세스로 불렀다. 스크럼(Scrum)과 익스트림 프로그래밍(XP, eXtreme Programming)이 대표적인 애자일 방법론이다. 문서 중심의 기존 개발 방법론과는 달리 빠른 변화에 대응할 수 있으며, 절차와 도구보다 개인과 소통을 중요하게 생각한다. 소프트웨어가 잘 실행되는 데 가치를 두며 고객과의 피드백을 중요하게 생각한다.

오답 피하기

프로토타이핑 모형(prototyping)은 소프트웨어 수명주기 모형 중 사용자의 요구사항을 정확히 파악하기 위하여 실제 개발될 시스템에 대한 시제품을 만들어 최종 결과물에 대한 예측이 가능한 모형이다. 개발 단계 안에서 유지보수가 이루어지며, 발주자나 개발자 모두에게 공동의 참조모델을 제공하여 사용자의 요구사항을 충실히 반영할 수 있다.

02번 해설

해당 문제는 부분 점수가 없으며, 답란에 기재하여야 채점이 되고 문제의 괄호 속에 답을 게재하면 채점되지 않는다. 또한 '설계'라는 단어를 생략하거나 '모델', '모델링'이라는 표현을 추가하여 답안을 적어도 0점이므로 제시된 〈보기〉 용어 그대로 작성해야 한다.

04번 해설

소프트웨어 유지보수 과정에서 발생하는 결과물에 대한 계획, 개발, 운용 등을 종합하여 시스템의 형상을 만들고, 이에 대한 변경을 체계적으로 관리하기 위한 활동을 '소프트웨어 형상관리'라고 한다. 형상관리는 소프트웨어의 생산물을 확인하고 소프트웨어 통제, 변경 상태를 기록하고 보관하는 일련의 관리 작업으로, 소프트웨어에서 일어나는 수정이나 변경을 알아내고 제어하는 것을 의미한다. 소프트웨어 개발의 전체 비용을 줄이고, 개발 과정의 여러 방해 요인이 최소화되도록 보증하는 것을 목적으로 한다.

오답 피하기

형상관리에서 중요한 기술 중의 하나는 버전 제어 기술이다.

05번 해설

- Ajax는 Asynchronous JavaScript and XML의 약어로 자바스크립트를 이용해서 비동기식으로 XML을 이용하여 서버와 통신하는 방식의 웹 애플리케이션 제작 기술을 의미한다. 비동기식이란 여러 가지 일이 동시적으로 발생한다는 뜻으로, 서버와 통신하는 동안 클라이언트는 다른 작업을 할 수 있다는 의미한다. 최근에는 XML보다 JSON을 더 많이 사용한다.
- Ajax의 동작 방식
  - 요청 : 브라우저는 서버에 정보를 요청한다(브라우저는 Ajax 요청을 담당하는 XMLHttpRequest라는 객체를 구현).
  - 응답 : 서버는 응답으로 데이터(XML, JSON)를 전달한다. 브라우저는 콘텐츠를 처리하여 페이지의 해당 부분에 추가한다.

08번 해설 해당 문제는 개편 전 필답형 정보처리 기출문제와 100% 일치하는 문제가 출제되었다. SQL문 작성은 대소문자를 구별하지 않으며, 정보처리기사 실기 시험에서는 SQL문의 마무리에 세미콜론(;)을 반드시 기입해야 한다. 해당 문제는 부분 점수가 없으므로 영문 필체가 좋지 못하다면 대문자로 작성하는 것이 좋다.

09번 해설
오답 피하기
문제의 조건으로 '중복을 허용하지 않도록 한다.'라는 조건이 없으므로 UNIQUE를 적으면 0점이다.

10번 해설 약술형 문제의 경우 부분 점수가 부여되므로, 최대한 키워드를 포함하여 간단하게 서술형 문장으로 기재하는 것이 좋다. 가능한 한 필체를 반듯하게 적고, 장황한 문장보다는 명확한 한두 문장 정도의 분량으로 작성한다.

11번 해설 Python의 자료형 SET는 집합 요소의 중복은 허용하지 않고, 순서는 상관이 없다. 중괄호 { } 속 집합 요소가 문자열이므로 반드시 작은따옴표 쌍으로 표시되어야 하며, 부분 점수는 부여되지 않는다.

12번 해설 모든 객체는 힙 영역에 생성됨과 동시에 자동으로 생성자를 호출한다. 자식 클래스 B의 객체 생성 시 매개변수를 갖는 생성자를 자동 호출하여 public B(int n) 생성자를 자동 호출한다. 생성자 내의 super(n); 명령문에 의해 정수 10을 가지고 부모 클래스 A의 매개변수를 갖는 public A(int n) 생성자를 호출하여 필드 a에 10을 대입하고 자식 생성자로 반환한 후, 다시 super.print( ) 메소드를 호출하여 a=10을 출력한다.

13번 해설 자바의 클래스 인스턴스 생성을 위해서는 new 연산자를 사용하며, new 연산자에 의해 힙 메모리에 Chile 클래스 객체가 생성된다. 자식 객체를 부모형 참조변수로 참조하는 다형성에 의해서 오버라이드(override, 재정의)되어 있는 자식 메소드 show( )가 호출되어 Child를 결과로 출력한다.

15번 해설 ・IPSec은 통신 세션의 각 IP 패킷을 암호화하여 인증하는 안전한 인터넷 프로토콜(IP) 통신을 위한 3계층 보안 프로토콜이다.
・IPSec은 기밀성, 비연결형 무결성, 데이터 원천 인증, 재전송 공격 방지, 접근 제어, 제한된 트래픽 흐름의 기밀성의 특징을 가지고 있다.
・본 문제의 출제 의도는 차세대 인터넷 프로토콜인 IPv6에서 IPSec을 기본적으로 포함하고 있기 때문으로 파악되며, 특히 SSL과의 차이점을 명확히 학습해야 한다.
오답 피하기
SSL(Secure Socket Layer)은 HTTP뿐만 아니라 TCP 프로토콜에 접목하여 보안성을 제공해주는 클라이언트/서버 기반의 프로토콜이다.

17번 해설 Linux의 퍼미션(Permission) 관련 명령어 중, 파일의 접근모드를 변경하기 위한 'chmod' 명령어를 직접 작성하는 약술형 문제이다.

- chmod 명령어 : 유닉스 또는 리눅스에서 파일이나 디렉터리에 대한 액세스(읽기, 쓰기, 실행) 권한을 설정하는 명령어
- 파일 사용자 : 소유자(owner), 그룹 소속자(group), 기타 사용자(public)
- 파일 권한 : 읽기(r), 쓰기(w), 실행(x) → 권한 변경은 '(8진수)숫자 모드'와 '기호 모드'가 있으며, 접근 제한은 하이픈(−)으로 표기
- 형식

chmod [옵션][모드] 파일

- a.txt에 대한 권한

구분	사용자 권한			그룹 권한			그룹 외 권한		
기호 모드	r	w	x	r	−	x	−	−	x
(8진수)숫자 모드	4	2	1	4	0	1	0	0	1
	7			5			1		

- a.txt의 권한 부여 명령문 : chmod 751 a.txt
- a.txt의 권한 확인 명령문 : ls −l a.txt

18번 해설 해당 문제는 실기 시험 범위인 12개 모듈 범위 이외의 문제이지만, 정보시스템 구축 관리와 관련된 문제로 개편 전 큐넷의 공개문제에서 다루었던 문제이고 2017년 2회 기사 'IT 신기술 동향 및 시스템 관리' 영역에서 출제되었던 용어이다. 또한 복원 본문의 RPO(Recovery Point Objective, 목표 복구 시점)는 산업기사 실기 2012년 3회에 출제되었던 용어이다.

19번 해설 해당 문제는 실기 시험 범위인 12개 모듈 범위 이외의 문제이지만, 2020년 이후 개편된 필기와 실기에서 기본이 되는 디자인 패턴과 관련된 문제이다. 매회 필기 1과목 소프트웨어 설계에서는 1문제 출제가 꾸준히 출제되고, 실기에서는 매회는 아니더라도 주된 출제 범위로 디자인 패턴의 명확한 이름을 암기해 두어야 한다. 실기에서의 문제 유형은 GoF의 패턴 중 실무에서 많이 사용하는 패턴 중심으로 설명에 대한 단답형 문제나 클래스 다이어그램과 객체들을 예시를 보여주며 명칭을 묻는 문제 유형으로 출제된다.

20번 해설
- REST(Representational State Transfer) : 자원을 이름(자원의 표현)으로 구분하여 해당 자원의 상태(정보)를 주고 받는 모든 것을 의미한다. HTTP URI(Uniform Resource Identifier)를 통해 자원(Resource)을 명시하고, HTTP Method(POST, GET, PUT, DELETE)를 통해 해당 자원에 대한 CRUD Operation을 적용하는 것을 의미한다.
- 시맨틱 웹(Semantic Web) : 컴퓨터가 이해할 수 있는 형태의 새로운 언어로 표현해 기계들끼리 서로 의사소통을 할 수 있는 지능형 웹을 의미한다.

01. 형상 통제는 형상에 대한 변경 요청이 있을 경우 변경 여부와 변경 활동을 통제하는 것을 말한다. 변경된 요구사항에 대한 타당성을 검토하여 변경을 실행(변경관리)하고, 그에 따라 변경된 산출물에 대한 버전관리를 수행하는 것이 형상 통제의 주요 활동이다. 즉, 형상 통제는 소프트웨어 형상 변경 요청을 검토 승인하여 현재의 베이스라인(Baseline)에 반영될 수 있도록 통제하는 것을 의미한다.

02. • 답 (1) : Point to Point 또는 Peer to Peer
   • 답 (2) : Hub&Spoke

03. • 설계 구조를 누구나 쉽게 이해하고 사용할 수 있어야 한다.
   • 사용자가 한눈에 기능을 쉽게 파악할 수 있도록 해야 한다.

04. • 답 (1) : ① - ② - ③ - ④ - ⑤ - ⑥ - ①
   • 답 (2) : ① - ② - ④ - ⑤ - ⑥ - ⑦
   또는
   • 답 (1) : ① - ② - ③ - ④ - ⑤ - ⑥ - ⑦
   • 답 (2) : ① - ② - ④ - ⑤ - ⑥ - ①

05. 블랙박스 테스트 또는 블랙박스 검사 또는 Black-box test 또는 Black-box testing

06. SELECT 과목이름, MIN(점수) AS 최소점수, MAX(점수) AS 최대점수
   FROM 성적
   GROUP BY 과목이름 HAVING AVG(점수) >= 90;

07. • 답 (1) : ALTER
   • 답 (2) : ADD

08. DELETE FROM 학생 WHERE 이름 = '민수' ;

09. 0

10. 234

11. Vehicle name : Spark

12. 30

13. 생성자는 객체 생성 시 자동으로 호출되는 메소드로 멤버를 초기화하는 목적으로 주로 사용된다.

14. 스키마는 데이터베이스의 전체적인 구조와 제약조건에 대한 명세를 기술ㆍ정의한 것을 말하며, 스킴(Scheme)이라고도 한다.

15. ÷

16. OSPF

17. ICMP

18. 헝가리안 표기법은 컴퓨터 프로그래밍의 변수명, 함수명 등의 식별자 이름을 작성할 때 데이터 타입의 정보를 이름 접두어로 지정하는 코딩의 규칙이다. 예를 들어 인덱스 역할을 하는 int형 변수명을 inum으로 문자열 변수명을 strName으로 이름을 지정하는 표기법이다.

19.
- 리팩토링의 목적은 가독성을 높이고 유지보수의 편리성을 높이는 것이다.
- 리팩토링을 통해 소프트웨어를 쉽게 이해할 수 있고 버그를 빨리 찾을 수 있다.
- 리팩토링은 프로그램을 빨리 작성할 수 있도록 도와준다.
- 리팩토링의 목적은 겉으로 보이는 소프트웨어의 기능을 변경하지 않고 내구 구조만 변경하여 소프트웨어를 보다 이해하기 쉽고, 수정하기 쉽도록 만드는 것이다.
- 리팩토링은 Delete(제거), Extract(추출), Move(이동), Merge(병합), Replace(전환) 등의 방법을 통해 프로그램을 보다 최적의 상태로 만들기 위해 수행한다.
- 리팩토링은 소프트웨어의 디자인을 개선하기 위해 수행한다.

20. 프로토콜 또는 Protocol

02번 해설 EAI(Enterprise Application Integration)이란, 기업에서 운영되는 서로 다른 플랫폼 및 애플리케이션들 간의 정보 전달, 연계, 통합을 가능하게 해주는 솔루션이다.

03번 해설 **UI 설계 원칙**

직관성	누구나 쉽게 이해하고 사용할 수 있어야 한다.
유효성	사용자의 목적을 정확하게 달성하여야 한다.
학습성	누구나 쉽게 배우고 익힐 수 있어야 한다.
유연성	사용자의 요구사항을 최대한 수용하며, 오류를 최소화하여야 한다.

04번 해설
- 제어 흐름 그래프 : 노드(node)와 간선(edge)으로 제어(실행) 흐름을 표시한 흐름도
- 결정 커버리지(Decision Coverage) = 분기 커버리지(Branch Coverage)
  - IEEE 표준 단위 테스팅의 표준으로 지정된 최소 커버리지로 분기 커버리지는 문장 커버리지를 충분히 포함
  - 화이트박스 테스트 수행 시 시험 대상의 전체 분기 중 각 분기는 테스트에 의해 실행된 것을 측정
  - 프로그램 내의 모든 결정 포인트(분기에 대해 모든 가능한 결과(참, 거짓))를 최소 한 번씩은 실행하는 테스트

결정 커버리지	답(1) 7단계		답(2) 6단계	
결정 포인트	X 〉 Y	RESULT 〉 0	X 〉 Y	RESULT 〉 0
방법1	YES	YES	NO	NO
	① − ② − ③ − ④ − ⑤ − ⑥ − ①		① − ② − ④ − ⑤ − ⑥ − ⑦	
방법2	YES	NO	NO	YES
	① − ② − ③ − ④ − ⑤ − ⑥ − ⑦		① − ② − ④ − ⑤ − ⑥ − ①	

06번 해설 SQL문 작성은 대소문자를 구별하지 않으며, 해당 문제는 부분 점수가 없으므로 영문 필체가 좋지 못하다면 대문자로 작성하는 것이 좋다. AS절의 경우 SQL 문법적으로는 생략 가능하나, 〈요구사항〉에 반드시 사용하라는 표현이 있으므로 생략하여 작성할 경우 0점이다.

07번 해설 대문자와 소문자를 구분하지 않고 채점하며, 하위 문항별 부분 점수가 부여된다

08번 해설 DML 명령문 중 튜플 삭제 명령문인 DELETE문을 작성하는 문제로 조건에 해당하는 튜플만 삭제하도록 『DELETE FROM 테이블명 WHERE WHERE 조건식;』의 문법에 맞게 작성하여야 하며 문자열 상수 '민호' 앞뒤로 작은따옴표를 반드시 작성해야만 한다.

대문자 또는 소문자로 작성하여도 SQL명령문은 동일하게 실행되며, 해당 SQL명령문 작성 문제는 부분 점수가 부여되지 않는다. 문제의 조건사항에 명령문 마지막 마무리에 세미콜론(;) 생략은 가능하다는 지시사항이 있었으므로 세미콜론(;)을 생략해도 정답으로 인정된다.
[참고] 실제 시험에서는 테이블이 주어지지 않았다.

09번 해설 변수 i가 변수 c에 누승 계산되는 프로그램으로 변수 i의 값은 1부터 10까지의 정수이며 변수 c에 누적되어 곱해지게 된다. 누승 변수 c의 초깃값은 일반적으로 1로 설정되어야 정확한 누승 처리가 이루어지나, 해당 문제의 경우 c = 0으로 누승 변수에 초깃값이 0이었기 때문에 1부터 10까지를 곱하더라도 결과는 0이 출력된다.
[실행] https://onlinegdb.com/SknD6OsFP

10번 해설 해당 문제는 C언어의 사용자 정의 함수를 정의한 후 호출 후 반환까지의 제어의 순서를 평가하기 위한 문제이다. C언어 프로그램의 실행의 순서는 main( ) 함수부터 시작을 하고, 위 프로그램의 함수의 호출 순서는 main( ) → r100( ) → r10( ) → r1( ) 순으로 연쇄적으로 호출이 이루어지고 반환문인 return문에 의해 반환값과 함께 제어가 최종 main( ) 함수에서 종료된다.
[실행] https://onlinegdb.com/HJHv2djFw

11번 해설
· 답안 작성 시, 대소문자에 주의하여 작성해야 한다.
· Vehicle 클래스는 추상 메소드를 포함하는 추상 클래스로 상속 상황에서의 부모 클래스로 정의되어 있으며, Car 클래스는 Vehicle 클래스를 상속받는 자식 클래스이며 부모의 추상 메소드를 오버라이딩하여 정의되었다.
· main( ) 메소드에서는 new Car("Spark");를 통해 자식 객체를 생성한 후, 매개변수 "Spark"를 갖는 자식 생성자를 자동호출하였다. public Car(String val) 생성자에서는 super(val);를 통해 부모의 매개변수 생성자를 통해 name 멤버의 값을 "Spark"로 초기화하였다.
· 생성된 자식 객체는 부모 클래스의 형으로 형 변환되는 업 캐스팅(Up-casting)을 묵시적으로 수행하였다. obj.getName( )을 통해 메소드를 호출하면 상속받은 public String getName( )를 호출하게 되어 메소드 내부의 "Vehicle name : " + name의 반환문을 수행하게 된다. 문자열 결합에 의해 "Vehicle name : Spark" 문자열 상수가 반환된 후 main( ) 메소드 내에서 출력되며 프로그램이 종료된다.
※ 해당 문제의 경우, 정보처리기사 실기 시험에서 처음 Java의 추상 클래스(abstract class)를 출제한 문제이나, 문제가 완성도가 낮아 상속 상황에서의 오버라이딩과 동적 바인딩을 구현하지 못한 코드이다.
[실행] https://onlinegdb.com/Hk6nqOoKD

해당 프로그램은 1부터 10까지의 정수 중에서 2로 나눈 나머지가 1이 아닌 경우 즉, 2의 배수인 짝수를 변수 sum에 누적하는 프로그램이다.

i	i%2 == 1	실행문	sum
1	true	continue;	
2	false	sum += i;	0+2
3	true	continue;	
4	false	sum += i;	0+2+4
5	true	continue;	
6	false	sum += i;	0+2+4+6
7	true	continue;	
8	false	sum += i;	0+2+4+6+8
9	true	continue;	
10	false	sum += i;	0+2+4+6+8+10

[실행] https://onlinegdb.com/ryTFouiYw

생성자
(Constructor)
	• 클래스의 객체가 인스턴스화될 때 자동으로 호출되는 멤버함수이다.
	• 일반적으로 클래스의 멤버 변수를 초기화하거나 클래스를 사용하는 데 필요한 사전 설정하는 기능을 한다.
	• 생성자의 특징
	  – 객체 생성 시 최초 한 번만 자동호출된다.
	  – 생성자의 이름은 클래스 이름과 같다.
	  – 반환형(Return type)은 선언되지 않는다.
	  – 오버로딩(Overloading)이 가능하다.
	  – 매개변수의 디폴트 값을 설정 가능하다.
	  – 정의하지 않으면 기본 생성자를 제공한다.

소멸자
(Destructor)
	• 객체가 소멸될 때 자동으로 호출되는 멤버함수이다.
	• 소멸자는 동적 메모리(Heap Memory)에 생성된 객체를 제거하기 위한 작업 수행 시 활용한다.
	• 소멸자의 특징
	  – 객체 소멸 시 최초 한 번만 자동호출된다.
	  – 소멸자의 이름은 ~클래스 이름과 같다.
	  – 반환형(Return type)은 선언되지 않는다.
	  – 오버로딩(Overloading) 불가능하며 클래스에 단 하나 존재한다.
	  – 정의하지 않으면 기본 소멸자를 제공한다.

15번 해설 관계 대수(Relational Algebra) : 원하는 정보와 그 정보를 어떻게 유도하는가를 기술하는 절차적인 방법

구분	연산자	기호	의미
순수 관계 연산자	Select	σ	조건에 맞는 튜플을 구하는 수평적 연산
	Project	π	속성 리스트로 주어진 속성만 구하는 수직적 연산
	Join	⋈	공통 속성을 기준으로 두 릴레이션을 합하여 새로운 릴레이션을 만드는 연산
	Division	÷	두 릴레이션 A, B에 대해 B 릴레이션의 모든 조건을 만족하는 튜플들을 릴레이션 A에서 분리해 내어 프로젝션하는 연산
일반 집합 연산자	합집합	∪	두 릴레이션의 튜플의 합집합을 구하는 연산
	교집합	∩	두 릴레이션의 튜플의 교집합을 구하는 연산
	차집합	-	두 릴레이션의 튜플의 차집합을 구하는 연산
	교차곱	×	두 릴레이션의 튜플들의 교차곱(순서쌍)을 구하는 연산

16번 해설 OSPF(Open Shortest Path First protocol)

- 링크 상태 라우팅 프로토콜로 IP 패킷에서 프로토콜 번호 89번을 사용하여 라우팅 정보를 전송하여 안정되고 다양한 기능으로 가장 많이 사용되는 IGP(Interior Gateway Protocol, 내부 라우팅 프로토콜)이다.
- OSPF 라우터는 자신의 경로 테이블에 대한 정보를 LSA라는 자료구조를 통하여 주기적으로 혹은 라우터의 상태가 변화되었을 때 전송한다.
- 라우터 간에 변경된 최소한의 부분만을 교환하므로 망의 효율을 저하시키지 않는다.
- 도메인 내의 라우팅 프로토콜로서 RIP가 가지고 있는 여러 단점을 해결하고 있다. RIP(routing information protocol)의 경우 홉 카운트가 15로 제한되어 있지만 OSPF는 이런 제한이 없다.

17번 해설 ICMP(Internet Control Message Protocol)

- ICMP는 송신측의 상황과 목적지 노드의 상황을 진단하는 프로토콜이다.
- ICMP는 IP 프로토콜에서 오류 보고와 오류 수정 기능, 호스트와 관리 질의를 위한 제어 메시지를 관리를 하는 인터넷 계층(네트워크 계층) 프로토콜이다. 메시지는 하위 계층으로 가기 전에 IP 프로토콜 데이터그램 내에 캡슐화된다.
- ICMP(Internet Control Message Protocol)은 호스트 서버와 인터넷 게이트웨이 사이에서 메시지를 제어하고 오류를 알려주는 프로토콜이다. ICMP를 사용하는 명령어는 Ping, Tracert, Echo 등이 있다.

19번 해설 ·리팩토링의 정의를 서술하는 문제가 아니고 목적을 서술하는 문제로 단순히 리팩토링의 정의만을 서술했을 경우는 부분 점수만 부여된다.
·리팩토링(Refactoring)
– 오류를 제거하고 새로운 기능을 추가하는 것이 아니라 결과의 변경 없이 프로그램 소스의 구조를 재조정하는 것이다.
– 단순히 코딩 스타일만 개선하는 것이 아니라 성능과 코드의 구조를 개선하는 과정을 의미한다.

20번 해설 ·프로토콜(Protocol)은 둘 이상의 컴퓨터 사이에 데이터 전송을 할 수 있도록 미리 정보의 송·수신 측에서 정해둔 통신 규칙이다. 프로토콜의 기본 요소는 구문, 의미, 타이밍이다.
·프로토콜의 기본 요소

구문(Syntax)	전송 데이터의 형식, 부호화, 신호 레벨 등을 규정함
의미(Semantic)	전송 제어와 오류 관리를 위한 제어 정보를 포함함
타이밍(Timing)	두 개체 간에 통신 속도를 조정하거나 메시지의 전송 및 순서도에 대한 특성을 가리킴

기출문제 정답 및 해설

01. 행위

02. 패키지 또는 패키지 다이어그램 또는 Package Diagram

03. 샘플링 오라클 또는 Sampling Oracle

04. 동치분할 테스트 또는 동등분할 테스트 또는 등가분할 테스트 또는 Equivalence Partitioning Testing

05. SELECT 학과, COUNT(*) AS 학과별튜플수 FROM 학생 GROUP BY 학과;

06. 스니핑은 네트워크상에 통과하는 패킷들의 내용을 엿보는 행위이다. 이처럼 패킷을 엿봄으로써 로그인 과정 중의 계정명과 패스워드 정보를 비롯하여 주요 내용을 불법으로 추출할 수 있다.

07. 가용성은 합법적 사용자가 합법적 정보를 요구할 때 적시에 제공되어야 하는 원칙을 말한다.

08.
```
KOREA
EA
K
E
M
```

09. • 답 (1) : 3
　　• 답 (2) : 5

10. • 답 (1) : i〈a.length 또는 n〉0 또는 n〉=1 또는 i〈8 또는 i〈=7 또는 n!=0
　　• 답 (2) : n%2

11. 1

12.
```
[1, 2, 3]
7
1 2 3
4 5
6 7 8 9
```

13. 삽입 이상, 삭제 이상, 갱신 이상

14. 즉시 갱신 또는 Immediate Update

15. • 답 (1) : 준비 또는 Ready
　　• 답 (2) : 실행 또는 Run
　　• 답 (3) : 대기 또는 Wait 또는 Block

16. IPv6

17. 유닉스 또는 UNIX

18. 하둡 또는 Hadoop

19. 블록체인 또는 Blockchain

20. NAT 또는 Network Address Translation

테스트 오라클 유형

참(True) 오라클	모든 입력값에 대하여 기대하는 결과를 생성함으로써 발생한 오류를 모두 검출할 수 있는 오라클이다.
샘플링(Sampling) 오라클	특정한 몇 개의 입력값에 대해서만 기대하는 결과를 제공해 주는 오라클이다.
휴리스틱(Heuristic) 오라클	샘플링 오라클을 개선한 오라클로, 특정 입력값에 대해 올바른 결과를 제공하고, 나머지 값들에 대해서는 휴리스틱(추정)으로 처리하는 오라클이다.
일관성 검사(Consistent) 오라클	애플리케이션 변경이 있을 때, 수행 전과 후의 결과값이 동일한지 확인하는 오라클이다.

05번 해설

주어진 결과를 분석하여 원하는 질의문을 작성하는 문제이다. 〈결과〉는 학과별 학생 수를 결과 테이블로 생성하여 출력하였으며, 결과 테이블의 컬럼명은 학과와 학과별튜플수로 결과 출력 시 별칭을 부여하였다.

오답 피하기

SQL문 작성은 대소문자를 구별하지 않으며, 해당 문제는 부분 점수가 없으므로 영문 필체가 좋지 못하다면 대문자로 작성하는 것이 좋다. AS절의 경우 SQL 문법적으로는 생략 가능하나, 〈요구사항〉에 반드시 사용하라는 표현이 있으므로 생략하여 작성할 경우 0점이다.

07번 해설 정보보안의 3원칙

- C : 기밀성(Confidentiality)으로 인가받지 않는 대상에게는 정보를 공개하지 않는 것이다.
- I : 무결성(Integrity)으로 인가받지 않는 대상이 정보를 변경, 생성, 삭제하지 않도록 하는 것이다.
- A : 가용성(Availability)으로 합법적 사용자가 합법적 정보를 요구할 때 적시에 제공되도록 하는 것이다.

08번 해설

- 문자열 상수 "KOREA"를 포인터 변수 p가 참조하도록 정의한 이후 포인터 변수를 참조하여 연산한 결과를 출력하는 프로그램이다. 해당 문제는 출력 결과를 작성할 때 printf( ) 함수의 출력 형식 문자 %s와 %c를 명확히 구분하여 결과를 작성해야 한다. %s는 문자열 상수를 출력하고 %c는 단일 문자 상수 한 글자만 출력한다.
- 포인터 변수 p는 문자열 상수 "KOREA"의 시작 위치(주소)를 값으로 가지고 있으며, *p는 포인터 연산자(*)가 포인터 변수가 가지고 있는 위치(주소)의 내용을 참조하는 연산 처리를 의미한다.

```
printf("%s\n", p);        // 포인터 변수 p의 값의 위치의 문자부터 널('\0') 문자 전까지 연속하여
                          //   출력
printf("%s\n", p+3);      // 포인터 변수 p의 값의 위치에서 3간격 떨어진 위치부터 연속하여 출력
printf("%c\n", *p);       // 포인터 변수 p의 값의 위치에 있는 문자 한 문자 출력
printf("%c\n", *(p+3));   // 포인터 변수 p의 값의 위치에서 3간격 떨어진 위치에 있는 문자 한 문자
                          //   출력
printf("%c\n", *p+2);     // 포인터 변수 p의 값의 위치에 있는 문자 한 문자('K')에 2를 더한 문자
                          //   출력
```

※ 해당 문제는 출력 결과를 작성하는 문제이므로 부분 점수가 부여되지 않는다.

[실행] https://onlinegdb.com/3x0j5QEOA

해당 문제는 Java언어의 2차원 배열 선언 및 요소값을 대입 후 각 요소를 중첩 for문을 이용하여 출력하는 프로그램이다. 중첩 for문의 반복 횟수를 통해 해당 2차원 배열이 선언된 배열의 행과 열의 크기를 쉽게 알 수 있다.

[실행] https://onlinegdb.com/v5Rs_cC4g

- 해당 프로그램은 0에서 255까지의 10진 정수를 2진 정수 8자리로 진법 변환하여 출력하는 프로그램이다. 주어진 10진 정수는 변수 n의 10으로 프로그램의 출력 결과는 정수 배열을 출력하여 00001010으로 차례로 출력되었다.
- 해당 문제의 경우 세부 문항이 2문제이므로 부분 점수가 부여되며 ①의 경우 다양한 경우의 조건식이 적용될 수 있다.

[실행] https://onlinegdb.com/SkhR0Hw3v

- 위 프로그램은 3개의 클래스로 구성되어 있으며, Parent 클래스와 Chile 클래스는 상속 관계에 있고 Exam 클래스는 실행 클래스이다. Exam 클래스의 main( ) 메소드 안에서 Parent obj = new Child( );를 통해 Chile 클래스의 객체(인스턴스)를 생성하며 부모의 참조 변수 obj로 compute(4) 메소드를 호출하여 결과를 출력하는 프로그램이다.
- 자식 클래스인 Child에서는 부모 클래스 Parent의 compute(int num) 메소드가 재정의(오버라이드, override)되어 있으므로 obj.compute(4)를 실행하였을 경우, 자식 클래스에 재정의된 메소드가 호출된다.
- obj.compute(4)를 호출하여 진입한 후, 해당 프로그램은 재귀 호출(자신 메소드 호출)을 통한 실행과정을 거쳐 결과 1을 최종적으로 반환하게 된다. 출력 결과는 1이 된다.
- 재귀호출의 실행 순서는 다음과 같다.

[실행] https://onlinegdb.com/rkh9ZrD3w

12번 해설
- Python의 리스트 객체로 LIST는 요소의 중복은 허용하고, 다양한 자료형을 요소로 가질 수 있으며, 순서가 중요한 시퀀스 자료형이다.
- lol 리스트 객체는 요소가 리스트로 중첩된 리스트 객체이다. 해당 프로그램은 중첩 리스트 객체의 요소를 인덱싱한 결과를 출력하는 프로그램이다.

		[0]	[1]	[2]	
sub ⇨	lol[0]	1	2	3	

		[0]	[1]		
sub ⇨	lol[1]	4	5		

		[0]	[1]	[2]	[4]
sub ⇨	lol[2]	6	7	8	9

- 채점기준은 출력 결과를 작성하는 문제로 부분 점수는 부여되지 않는다.

[실행] https://onlinegdb.com/jRLskfOnE

13번 해설
- 이상(Anomaly) 현상은 데이터베이스의 논리적 설계 시 하나의 릴레이션에 많은 속성들이 존재하여, 데이터의 중복과 종속으로 인해 발생되는 문제점을 말한다. 이상(Anomaly) 현상은 릴레이션을 처리하는 데 여러 가지 문제를 초래하게 된다.
- 이상의 종류에는 삭제 이상, 삽입 이상, 갱신 이상이 있다.
  - 삽입 이상 : 관계 데이터베이스에서 삽입 역시 튜플 단위로 이루어진다. 이때 삽입하는 과정에서 원하지 않는 자료가 삽입된다든지 또는 삽입하는 데 자료가 부족해 삽입이 되지 않아 발생하는 문제점을 삽입 이상이라고 한다.
  - 삭제 이상 : 관계 데이터베이스에서 삭제는 튜플 단위로 이루어진다. 삭제 이상은 테이블에서 하나의 자료를 삭제하고자 하는 경우 그 자료가 포함된 튜플이 삭제됨으로 인해 원하지 않은 자료까지 함께 삭제가 이루어져 발생하는 문제점을 말한다.
  - 갱신 이상 : 관계 데이터베이스의 자료를 갱신하는 과정에서 정확하지 않거나 일부의 튜플만 갱신됨으로 인해 정보가 모호해지거나 일관성이 없어져 정확한 정보의 파악이 되지 않는 현상을 말한다.

15번 해설

프로세스의 상태
- 준비(Ready) 상태 : 프로세스가 준비 큐에서 실행을 준비하고 있는 상태로 CPU를 할당받기 위해 기다리고 있는 상태를 말한다.
- 실행(Running) 상태 : 준비 큐에 있는 프로세스가 CPU를 할당받아 실행되는 상태로 CPU 스케줄러에 의해 수행된다.
- 대기(Bolck) 상태 : 프로세스가 입/출력 처리가 필요하면 현재 수행 중인 프로세스가 입/출력을 위해 대기 상태로 전이된다. 대기 중인 상태의 프로세스는 입/출력 처리가 완료되면 대기 상태에서 준비 상태로 전이된다.

01. • 답 (1) : 기능적 또는 기능 또는 Functional
• 답 (2) : 비기능적 또는 비기능 또는 Non-Functional

02. • 답 (1) : 물리
• 답 (2) : 개념
• 답 (3) : 논리

03. 비정규화 또는 반정규화 또는 역정규화

04. EAI 또는 Enterprise Application Integration

05. WSDL 또는 Web Services Description Language

06. • 답 (1) : ㅁ
• 답 (2) : ㄴ
• 답 (3) : ㄹ

07. • 답 (1) : 경계값 분석 또는 Boundary Value Analysis
• 답 (2) : 동치 분할 또는 동등 분할 또는 동치 분할 검사 또는 Equivalence Partitioning Testing

08. • 답 (1) : ㄹ
• 답 (2) : ㅁ

09.

COUNT(*)
1

1 또는

10. DAC 또는 임의적 접근통제 또는 임의 접근통제 또는 Discretionary Access Control

11. Lee
38

12. 3
1
45
50
89

13. 0+1+2+3+4+5=15

14. SKIDDP

15. • 카디널리티 : 5
• 디그리 : 4

16. • 답 (1) : 연산 또는 Operation
• 답 (2) : 구조 또는 Structure

17. IPC 또는 Inter-Process Communication

18. • 답 (1) : 128
• 답 (2) : 8

19. RARP 또는 Reverse Address Resolution Protocol

20. 세션 하이재킹 또는 Session Hijacking 또는 세션 하이재킹 공격

02번 해설 데이터 모델링의 3단계

- 개념적 모델링 : 업무의 대상이 대상이 되는 실제 데이터에 대해서 개체 간의 상관 관계를 정확히 표현하는 단계
  → 결과물 : ERD(Entity-Relation Diagram)
- 논리적 모델링 : 개념적 설계로 만들어진 개념적 구조로부터 특정 DBMS의 유형에 맞추어 DBMS에 저장될 데이터의 골격(스키마)을 만드는 단계
  → 결과물 : 함수 종속성 파악, 논리적 스키마(릴레이션 구조)
- 물리적 모델링 : 특정 DBMS에 의존하는 데이터 형식, 제약조건, 뷰, 인덱스 등을 설정하는 단계
  → 결과물 : 테이블 정의서, 제약조건 리스트, 인덱스 명세서

03번 해설 비정규화(De-normalization)

- 비정규화는 정규화된 엔티티, 속성, 관계에 대해 시스템의 성능 향상과 개발(Development)과 운영(Maintenance)의 단순화를 위해 중복, 통합, 분리 등을 수행하는 데이터 모델링의 기법을 의미한다.
- 둘 이상의 릴레이션들에 대하여 조인한 결과를 빈번하게 이용하는 경우, 비정규화함으로써 질의응답 시간이 단축될 수 있다.

04번 해설 EAI(Enterprise Application Integration, 기업 애플리케이션 통합)

- 기업 내부에서 운영되는 각종 플랫폼 및 애플리케이션 간의 정보 전달, 연계, 통합을 가능하게 해주는 솔루션이다.
- 각 비즈니스 간 통합 및 연계성을 증대시켜 효율성을 높일 수 있다.
- 각 시스템 간의 확정성을 높여 줄 수 있다.
- 타 시스템에서 필요한 정보를 취득하여 다양한 서비스를 사용자에게 제공할 수 있다.
- 유형 : Point-to-Point, Hub & Spoke, Message Bus, Hybrid

05번 해설 WSDL(Web Services Description Language)

- 웹 서비스 기술언어로 Web Service가 제공하는 서비스에 대한 정보를 기술하기 위한 XML 기반의 마크업 언어이다.
- 웹서비스에서는 저장소로 UDDI를 사용하고 저장소에 접근과 그 저장된 자료의 접근 형식을 적은 설명서로 WSDL가 사용되며 이 자료를 사용하기 위해 실행 프로토콜로 SOAP이 사용된다.
- 웹 서비스명, 제공 위치, 메시지 포맷, 프로토콜 정보 등 웹 서비스에 대한 상세 정보를 기술한 파일이다.
- 독립적이며 단순한 XML 형식으로 구현한다.
- UDDI의 기초가 된다.
- 인터넷 웹 서비스를 제공하기 위해 SOAP, XML 스키마와 결합하여 사용한다.

06번 해설 결합도(Coupling) : 두 모듈 간의 상호 의존도로 한 모듈 내에 있는 처리 요소들 사이의 기능적인 연관 정도이다(약할수록 품질이 좋음).

결합도 약함 ↑	자료 결합도 (Data Coupling)	모듈 간의 인터페이스가 자료 요소로만 구성된 경우
	스탬프 결합도 (Stamp Coupling)	• 두 모듈이 동일한 자료구조를 조회하는 경우 • 자료구조의 어떠한 변화 즉 포맷이나 구조의 변화는 그것을 조회하는 모든 모듈 및 변화되는 필드를 실제로 조회하지 않는 모듈에까지도 영향을 미침
	제어 결합도 (Control Coupling)	• 어떤 모듈이 다른 모듈의 내부 논리 조작을 제어하기 위한 목적으로 제어신호를 이용하여 통신하는 경우 • 하위 모듈에서 상위 모듈로 제어신호가 이동하여 상위 모듈에게 처리 명령을 부여하는 권리 전도현상이 발생
	외부 결합도 (External Coupling)	어떤 모듈에서 외부로 선언한 변수(데이터)를 다른 모듈에서 참조할 경우
	공통 결합도 (Common Coupling)	여러 모듈이 공통 자료 영역을 사용하는 경우
결합도 강함 ↓	내용 결합도 (Content Coupling)	• 가장 강한 결합도 • 한 모듈이 다른 모듈의 내부 기능 및 그 내부 자료를 조회하도록 설계되었을 경우 　– 한 모듈에서 다른 모듈의 내부로 제어 이동 　– 한 모듈이 다른 모듈 내부 자료의 조회 또는 변경 　– 두 모듈이 동일한 문자(Literals)의 공유

08번 해설 **프로젝트 수행 단계에 따른 테스트의 분류**

단위 테스트	• 작은 소프트웨어 단위(컴포넌트 또는 모듈)를 테스트 • 일반적으로 개발자 자신에 의해 수행 • 과거에는 시간 부족을 이유로 단위 테스트가 생략되었으나 최근에는 개발 도구의 발전으로 개발 과정 중에 자동으로 진행 • 단위 테스트는 아주 중요한 부분이므로 개발 도구에서 지원하지 않아도 반드시 수행
통합 테스트	• 모듈 사이의 인터페이스, 통합된 컴포넌트 간의 상호 작용을 테스트 • 하나의 프로세스가 완성된 경우 부분적으로 통합 테스트를 수행하는 경우도 있음
시스템 테스트	• 통합된 단위 시스템의 기능이 시스템에서 정상적으로 수행되는지를 테스트 • 성능 및 장애 테스트가 여기에 포함됨
인수 테스트	• 일반적으로 최종 사용자와 업무에 따른 이해관계자 등이 테스트를 수행 • 개발된 제품에 대해 운영 여부를 결정하는 테스트로, 실제 업무 적용 전에 수행

09번 해설 주어진 〈SQL문〉을 실행 후, 결과를 작성하는 문제이다. 결과는 〈EMP〉 테이블에 조건식에 해당하는 튜플 수(레코드 수)를 출력한다. 채점 시 튜플의 개수만 작성하여도 되고 표를 그려 작성하여도 모두 정답으로 인정된다.

- WHERE절의 조건의 경우 조건식이 3가지이며 이들 조건식 사이를 AND와 OR를 통해 판단하는 것이 문제의 핵심이다.
- 논리연산의 우선순위 : NOT(논리 부정) → AND(논리곱) → OR(논리합)
- 논리 연산의 경우 AND(논리곱)가 OR(논리합)보다 우선순위가 높으므로, 'EMPNO > 100 AND SAL >=3000' 조건에 해당하는 EMPNO가 100 초과하면서 SAL이 3000 이상인 튜플을 추출하고 'EMPNO = 200' 조건인 EMPNO가 200에 해당하는 튜플을 OR(논리합)을 수행하면 다음과 같은 튜플이 결과로 추출된다. SELECT절에서는 COUNT(*) 집계합수를 통해 튜플의 개수를 최종 출력하고자 하였으므로, 결과는 1이 출력된다.

EMPNO	ENAME	AGE	SAL	DEPT_ID		COUNT(*)
200	강감찬	45	3000	30	▶	1

[WHERE절 조건 수행 결과]   [최종 집계함수 적용 결과]

10번 해설 정보의 접근통제 정책은 시스템의 자원 이용에 대한 불법적인 접근을 방지하는 과정으로 비인가자가 컴퓨터 시스템에 액세스하지 못하도록 하는 것이다.

- 접근통제 모델로는 강제적 접근 통제(MAC, Mandatory Access Control), 임의적 접근 통제(DAC, Discretionary Access Control), 역할 기반 접근 통제(RBAC, Role Based Access Control)가 있다.
- 접근제어 모델(정보의 접근통제 정책)

정책	MAC	DAC	RBAC
권한 부여	시스템	데이터 소유자	중앙 관리자
접근 결정	보안등급(Label)	신분(Identity)	역할(Role)
정책 변경	고정적(변경 어려움)	변경 용이	변경 용이
장점	안정적 중앙 집중적	구현 용이 유연함	관리 용이

11번 해설 구조체 배열은 포인터 변수를 통해 참조하여 구조체 멤버를 출력하는 C언어 프로그램이다. C언어의 구조체는 '① 구조체 정의 → ② 구조체 변수 선언 → ③ 구조체 변수를 통한 멤버 참조'의 순으로 사용된다.

- 해당 프로그램은 구조체 배열을 선언 후, 구조체 포인터 변수를 통해 각 멤버에 '–>' 연산자(화살표 연산자)를 통해 접근하였다.
- 구조체 insa는 문자열 멤버 name과 정수형 멤버 age로 정의되어 있다. 구조체 배열변수 a가 1차원 배열로 초기화 되어 선언되었다.

```
p = a;    // 배열의 첫 요소를 포인팅, p = &a[0];과 동일, 배열의 이름은 배열의 첫 요소의 주소
```

- 위 문장을 통해 구조체 배열 a가 구조체 포인터 변수 p에 포인팅되었다.

```
p++;    // p = p + 1; 포인터의 정수 덧셈연산, 다음 요소로 이동
```

- 포인터의 정수 덧셈은 포인터의 자료형 단위로 연속된 메모리 영역의 주소(위치)를 계산한다.
- 즉, '포인터의 기준위치(base) + sizeof(포인터 자료형) * 정수'로 계산한 주소를 얻을 수 있다.
- 구조체 포인터 변수 p의 증가연산으로 첫 요소를 포인팅한 상태에서 다음 요소를 포인팅하게 되었다.
- 구조체 변수를 통한 멤버 접근 시에는 '.' 연산자를 사용하지만, 구조체 포인터 변수를 통해 멤버 접근 시에는 '->' 연산자를 통해 멤버에 접근한다.
- p->name를 통해 "Lee"값을 참조하며 p->age를 통해 38을 참조하여 출력한다.

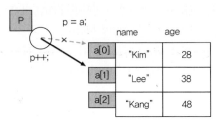

※ 해당 문제는 출력 결과를 작성하는 문제이므로 부분 점수가 부여되지 않는다.
[실행] https://onlinegdb.com/CQxEoUaI1

12번 해설 해당 프로그램은 Java의 2차원 배열 객체의 각 행의 길이(요소의 개수)와 배열의 요소(값)을 출력하는 프로그램이다.
- Java에서는 배열 객체의 length 속성을 사용하여 배열의 길이를 얻을 수 있다.
- 주어진 2차원 배열 객체의 각각의 0행과 1행의 배열의 길이는 열을 구성하는 요소의 개수이다. 따라서 a[0].length는 0행의 요소의 개수인 3, a[1].length는 1행의 요소의 개수인 1을 각각 출력한다.

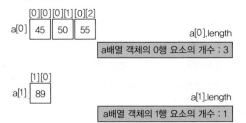

※ 해당 문제는 출력 결과를 작성하는 문제이므로 부분 점수가 부여되지 않는다.
[실행] https://onlinegdb.com/Ak2q_R8-F

13번 해설 해당 프로그램은 0부터 5까지의 정수 항을 반복 출력한 후 최종 누적 결과를 출력하는 프로그램이다.

- 반복하여 출력하는 대상은 0부터 4까지의 정수 항의 출력 후 '+' 문자를 출력하고 5인 정수 항의 출력 후에는 '=' 문자를 출력한다. 이를 위해 반복문에서 항의 값이 변수 i가 5인지를 if-~else 명령문을 통해 구별하여 '+' 문자와 '=' 문자를 출력한다.

i	j		출력
0	0	0+0	0+
1	1	0+0+1	1+
2	3	0+0+1+2	2+
3	6	0+0+1+2+3	3+
4	10	0+0+1+2+3+4	4+
5	15	0+0+1+2+3+4+5	5=
6			
최종 출력 System.out.println(j);			15

※ 해당 문제는 출력 결과를 작성하는 문제이므로 부분 점수가 부여되지 않는다.
[실행] https://onlinegdb.com/Y36Fb9q_d

14번 해설 Python의 클래스 Arr의 클래스 변수인 a리스트 객체는 6개의 문자열 상수를 요소로 갖도록 선언되어 있다.

- Arr.a의 모든 문자열 요소에 대해 첫 번째(인덱스 0) 위치의 문자를 인덱싱을 통해 추출한 후, 문자열 객체 str01에 누적한 결과를 출력하는 프로그램이다.

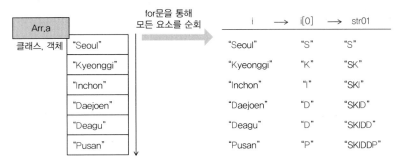

※ 해당 문제는 출력 결과를 작성하는 문제이므로 부분 점수가 부여되지 않는다.
[실행] https://onlinegdb.com/DvLvAUuCl

15번 해설
- 카디널리티(Cardinality) : 릴레이션의 튜플의 갯수
- 디그리(Degree) : 릴레이션의 속성의 갯수

16번 해설 **데이터 모델에서 표현해야 할 3가지 구성요소**

- 논리적으로 표현된 데이터 구조
- 구성요소의 연산
- 구성요소의 제약 조건

17번 해설 **프로세스 간 통신(IPC, Inter Process Communication)**

- 정의 : 여러 프로세스 간의 자원이나 데이터를 주고받는 통신 방법
- 필요성 : 정보 공유, 실행 속도 향상, 모듈성, 편리성
- 기법 : 메시지 전달(Message passing), 공유 메모리(Shared memory)

18번 해설 **IPv4와 IPv6 주소의 차이점**

IPv4	• 주소를 나타내기 위해 32비트 사용 • 32비트를 8비트 단위로 구분하여 10진수로 표현 • 사용 가능 주소 : 2^{32} • ⑩ 201.10.34.130
IPv6	• 주소를 나타내기 위해 128비트 사용 • 128비트를 16비트 단위로 구분하며 각 부분은 콜론(:)으로 구분하여 16진수로 표현 • 사용 가능 주소 : 2^{128} • ⑩ 2010:0DAC:0000:0000:0000:0000:14C0:75AB

19번 해설 **인터넷 계층(네트워크 계층) 주소와 링크 계층 주소 사이의 변환을 담당하는 프로토콜**

- ARP(Address Resolution Protocol) : IP 주소 → MAC 주소
- RARP(Reverse Address Resolution Protocol) : MAC 주소 → IP 주소

20번 해설 **세션 하이재킹(Session Hijacking)**

- 서버와 클라이언트가 TCP 통신을 하고 있을 때, RST 패킷을 보내고 시퀀스 넘버 등을 조작하여 연결을 가로채는 공격 방식이다.
- MITM 공격(중간자 공격) 기법으로 공격자가 두 시스템 간의 로그인된 상태에서 세션을 가로채는 것이다. TCP의 고유한 취약점인 시퀀스 넘버(순서 번호) 제어에 문제가 발생하도록 공격하여 정상적인 접속을 빼앗는 능동적 공격 기법이다.
- 세션 하이재킹 탐지 방법으로는 TCP 순서번호 비동기화 상태 탐지, ACK STORM 탐지, 패킷의 유실과 재전송 증가 탐지, 예상치 못한 접속의 리셋 탐지가 있다.

01. 행위

02. 2

03. • 답 (1) : ㄹ
　 • 답 (2) : ㄷ
　 • 답 (3) : ㄱ

04. • 답 (1) : UI 또는 User Interface 또는 사용자 인터페이스
　 • 답 (2) : UX 또는 User Experience 또는 사용자 경험

05. • 답 (1) : ㅂ
　 • 답 (2) : ㄹ
　 • 답 (3) : ㄷ

06. 스텁 또는 Stub 또는 테스트 스텁 또는 Test Stub

07. • 답 (1) : UPDATE
　 • 답 (2) : SET

08. • 답 (1) : ON
　 • 답 (2) : 학과

09. • 답 (1) : '이%'
　 • 답 (2) : DESC

10. AES 또는 Advanced Encryption Standard 또는 고급 암호 표준

11. 1024

12. 8

13. ㄱ

14. 11

15. 26

16. 하나의 트랜잭션이 완료될 때, 처리가 완료되거나 그 이전의 상태여야 한다. 원자성(Atomicity)은 트랜잭션 연산은 완전하게 수행이 완료되지 않으면 전혀 수행되지 않아야 한다. 트랜잭션 연산 시 Commit, Rollback을 이용하여 적용 또는 취소로 한꺼번에 완료되어야 하는 성질이다.

17. Locking 또는 로킹

18. • 답 (1) : 가상회선 방식 또는 Virtual Circuit
　 • 답 (2) : 데이터그램 또는 Datagram

19. Ad-hoc Network 또는 애드혹 네트워크

20. • 답 (1) : ㅁ
　 • 답 (2) : ㅅ
　 • 답 (3) : ㄷ

03번 해설　응집도(Cohesion) : 단위 모듈 내부 처리 요소 간에 기능적 연관도를 측정하는 척도이다(강할수록 품질이 좋음).

응집도 강함	기능적 응집도 (Functional Cohesion)	모듈 내부의 모든 기능 요소들이 한 문제와 연관되어 수행되는 경우
	순차적 응집도 (Sequential Cohesion)	한 모듈 내부의 한 기능 요소에 의한 출력 자료가 다음 기능 요소의 입력 자료로 제공되는 경우
	교환적 응집도 (Communication Cohesion)	동일한 입력과 출력을 사용하는 소작업들이 모인 경우(=통신적 응집도)
	절차적 응집도 (Procedural Cohesion)	모듈이 다수의 관련 기능을 가질 때 모듈 내부의 기능 요소들이 그 기능을 순차적으로 수행할 경우
	시간적 응집도 (Temporal Cohesion)	특정 시간에 처리되는 여러 기능을 모아 한 개의 모듈로 작성할 경우
	논리적 응집도 (Logical Cohesion)	유사한 성격을 갖거나 특정 형태로 분류되는 처리 요소들로 하나의 모듈이 형성되는 경우
응집도 약함	우연적 응집도 (Coincidental Cohesion)	서로 간에 어떠한 의미 있는 연관관계도 지니지 않는 기능 요소로 구성되는 경우이며, 서로 다른 상위 모듈에 의해 호출되어 처리상의 연관성이 없는 서로 다른 기능을 수행

06번 해설　**테스트 스텁(Test Stub)**

- 하향식 테스트 시 상위 모듈은 존재하나 하위 모듈이 없는 경우의 테스트를 위해 임시 제공되는 모듈이다.
- 골격만 있는 또는 특별한 목적의 소프트웨어 컴포넌트를 구현한 것을 의미한다.
- 스텁을 호출하거나 스텁에 의존적인 컴포넌트를 개발하거나 테스트할 때 사용한다.

07번 해설　**UPDATE 명령문**

- SQL의 DML 명령어 중 UPDATE 명령문은 테이블의 자료(튜플) 중에서 값을 변경하고자 하는 경우에 사용되는 명령문이다.
- 형식 : UPDATE 테이블명 SET 변경속성명 = 변경값 WHERE 조건식;

08번 해설　**동등 조인(Equi Join)에서의 JOIN~ON**

- 동등 조인은 조인 대상 테이블에서 공통 속성을 '='(equal) 비교를 통해 같은 값을 가지는 행을 연결한다.
- 임의의 조건을 지정하거나 조인할 칼럼을 지정하려면 ON절을 사용한다.
- 두 테이블을 JOIN 연산한 뒤 자료를 검색하는 형태의 질의문을 말한다.
- [테이블1] JOIN [테이블2] ON [조인조건] 형태로 구성된다.

문자열 부분 매치(LIKE절)와 정렬(오름차순, 내림차순)

- 부분 매치 질의문은 조건문 작성 시 자료의 일부를 가지고 비교하여 검색하는 질의문이다.
- 부분 매치 질의문에서 '%'는 여러 문자를 대신하고, '_'는 한 자리를 대신한다.
- '%'나 '_'를 이용하여 조건문을 작성할 때는 '='을 대신하여 'LIKE'를 이용한다.

스트림 방식의 비밀키 암호화 기법

DES (Data Encryption Standard)	• 1970년대 초 IBM이 개발한 알고리즘이다. • 16라운드 Feistel 구조를 가진다. • 평문을 64bit로 블록화를 하고, 실제 키의 길이는 56bit를 이용한다. • 전사 공격(Brute-Force Attack)에 취약하다.
AES (Advanced Encryption Standard)	• DES를 대신하여 새로운 표준이 되었다. • 블록 크기는 128bit이고, 키 길이는 128/192/256bit이다. • SPN(Substitution-Permutation Network) 구조이다.

거듭제곱을 구하는 C프로그램이다. 주어진 두 변수 중 변수 base를 변수 exp 횟수만큼 곱하는 연산을 mp( )함수를 통해 구현하였다. 변수 base를 밑수로 변수 exp를 지수로 거듭제곱한 결과 baseexp가 출력 결과가 된다.

- main( )함수에서 mp(2, 10)를 통해 함수가 호출된다. mp( )함수로 Call by Value의 매개변수 전달 기법으로 각 가인수 base로 2, exp로 10이 전달된다.
- mp( )함수에서의 for 반복 구조를 통해 실행되는 동안의 디버깅은 다음과 같다.

i	base	res * base	res
0	2	1*2	2
1	2	2*2	4
2	2	4*2	8
3	2	8*2	16
4	2	16*2	32
5	2	32*2	64
6	2	64*2	128
7	2	128*2	256
8	2	256*2	512
9	2	512*2	1024
반환 후, 최종 출력 printf("%d", res);			1024

- mp( )함수는 10회 반복하여 1로 초기화된 변수 res에 2를 10회 곱하여 1024를 main( )함수에 최종 반환하게 된다.

※ 해당 문제는 출력 결과를 작성하는 문제이므로 부분 점수가 부여되지 않는다.

[실행] https://onlinegdb.com/Jddeh6Z7R

1차원 배열에서 배열의 이름은 배열의 첫 요소(0번지 요소)의 주소를 의미한다.

- 3개의 정수 값을 저장하는 배열 arr에 포인터 연산자(*)를 통해 배열의 요소에 접근하며 배열의 요소 값을 할당한다.

```
*(arr+0) = 1;                  // arr[0] = 1;
ary[1] = *(ary + 0) + 2;       // arr[1] = 1+2;
ary[2] = *ary + 3;             // arr[2] = 1+3;
```

- 배열 ary는 값이 대입된 이후 3회 반복 수행되며, 변수 s에 배열의 요소를 누적한다.

ary[0]	ary[1]	ary[2]
1	3	4

- for 반복 구조를 통해 실행되는 동안의 디버깅은 다음과 같다.

i	ary[i]		s
0	ary[0]	1	1
1	ary[1]	3	4
2	ary[2]	4	8
최종 출력 printf("%d", s);			8

※ 해당 문제는 출력 결과를 작성하는 문제이므로 부분 점수가 부여되지 않는다.

[실행] https://onlinegdb.com/XzJ3ghSDu

자바의 static 메소드의 기본 형태는 다음과 같다.

```
static 반환형 메소드명(매개변수) {
    실행 코드;
    return 반환값;
}
```

- 정적 필드처럼 static을 반환형 앞부분에 붙여 선언한 메소드를 정적 메소드(static 메소드)라고 한다.
- 정적 메소드는 객체를 생성하지 않고도 호출 가능하다.
- main( ) 메소드에서 check( )메소드는 Test.check( )와 같이 클래스를 통해 호출할 수 있다.
- 보기의 private, protected, public은 자바의 접근 제어자(Access Modifier)이다.

※ 해당 문제는 부분 점수가 부여되지 않는다.

[실행] https://onlinegdb.com/ElukjnoZ7

14번 해설 해당 프로그램은 클래스 상속 시 부모 객체와 자식 객체 간 오버라이드된 메소드를 호출하여 반환값을 덧셈한 결과를 출력하는 Java 프로그램이다.

- a1.sun(3, 2)의 메소드 호출은 부모 객체 sun메소드를 호출하여 3+2의 결과를 반환하여 결과 값은 5이다.
- a2.sun(3, 2)의 메소드 호출은 자식 객체 sun메소드를 호출하여 3-2+super.sun(3, 2)가 실행되어, 부모의 sun메소드를 호출하여 얻는 결과 값 3+2, 즉 5를 반환하여 3-2+5를 수행한다. 결과 값은 6이다.
- 최종 출력 결과는 5+6인 11이다.

※ 해당 문제는 출력 결과를 작성하는 문제이므로 부분 점수가 부여되지 않는다.

[실행] https://onlinegdb.com/USSuc62My

15번 해설 for 명령문에 rang( )함수를 결합하여 2회 반복 구조 내의 명령을 실행하도록 한다.

- range( )함수는 두 인수를 통해 반복의 횟수를 지정한다.
- range(1, 3)의 경우 1 이상부터 3 미만까지의 정수 리스트 객체를 생성하여 [1, 2]의 결과를 얻는다.
- for 반복 구조를 통해 실행되는 동안의 디버깅은 다음과 같다.

i	a $\gg$ i		result	result + 1
1	100 $\gg$ 1	50	50	51
2	100 $\gg$ 2	25	25	26
최종 출력 print(result)				26

※ 해당 문제는 출력 결과를 작성하는 문제이므로 부분 점수가 부여되지 않는다.

[실행] https://onlinegdb.com/qT0N6CqFF

01. • 답 (1) : Aggregation
     • 답 (2) : Generalization

02. 클래스 또는 Class

03. Factory Method

04. 인덱스 또는 Index

05. Control

06. GUI 또는 Graphical User Interface

07. Cause Effect Graph

08. • 답 (1) : 테스트 조건
     • 답 (2) : 테스트 데이터
     • 답 (3) : 예상 결과

09. • 답 (1) : 상향식 통합
     • 답 (2) : 드라이버

10.

CNT
4

4 또는

11. DES 또는 Data Encryption Standard

12. ARP 또는 Address Resolution Protocol

13. 501

14. 37

15. 3

16. 7

17. False

18. GRANT 명령어는 관리자가 사용자에게 데이터베이스에 대한 권한을 부여하기 위한 명령어이다.

19. • 답 (1) : 데이터링크 또는 Data Link
     • 답 (2) : 네트워크 또는 Network
     • 답 (3) : 프레젠테이션 또는 표현 또는 Presentation

20. • 답 (1) : ㄱ
     • 답 (2) : ㄷ
     • 답 (3) : ㅁ

02번 해설 클래스 다이어그램(Class Diagram)

- 객체지향 시스템의 가장 근간이 되는 다이어그램으로 시스템의 정적인 구조를 나타낸다.
- 시스템을 구성하는 객체 간의 관계를 추상화한 모델을 논리적 구조로 표현한다.
- 객체지향 개발에서 공통으로 사용된다.
- 분석, 설계, 구현 단계 전반에 지속해서 사용된다.

03번 해설 생성 패턴 : 객체를 생성하는 것과 관련된 디자인 패턴

Abstraction factory	• 구체적인 클래스에 의존하지 않고 서로 연관되거나 의존적인 객체들의 조합을 만드는 인터페이스를 제공하는 패턴이다. • 관련된 서브 클래스를 그룹지어 한 번에 교체할 수 있다.
Builder	작게 분리된 인스턴스를 조립하듯 조합하여 객체를 생성한다.
Factory method	• 객체를 생성하기 위한 인터페이스를 정의하여 어떤 클래스가 인스턴스화될 것인지는 서브 클래스가 결정하도록 한다. • Virtual-Constructor 패턴이라고도 한다.
Prototype	• 원본 객체를 복제하여 객체를 생성하는 패턴이다. • 일반적인 방법으로 객체를 생성하고 비용이 많이 소요되는 경우에 주로 사용한다.
Singleton	• 전역 변수를 사용하지 않고 객체를 하나만 생성하도록 한다. • 생성된 객체를 어디에서든지 참조할 수 있도록 하는 패턴이다.

05번 해설 결합도(Coupling) : 두 모듈 간의 상호 의존도로 한 모듈 내에 있는 처리 요소들 사이의 기능적인 연관 정도이다(약할수록 품질이 좋음).

결합도 약함 ↑	자료 결합도 (Data Coupling)	모듈 간의 인터페이스가 자료 요소로만 구성된 경우
	스탬프 결합도 (Stamp Coupling)	• 두 모듈이 동일한 자료구조를 조회하는 경우 • 자료구조의 어떠한 변화 즉 포맷이나 구조의 변화는 그것을 조회하는 모든 모듈 및 변화되는 필드를 실제로 조회하지 않는 모듈에까지도 영향을 미침
	제어 결합도 (Control Coupling)	• 어떤 모듈이 다른 모듈의 내부 논리 조작을 제어하기 위한 목적으로 제어신호를 이용하여 통신하는 경우 • 하위 모듈에서 상위 모듈로 제어신호가 이동하여 상위 모듈에게 처리 명령을 부여하는 권리 전도현상이 발생
	외부 결합도 (External Coupling)	어떤 모듈에서 외부로 선언한 변수(데이터)를 다른 모듈에서 참조할 경우
	공통 결합도 (Common Coupling)	여러 모듈이 공통 자료 영역을 사용하는 경우

결합도 강함 ↓	내용 결합도
	(Content Coupling)
		• 가장 강한 결합도
		• 한 모듈이 다른 모듈의 내부 기능 및 그 내부 자료를 조회하도록 설계되었을 경우
		  – 한 모듈에서 다른 모듈의 내부로 제어 이동
		  – 한 모듈이 다른 모듈 내부 자료의 조회 또는 변경
		  – 두 모듈이 동일한 문자(Literals)의 공유

사용자 인터페이스

GUI (Graphical User Interface)	• 윈도우즈나 매킨토시 등의 환경 • 그래픽 화면에서 사용자가 마우스나 키보드로 아이콘이나 메뉴를 선택하여 원하는 작업을 수행
CLI (Command Line Interface)	• 유닉스와 리눅스 등의 환경 • 사용자가 키보드로 명령어(Command)를 입력해 원하는 작업을 수행

원인-효과 그래프 검사(Cause Effect Graph)

• 입력 데이터 간의 관계와 출력에 영향을 미치는 모든 상황을 그래픽적으로 표현하여 체계적으로 분석한다.
• 효용성이 높은 테스트 케이스를 선정해 검사한다.

테스트 케이스(Test Case)

• 요구에 맞게 개발되었는지 확인하기 위하여 테스트할 입력과 예상 결과를 정의한 것이다.
• 테스트 자동화를 도입하면 테스트 케이스는 데이터 레코드로 저장될 수 있고 테스트 스크립트로 정의할 수 있다.
• 테스트 항목(Test Items)은 식별자 번호, 순서 번호, 테스트 데이터, 테스트 케이스, 예상 결과, 확인 등을 포함해서 작성해야 한다.

테스트 드라이버 (Test Driver)	• 상향식 테스트 시 상위 모듈 없이 하위 모듈이 존재할 때 하위 모듈 구동 시 자료 입출력을 제어하기 위한 제어 모듈(소프트웨어)이다. • 컴포넌트나 시스템을 제어하거나 호출하는 컴포넌트를 대체하는 모듈이다.
테스트 스텁 (Test Stub)	• 하향식 테스트 시 상위 모듈은 존재하나 하위 모듈이 없는 경우의 테스트를 위해 임시 제공되는 모듈이다. • 골격만 있는 또는 특별한 목적의 소프트웨어 컴포넌트를 구현한 것을 의미한다. • 스텁을 호출하거나 스텁에 의존적인 컴포넌트를 개발하거나 테스트할 때 사용한다.

〈A〉, 〈B〉 두 테이블을 교차 조인한 후 〈A〉 테이블의 NAME 속성 값에 'S'로 시작하면서 'T'를 포함하는 문자열이 존재하는 튜플(행)의 수를 출력한다.

① 〈교차 조인 후〉

SNO	NAME	GRADE	RULE
1000	SMITH	1	S%
1000	SMITH	1	%T%
2000	ALLEN	2	S%
2000	ALLEN	2	%T%
3000	SCOTT	3	S%
3000	SCOTT	3	%T%

② 〈조건절 적용 후〉

SNO	NAME	GRADE	RULE
1000	SMITH	1	S%
1000	SMITH	1	%T%
3000	SCOTT	3	S%
3000	SCOTT	3	%T%

③ 〈결과〉

CNT
4

• 교차 조인(CROSS JOIN)
  - 교차조인(CrossJoin)은 '카티션 곱(Cartesian Product)'이라고도 하며, 참조되는 두 테이블의 각 행의 행수를 모두 곱한 결과의 행수로 테이블이 반환된다. 대개 테스트로 사용할 대용량의 테이블을 생성할 경우에 사용된다.
  - 반환되는 결과 테이블은 두 테이블의 디그리의 합과 카디널리티의 곱의 크기이다.
  - 형식 : SELECT 속성리스트 FROM 테이블1 CROSS JOIN 테이블2 WHERE 조건식;

스트림 방식의 비밀키 암호화 기법

DES (Data Encryption Standard)	• 1970년대 IBM이 개발한 대칭키 암호화 알고리즘이다. • 16라운드 파이스텔(Feistel) 구조를 가진다. • 평문을 64bit로 블록화를 하고, 실제 키의 길이는 56bit를 이용한다. • 전사 공격(Brute-Force Attack)에 취약하다.
AES (Advanced Encryption Standard)	• DES를 대신하여 새로운 표준이 되었다. • 블록 크기는 128bit이고, 키 길이는 128/192/256bit이다. • SPN(Substitution-Permutation Network) 구조이다.

- ARP 스푸핑 공격 공격은 LAN에서 사용하는 ARP 프로토콜의 허점을 이용하여 자신의 MAC(Media Access Control)주소를 다른 컴퓨터의 MAC인 것처럼 속이는 공격이다. ARP Spoofing 공격은 ARP Cache 정보를 임의로 바꾼다고 하여 'ARP Cache Poisoning 공격'이라고도 한다.
- ARP 스푸핑 공격은 LAN에서 데이터링크 계층 주소인 MAC주소를 속여서 트래픽을 스니핑(감청)하는 공격이다.
- 데이터링크 계층 주소는 서로 다른 네트워크로 라우팅되지 않으므로 공격 대상도 동일 네트워크 대역에 있어야만 한다.
- ARP 스푸핑 공격은 각 시스템에 기록된 MAC 주소가 동적으로 유지되는 점을 이용한 공격이므로 MAC 주소가 정적으로 사용된다면 이러한 공격이 불가능해진다.

13번 해설 구조체 포인터 연산자(−>)를 통해 구조체 멤버에 접근한 후 결과를 출력하는 프로그램이다.
구조체의 멤버를 접근하는 방법은 두 가지가 있다.
1) 구조체 변수를 이용한 접근 : 구조체변수명.멤버명
2) 구조체 포인터 변수를 이용한 접근 : 구조체포인터변수명−>멤버명
p = &st[0]; 명령문에 의해 구조체 배열 st에 구조체 포인터 변수 p로 참조가 가능해진다.

		name	os	db	hab	hhab
p	→	st[0]	"가"	95	88		
p+1	→	st[1]	"나"	84	91		
p+2	→	st[2]	"다"	86	75		

구조체 포인터 변수를 이용한 접근 방법으로 주어진 연산을 처리하면,
(p+1)−>hab = (p+1)−>os + (p+2)−>db;에서
(p+1)−>os의 값은 84이고, (p+2)−>db은 75이고 84+75의 결과 159가 (p+1)−>hab에 할당된다.

		name	os	db	hab	hhab
p	→	st[0]	"가"	95	88		
p+1	→	st[1]	"나"	84	91	159	
p+2	→	st[2]	"다"	86	75		

(p+1)−>hhab = (p+1)−>hab + p−>os + p−>db;에서
(p+1)−>hab은 159이고 p−>os는 95, p−>db는 88로 159+95+88의 결과 342이 (p+1)−>hhab에 할당된다.

		name	os	db	hab	hhab
p	→	st[0]	"가"	95	88		
p+1	→	st[1]	"나"	84	91	159	342
p+2	→	st[2]	"다"	86	75		

printf("%d", (p+1)−>hab + (p+1)−>hhab);는 159+342의 결과 501이 최종 출력된다.
※ 해당 문제는 출력 결과를 작성하는 문제이므로 부분 점수가 부여되지 않는다.
[실행] https://onlinegdb.com/A1WsemOcS

14번 해설 1차원 포인터 배열에 정수를 대입 후 더블포인터 연산을 통해 덧셈을 수행 후, 출력하는 프로그램이다.

- int *array[3]; 선언문으로 int* 자료형의 1차원 배열 array가 생성된다. 해당 배열의 요소값으로는 int형 변수의 주소만 할당될 수 있다.
- int형 변수 a, b, c의 주소가 array[0] = &a; array[1] = &b; array[2] = &c;에 의해 다음과 같이 각각 배열 array의 요소값으로 할당되었다.

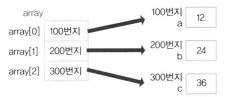

- 출력을 위해 *array[1] + **array + 1의 각 항의 값은 다음과 같다.

항	연산	값
*array[1]	*(200번지)	24
	array[1]의 요소값 200번지를 포인터연산(*)을 수행하여 참조한다.	
**array	*(*array) ▶ *(100번지)	12
	배열의 이름은 첫 요소의 주소이므로 array는 array[0]의 주소이고 이를 포인터연산(*)하면 100번지이고 이를 다시 포인터연산(*)을 수행하여 참조한다.	

- 24+12+1의 결과 37이 최종 출력된다.

※ 해당 문제는 출력 결과를 작성하는 문제이므로 부분 점수가 부여되지 않는다.

[실행] https://onlinegdb.com/i8fwWxbPW

15번 해설 해당 프로그램은 싱글톤 패턴(Singleton pattern)이 적용된 프로그램으로 프로그램이 실행되는 동안 클래스를 생성하는 객체(인스턴스)가 오직 하나이다.

- 싱글톤 패턴을 자바로 구현하는 3단계 : ① 생성자 메서드를 private로 접근 제한 ② private static 인스턴스 변수 선언(오직 하나의 같은 오브젝트를 참조) ③ public static Singleton getInstance( ) 메소드 구현
- 참조 변수 sg1, sg2, sg3는 같은 객체를 참조하며, 객체 내의 필드 count가 0으로 초기화 된 후, sg1.count( ); 메소드 호출로 count가 1, sg2.count( ); 메소드 호출로 count가 2, sg3.count( ); 메소드 호출로 count가 3이 되어 최종 출력 결과는 3이다.

※ 해당 문제는 출력 결과를 작성하는 문제이므로 부분 점수가 부여되지 않는다.

[실행] https://onlinegdb.com/sWRtUlBqu

16번 해설 해당 프로그램에는 비트 논리 연산자인 비트 AND 연산자(&), 비트 XOR 연산자(^), 비트 OR 연산자(|)가 사용되어 if문의 조건식을 구성하고 있다.

- 비트 논리 연산자의 결과는 연산의 대상에 따라 달라진다. 예를 들어 다음과 같이 정수를 대상으로 하는 경우는 결과가 정수 0 또는 1이 결과 값을 얻을 수 있고, 논리상수를 대상으로 비트 논리 연산을 수행하면 true와 false의 결과를 얻는다.

```
(예1) System.out.println( 0 | 1 );              // (결과) 1
(예2) System.out.println( false | true );     // (결과) true
```

– 비트 논리 연산자의 우선순위 : 비트 AND 연산자(&) → 비트 XOR 연산자(^) → 비트 OR
  연산자(|)
– 관계 연산자(==, !=, 〈, 〈=, 〉, 〉=)는 비트 논리 연산자보다 연산의 우선순위가 높음
• 주어진 조건식 if((w == 2 | w == y) & !(y 〉 z) & (1 == x ^ y != z))은 if(조건식① & 조건식
② & 조건식③)의 순서로 세부 조건식이 판별된 후 전체 if문의 분기가 결정된다.
• 조건식①, 조건식②, 조건식③을 if문에서 수행하는 과정은 다음과 같다.

조건식①	단계1	w==2 | w==y
	단계2	3==2 | 3==3
	단계3	false | true
	결과	true
조건식②	단계1	!(y 〉 z)
	단계2	!(3 〉 5)
	단계3	!(false)
	결과	true
조건식③	단계1	1==4 ^ 3!=z
	단계2	1==4 ^ 3!=5
	단계3	false ^ true
	결과	true

– 조건식①, 조건식②, 조건식③의 결과는 모두 true이다.
– if(조건식① & 조건식② & 조건식③)은 if(true & true & true)를 수행하여 true의 결과로
  참인 블록을 수행하게 된다.
• w = x + y;를 수행하여 변수 w의 값을 7로 변경 후, if(7 == x ^ y != w) 조건식을 다음과 같
  이 수행한다.

if 조건식	단계1	7==x ^ y!=w
	단계2	7==4 ^ 3!=7
	단계3	false ^ true
	결과	true

• 조건식의 결과 true이므로 참인 블록 내의 System.out.println(w); 명령문을 수행하여 결과
  최종 출력 결과는 7이다.
※ 해당 문제는 출력 결과를 작성하는 문제이므로 부분 점수가 부여되지 않는다.
[실행] https://onlinegdb.com/iHwFZl93s

17번 해설 다중 대입문(multiple assingment)과 관계연산자

- a, b = 10, 20은 다중 대입문으로 각 변수 a, b에 다른 값 10, 20을 각각 대입한다. 변수 a는 10이, 변수 b는 20이 저장된다. a == b 조건문의 결과는 두 변수의 값이 다르므로 거짓에 해당하는 논리 상수 False가 출력된다.
- 채점기준은 출력 결과를 작성하는 문제이므로 부분 점수가 부여되지 않는다.

[실행] https://onlinegdb.com/9TujwwUMdE

18번 해설 DCL(Data Control Language, 데이터 제어어)

COMMIT	명령어로 수행된 결과를 실제 물리적 디스크로 저장하고, 명령어로 수행을 성공적으로 완료하였음을 선언
ROLLBACK	명령어로 수행을 실패하였음을 알리고, 수행된 결과를 원상복귀시킴
GRANT	데이터베이스 사용자에게 사용 권한 부여
REVOKE	데이터베이스 사용자로부터 사용 권한 취소

19번 해설 OSI 7계층의 주요 기능

계층		계층명	설명	주요 장비
하위 계층	1	물리 계층 (Physical Layer)	• 전기적, 기계적, 기능적, 절차적 기능 정의 • 허브, 네트워크 카드, 케이블 등 전송 매체를 이용하여 비트(Bit)를 전송 • 표준 : RS-232C, X.21	리피터
	2	데이터 링크 계층 (Data Link Layer)	• 내부 네트워크상에서의 흐름 제어, 에러 제어 • 현재 노드와 다음에 접근할 노드의 물리적 주소를 포함하여 프레임(Frame)을 구성 • 표준 : HDLC, LLC, LAPB, LAPD, ADCCP	스위치
	3	네트워크 계층 (Network Layer)	• 논리 주소 지정, 패킷(Packet)의 최적의 경로를 설정 및 네트워크 연결 관리 • 표준 : X.25, IP	라우터
	4	전송 계층 (Transport Layer)	• 외부 네트워크 통신 종단 간(End-to-End)의 에러 제어 및 흐름 제어 • 표준 : TCP, UDP	게이트웨이
상위 계층	5	세션 계층 (Session Layer)	회화 구성(반이중, 전이중), 동기 제어, 데이터 교환 관리, 프로세스 간의 연결을 확립, 관리, 단절시키는 수단을 관장	
	6	표현 계층 (Presentation Layer)	코드 변환, 암호화 및 복호화, 압축, 구문 검색	
	7	응용 계층 (Application Layer)	• 응용 프로그램 간의 네트워크 서비스 • 프로토콜의 종류 : HTTP, SNMP, FTP, TELNET 등	

20번 해설 **AAA서버**

- AAA는 각각 인증(Authentication), 인가(Authorization), 과금(Accounting)을 의미한다.
- AAA서버는 사용자의 시스템의 접근 처리와 서비스를 제공하는 과정에 있어 인증, 인가, 과금 기능을 제공하는 서버이다.
  - 인증은 시스템에 접근하기 위한 사용자 인증을 검증하거나 자원에 대한 접근을 제어할 때 사용된다.
  - 인가는 사용자에게 어떠한 권한과 서비스를 제공할 것인가를 결정한다.
  - 과금은 사용자의 자원에 대한 사용 정보를 모아 과금, 보고서, 용량 증설 등에 사용되는 계정을 관리한다.

01. NUI 또는 Natural User Interface

02. • 답 (1) : ㄱ
    • 답 (2) : ㅁ

03. JUnit

04. ㄴ, ㄷ, ㅂ

05. 단위 테스트 – 통합 테스트 – 시스템 테스트 – 인수 테스트

06. • 답 (1) : ORDER
    • 답 (2) : SCORE
    • 답 (3) : DESC

07. TKIP

08. 120

09. • 답 (1) : > 또는 !=
    • 답 (2) : %
    • 답 (3) : /

10. 29

11. 2000

12. Car

13. a = 20 b = 2

14. • 답 (1) : ㅅ
    • 답 (2) : ㄱ
    • 답 (3) : ㄷ

15. • 답 (1) : ㅇ
    • 답 (2) : ㅈ

16. 튜플 삭제 시 의도와는 상관없이 관련 없는 데이터가 같이 연쇄 삭제(Triggered Deletion)되어 정보의 손실이 발생하는 현상을 의미한다.

17. • 답 (1) : ㅇ
    • 답 (2) : ㄹ

18. RAID-0 또는 0

19. ISMS

20. ㄷ

사용자 인터페이스

GUI (Graphical User Interface)	• 윈도우즈나 매킨토시 등의 환경 • 그래픽 화면에서 사용자가 마우스나 키보드로 아이콘이나 메뉴를 선택하여 원하는 작업을 수행
CLI (Command Line Interface)	• 유닉스와 리눅스 등의 환경 • 사용자가 키보드로 명령어(Command)를 입력해 원하는 작업을 수행
NUI (Natural User Interface)	터치, 증강현실, 상황 인식 등 사람의 감각 행동 인지를 통하여 작업할 수 있는 환경
MUI (Menu User Interface)	메뉴를 기반으로 작업할 수 있는 환경

소스코드 품질 분석 도구

소스코드의 코딩 스타일, 코드에 설정된 코딩 표준, 코드의 복잡도, 코드에 존재하는 메모리 누수 현상, 스레드 결함 등을 발견하기 위해 사용하는 분석 도구이다.

Static Analysis	• 원시 코드를 분석하여 잠재적인 오류를 분석하며, 코딩 표준, 런타임 오류 등을 검증한다. • 결함 예방/발견, 코딩 표준, 코드 복잡도 등을 분석하는 것이 가능하다.
Dynamic Analysis	• 프로그램 수행 중 발행하는 오류의 검출을 통한 오류 검출(Avalanche, Valgrind 등)한다. • 메모리 릭(Leak), 동기화 오류 등을 분석하는 것이 가능하다.

인터페이스 구현 검증 도구

• 인터페이스 구현 검증을 위해서 단위 기능 및 시나리오에 기반한 통합 테스트가 필요하며, 테스트 자동화 도구를 이용하여 단위 및 통합 테스트의 효율성을 높일 수 있다.
• 종류 : Watir, xUnit(JUnit, NUnit, CppUnit 등), FitNesse, STAF, Selenium

블랙박스 테스팅 (명세 기반)	• 사용자의 요구사항에 대한 명세를 기반으로 테스트 케이스를 작성하고 확인하는 테스트 방식이다. • Boundary Value Testing, Cause-Effect Graphing Testing, Equivalence Partitioning Testing
화이트박스 테스팅 (구조 기반)	• 소프트웨어 내부의 구조(논리 흐름)에 따라 테스트 케이스를 작성하고 확인하는 테스트 방식이다. • Basic Path Testing, Condition Testing, Data Flow Testing, Loop Testing

V모델

• 폭포수(Waterfall) 모델의 변형으로 산출물보다는 각 개발 단계의 테스트에 중점을 두며, 테스트 활동이 분석 및 설계와 어떻게 관련되어 있는지 보여 주는 검증을 강조조한 소프트웨어 개발 모델이다.
• 테스트 수행 순서 : 단위 테스트 → 통합 테스트 → 시스템 테스트 → 인수 테스트
※ 해당 문제는 나열형 문제이므로 부분 점수가 부여되지 않는다.

06번 해설 **SELECT문의 정렬(오름차순, 내림차순)**

- 2021년 2회 기사 기출문제 변형
- SELECT문의 검색 결과를 특정 컬럼을 기준으로 정렬할 때는 ORDER BY절을 사용하며, 정렬의 기본은 오름차순으로 ASC 옵션을 하용하고, 내림차순은 DESC 옵션을 추가한다. ASC는 생략이 가능하다.

07번 해설 **TKIP(Temporal Key Integrity Protocol) 인증 방식**

- 임시 키 무결성 프로토콜로 WEP 암호화를 대체하기 위해 만들어진 보안 프로토콜이다.
- 무선 라우터에서 WPA2 보안을 선택 후 일반적으로 인증 방식을 AES로 설정하여 안전한 암호화 방식을 사용하지만, 일부 장치와의 호환성을 위해 TKIP로 설정하기도 한다.
- TKIP는 스트림 암호화 방식인 RC4 암호화 알고리즘을 사용한다.

08번 해설

- 해당 프로그램은 변수 a의 계승(팩토리얼)을 재귀호출 함수 호출를 통해 계산한 후 출력하는 프로그램이다.
- 변수 a가 5를 입력하였을 경우, 5의 팩토리열(5!)의 결과 5 * 4 * 3 * 2 * 1을 계산한 120이 출력된다.
- main( ) 함수에서 func(5)를 호출하여 재귀호출이 진행되는 동안의 디버깅은 다음과 같다.

a	재귀호출 return a * func(a − 1);	
5	int func(int a)	호출
	if(5 <= 1)	거짓
	return 5 * func(5 − 1);	
4	int func(int a)	호출
	if(4 <= 1)	거짓
	return 4 * func(4 − 1);	
3	int func(int a)	호출
	if(3 <= 1)	거짓
	return 3 * func(3 − 1);	
2	int func(int a)	호출
	if(2 <= 1)	거짓
	return 2 * func(2 − 1);	
1	int func(int a)	호출
	if(1 <= 1)	참
	return 1;	
2	return 2 * 1;	반환
3	return 3 * 2;	반환
4	return 4 * 6;	반환
5	return 5 * 24;	반환

- printf("%d", func(a)); 명령문은 func(5)가 반환한 값 120이 최종 출력된다.
- ※ 해당 문제는 출력 결과를 작성하는 문제이므로 부분 점수가 부여되지 않는다.
- [실행] https://onlinegdb.com/x1JaHxJ9h

- 해당 프로그램은 10진 정수의 자릿수를 역순으로 출력하는 프로그램이다.
- 변수 number는 10진 정수로 정수의 자릿수만큼 while문을 통해 반복이 이루어진다. 즉, number는 천의 자리까지 존재하므로 4회 반복이 이루어진다. 10진 정수를 10으로 나눈 나머지 값을 구한 후, 다시 10을 곱한 수를 누적하는 반복을 통해 역수으로 나열한 크기의 정수를 생성할 수 있다.
- while 반복문 내부에서 각 명령문을 수행했을 경우, 변수 number와 변수 result의 변화는 다음과 같다.

while(number > 0) // 참으로 반복	number	result
result = result * 10;	1234	0
result = result + (number % 10);	1234	4
number = number / 10	123	4
result = result * 10;	123	40
result = result + (number % 10);	123	43
number = number / 10	12	43
result = result * 10;	12	430
result = result + (number % 10);	12	432
number = number / 10	1	432
result = result * 10;	1	4320
result = result + (number % 10);	1	4321
number = number / 10	0	4321

- printf("%d", result); 문에 의해 결과 4321이 최종 출력된다.
※ 해당 문제는 출력 결과를 작성하는 문제이므로 부분 점수가 부여되지 않는다.
[실행] https://onlinegdb.com/_FYlM9bHn

- 해당 프로그램은 정수 13195의 소인수 중 가장 큰 값을 출력하는 프로그램이다.
- isPrime( ) 함수는 2부터 13194 사이의 정수가 소수인지를 판별하는 함수이다. 해당 정수가 소수이면 1을 반환하고 소수가 아니면 0을 반환한다.
- 소수(Prime Number)는 1과 자기 자신만을 약수로 갖는 수이고, 소인수 분해는 소수들의 곱셈을 통해 해당 정수를 생성하는 과정이다. 해당 프로그램은 소인수 분해가 가능한 약수를 찾아 내는 반복을 통해 가장 큰 소수를 찾아 출력하는 프로그램이다.
- main( ) 함수의 for문은 1과 13195(자기 자신)을 제외한 정수 범위를 반복하며 소수를 찾아내고 소인수 분해 여부를 판별한다. 즉, if문의 조건식 isPrime(i) == 1는 i가 소수인지를 판별하여 소수인 경우에 해당하고 조건식 number % i == 0을 통해 13195의 약수(나누어 떨어지는 수)인지를 판별하여 두 조건이 모두 만족하면 i는 소인수 분해가 가능한 약수이므로 최대값을 갱신하게 된다.
- 변수는 max_div 초기값 0에서 5 → 7 → 13 → 29 순으로 최대값을 변경한다. 그 결과 29가 최종 출력된다.
※ 해당 문제는 출력 결과를 작성하는 문제이므로 부분 점수가 부여되지 않는다.
[실행] https://onlinegdb.com/9V7SL4-yf

동일한 패키지 내에서 다른 클래스에 있는 데이터(멤버변수, 필드)를 사용할 경우에는 new를 통해 객체를 생성하고 사용하면 된다. 해당 프로그램의 class A의 데이터(멤버변수, 필드)의 접근자는 defualt이므로 class Test에서 생성한 객체 m이 class Test 내의 func1( ) 메소드와 func2( ) 메소드의 호출과정에 매개변수로 참조가 되더라도 점(.)연산자로 직접 접근하여 값을 계산하고 할당 및 출력할 수 있다.

main()	m.a	m.b
A m = new A();	0	0
m.a = 100;	100	0
func1(m);	1000	0
m.b = m.a;	1000	1000
func2(m);	2000	1000

※ 해당 문제는 출력 결과를 작성하는 문제이므로 부분 점수가 부여되지 않는다.

[실행] https://onlinegdb.com/OVa7Bpjyq

• 해당 프로그램은 Runnable 인터페이스를 구현하여 스레드를 생성하고 있다.
• Java의 Thread는 하나의 프로세스 내에서 실행되는 병행 메서드의 단위이다. Java에서 Thread를 생성하는 방법은 Thread 상속 방법과 Runnable 구현 방법 2가지가 있다.
• class Car는 Runnable 인터페이스를 구현한다. Runnable 인터페이스는 구현할 메소드가 run( ) 하나뿐인 함수형 인터페이스이다. 메소드 run( )은 반드시 재정의(오버라이드)되어야 한다.
• class Car는 Thread 클래스의 메소드 start( )를 통해서 실행 가능하다. Runnable을 구현한 클래스 Car는 Runnable형 인자를 받는 생성자를 통해 별도의 Thread 객체를 생성 후 start( ) 메소드를 호출해야 한다.
• main( ) 메소드 내에서 Thread 객체 안에 쓰레드를 사용하려는 객체(new Car( ))를 넣어 객체화한 뒤 사용한다.

[실행] https://onlinegdb.com/xWxj88GIp

Python의 디폴트 매개변수

Python의 함수 호출 시 매개변수 전달과정에서 이미 선언된 함수의 인수가 디폴트 값(기본 값)이 설정되어 있으면 전달되는 매개변수의 개수가 부족할 경우 해당 인수는 디폴트 값이 할당된다. func(20)으로 함수 호출이 이루어지면 선언된 인수 a에 20이 전달되고 인수 b는 디폴트 값인 2가 할당이 되어 함수 본문의 명령문을 수행한다.

※ 채점기준은 출력 결과를 작성하는 문제로 부분 점수는 부여되지 않는다. 출력 결과 내의 공백(띄어쓰기)는 채점에 반영되지 않는다.

[실행] https://onlinegdb.com/7inwb_cqH

Python 리스트 메소드

메소드	설명
x.append(y)	리스트x의 끝에 요소y 추가
x.clear()	리스트x의 모든 요소 제거
x.copy()	리스트x를 복사
x.count(y)	리스트x 내의 요소y의 갯수
x.extend(y)	리스트x에 리스트y를 추가
x.index(y)	리스트x 내의 요소y의 위치 반환
x.insert(n, y)	리스트x의 n번째에 요소y 삽입
x.pop()	리스트x의 마지막 요소 반환 삭제
x.remove(y)	리스트x에서 요소y 제거
x.reverse()	리스트x의 요소 역순 뒤집기
x.sort()	리스트x의 요소 정렬

트랜잭션 회복 연산

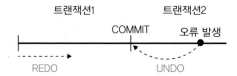

REDO (재실행)	트랜잭션이 수행되어 COMMIT이 되면 변경된 내용을 데이터베이스에 반영한다. 이때 로그 (Log)의 내용을 토대로 재수행하며 변경된 내용으로 데이터베이스에 반영하는 과정
UNDO (실행 취소)	트랜잭션이 수행되는 도중 오류가 발생하거나 비정상적으로 종료되는 경우 트랜잭션 이 시작된 시점으로 되돌아가 수행 연산을 취소하는 과정

이상(Anomaly) 현상

삽입 이상 (Insertion Anomaly)	어떤 데이터를 삽입하려고 할 때 불필요하고 원하지 않는 데이터도 함께 삽입해야 만 되고 그렇지 않으면 삽입되지 않는 현상
삭제 이상 (Deletion Anomaly)	한 튜플을 삭제함으로 인해서 유지해야 하는 정보까지 삭제되는 연쇄 삭제 현상이 일어나게 되어 정보 손실이 발생하는 현상
수정(갱신) 이상 (Update Anomaly)	중복된 튜플 중에 일부 튜플의 속성값만을 갱신시킴으로써 정보의 모순성(Incon sistency)이 생기는 현상

키의 유일성과 최소성

유일성	하나의 키 값(속성 값)으로 하나의 튜플만을 유일하게 식별할 수 있어야 한다.
최소성	모든 튜플을 유일하게 식별하기 위해서는 꼭 필요한 최소의 속성만으로 구성되어 있어야만 한다.

RAID(Redundant Array of Inexpensive Disks)

- 디스크 시스템의 성능과 신뢰성을 향상시키기 위해 디스크 드라이브의 배열을 구성하여 하나의 유니트로 패키지 함으로써 액세스 속도를 크게 향상시키고 신뢰도를 높이는 기술이다.
- 스트라이핑(Striping) : 연속된 데이터를 여러 개의 디스크에 라운드 로빈 방식으로 기록하는 기술로 프로세서가 데이터를 읽어 들일 때 여러 디스크를 활용함으로써 읽기 및 쓰기 속도를 높일 수 있다.

RAID-0	디스크 스트라이핑(Disk Striping) 방식으로 중복 저장과 오류 검출 및 교정이 없는 방식
RAID-1	디스크 오류가 발생하였을 때, 디스크를 재구성하지 않고 복사된 것을 대체함으로써 데이터를 복구할 수 있는 디스크 미러링(disk mirroring) 방식
RAID-2	데이터를 각 디스크에 비트 단위로 분산 저장하고 여러 개의 해밍코드 검사 디스크를 사용하는 방식
RAID-3	멀티미디어용 디스크 어레이(Disk array) 구현 방법 중 별도의 패리티 디스크를 사용하는 방식
RAID-4	각 디스크에 데이터를 블록 단위로 분산 저장하고 오류의 검출 및 정정을 위해 하나의 패리티 검사 디스크를 사용하는 방식
RAID-5	모든 디스크에 패리티 정보를 나누어 저장하며 하나의 멤버 디스크가 고장이 발생하여도 무정지 복구가 가능한 방식

정보보호 관리 체계(ISMS, Information Security Management System)

- 정보 자산의 기밀성, 무결성, 가용성을 실현하기 위하여 관리적 · 기술적 수단과 절차 및 과정을 관리, 운용하는 체계이다.
- 정보통신망의 안전성 확보를 위해 수립하는 기술적, 물리적, 관리적 보호 조치 등 종합적인 정보보호 관리 체계 인증 제도이다.
- 정보시스템 전체의 정보자산과 보호 대책을 전반적으로 취급하며 인증 심사 기준은 정보보호 관리과정과 정보보호 대책의 두 가지로 구성되어 있다.
- 정보자산과 보호대책을 전반적으로 취급한다.
- 수행 절차 : 정책 수립 및 범위 설정 → 경영 조직 구성 → 위험 관리 → 정보보호 대책 구현 → 사후관리

워터링 홀(Watering Hole) 공격

- 2018년 1회 정보보안기사 필기 기출
- 공격 대상이 방문할 가능성이 있는 합법적인 웹 사이트를 미리 감염시킨 뒤, 잠복하고 있다가 공격 대상이 방문하면 대상의 컴퓨터에 악성코드를 설치하는 공격 방법이다.
- APT 공격(Advanced Persistent Threat, 지능형 지속 공격)에서 주로 쓰이는 Web Exploit(웹 취약점)을 이용한 공격이다.

01. ㅂ 또는 ㅂ. ISP 또는 ISP

02. • 답 (1) : ㄹ
- 답 (2) : ㅇ
- 답 (3) : ㄷ

03. • Fan–in : 3
- Fan–out : 2

04. • 답 (1) : 알파 또는 Alpha
- 답 (2) : 베타 또는 Beta

05. ㅂ 또는 ㅂ. Regression

06. ALL

07. 4

08. • 답 (1) : IDEA
- 답 (2) : Skipjack 또는 스킵잭

09. VPN

10. 2

11. 10

12. 22

13. −8

14. 61

15. REMEMBER AND STR

16. 관계해석

17. • 답 (1) : TTL
- 답 (2) : 부장
- 답 (3) : 대리
- 답 (4) : 과장
- 답 (5) : 차장

18. • 답 (1) : 128
- 답 (2) : 62

19. • 답 (1) : ㅇ 또는 ㅇ. IGP
- 답 (2) : ㅅ 또는 ㅅ. EGP
- 답 (3) : ㄹ 또는 ㄹ. OSPF
- 답 (4) : ㄱ 또는 ㄱ. BGP

20. • 답 (1) : ㅇ 또는 ㅇ. HTTP
- 답 (2) : ㄹ 또는 ㄹ. Hypertext
- 답 (3) : ㅂ 또는 ㅂ. HTML

01번 해설 **객체지향 설계의 5원칙 : SOLID**

- 로버트 마틴이 2000년대 초반에 명명한 객체지향 프로그래밍 및 설계의 다섯 가지 기본 원칙이다.
- 유지보수와 확장이 용이한 시스템을 위한, 객체지향 설계 5원칙

SRP (Single Responsibility Principle)	• 단일책임 원칙 • 모든 클래스는 단일 목적으로 생성되고, 하나의 책임만 가져야 한다.
OCP(Open Closed Principle)	• 개방폐쇄 원칙 • 소프트웨어 구성요소는 확장에 대해서는 개방되어야 하나 수정에 대해서는 폐쇄적이어야 한다.
LSP(Liskov Substitution Principle)	• 리스코프 치환 원칙 • 부모 클래스가 들어갈 자리에 자식 클래스를 대체하여도 계획대로 작동해야 한다.
ISP(Interface Segregation Principle)	• 인터페이스 분리 원칙 • 클라이언트는 자신이 사용하지 않는 메소드와 의존 관계를 맺으면 안 된다. • 클라이언트가 사용하지 않는 인터페이스 때문에 영향을 받아서는 안 된다.
DIP(Dependency Inversion Principle)	• 의존 관계 역전 원칙 • 의존 관계는 변하기 쉽고 변화 빈도가 높은 것보다 변하기 어렵고 변화 빈도가 낮은 것(추상 클래스)에 의존해야 한다.

02번 해설 **함수 종속성(Functional Dependency)**

- 개체 내에 존재하는 속성 간의 관계를 종속적인 관계로 정리하는 방법이다.
- 데이터 속성들의 의미와 속성 간의 상호관계로부터 도출되는 제약조건이다.
- 속성Y는 속성X에 함수적 종속이라 하고 표현은 X → Y로 표현한다. 이때 X를 결정자(Determinant), Y를 종속자(Dependent)라고 부른다.

부분 함수 종속 (Partial Functional Dependency)	릴레이션에서 한 속성이 기본키가 아닌 다른 속성에 종속이 되거나 또는 기본키가 2개 이상 합성키(복합키)로 구성된 경우 이 중 일부 속성에 종속이 되는 경우
완전 함수 종속 (Full Functional Dependency)	릴레이션에서 한 속성이 오직 기본키에만 종속이 되는 경우
이행적 함수 종속 (Transitive Functional Dependency)	릴레이션에서 A, B, C 세 속성 간의 종속이 A → B, B → C일 때, A → C가 성립이 되는 경우

03번 해설 **Fan-in과 Fan-out**

- 2020년 1회 기출문제 변형
- 모듈 F의 상위 모듈은 B, C, D이므로 Fan-in은 3이며, 하위 모듈은 G, H이므로 Fan-out은 2이다.

Fan-in(팬-인)	주어진 한 모듈을 제어하는 상위 모듈의 수
Fan-out(팬-아웃)	주어진 한 모듈이 제어하는 하위 모듈의 수

인수 테스트(Acceptance Test)

- 인수 테스트의 목적은 사용자에게 소프트웨어가 개발되어 사용될 준비가 되었다는 확신을 주기 위한 것이다.
- 검증 검사(Validation Test)는 블랙박스 검사를 이용하며, 알파 검사, 베타 검사 등의 기법을 말한다.

알파 테스트(Alpha Test)	개발자의 통제 하에 사용자가 개발 환경에서 수행하는 테스트
베타 테스트(Beta Test)	개발된 소프트웨어를 사용자가 실제 운영 환경에서 수행하는 테스트

목적에 따른 테스트

성능(Performance)	소프트웨어의 응답 시간, 처리량 등을 테스트한다.
회복(Recovery)	소프트웨어에 고의로 부하를 가하여 실패하도록 유도하고 올바르게 복구되는지 테스트한다.
구조(Structure)	소프트웨어 내부의 논리적인 경로, 소스코드의 복잡도 등을 평가한다.
회귀(Regression)	소프트웨어의 변경 또는 수정된 코드에 새로운 결함이 없음을 확인한다.
안전(Security)	소프트웨어가 불법적인 침입으로부터 시스템을 보호할 수 있는지 확인한다.
강도(Stress)	소프트웨어에 과도하게 부하를 가하여도 소프트웨어가 정상적으로 실행되는지 확인한다.
병행(Parallel)	변경된 소프트웨어와 기존 소프트웨어에 같은 데이터를 입력하여 두 결과를 비교 확인한다.

다중 행(Multiple Row) 서브 쿼리 연산자

- 다중 행(Multiple Row) 서브 쿼리는 서브 쿼리에서 반환되는 결과가 여러 행이 반환된다.
- ALL 연산자는 ANY와 SOME과는 달리 서브 쿼리의 모든 결과가 메인 쿼리의 조건식에 참(TRUE)이어야 출력된다.

〈 ALL	비교 대상 중 최솟값보다 작다.
〉ALL	비교 대상 중 최댓값보다 크다.

- 다중 행 연산자(Multiple Row Operator)

IN	메인 쿼리의 비교 조건('=' 연산자로 비교할 경우)이 서브 쿼리의 결과 중에서 하나라도 일치하면 참이다.
ANY, SOME	메인 쿼리의 비교 조건이 서브 쿼리의 검색 결과와 하나 이상이 일치하면 참이다.
ALL	메인 쿼리의 비교 조건이 서브 쿼리의 검색 결과와 모든 값이 일치하면 참이다.
EXISTS	메인 쿼리의 비교 조건이 서브 쿼리의 결과 중에서 만족하는 값이 하나라도 존재하면 참이다.

07번 해설 COUNT 함수와 NULL

COUNT 함수는 COUNT(*)인 경우에 NULL값도 카운트하지만 COUNT(컬럼명)인 경우 NULL값은 카운트하지 않는다.

08번 해설 **블록 암호화 방식**

- 블록 암호는 메시지의 기밀성 이외에도 메시지 인증이나 데이터 무결성, 심지어는 전자서명에 까지도 사용할 수 있는 암호화 방식이다. 블록 암호는 의사 난수 발생기나 스트림 암호, 해쉬 함수, MAC 등을 개발할 수 있다.
- 블록 암호 비교

알고리즘	블록의 크기(bit)	키의 길이(bit)	회전수
DES	64	56	16
IDEA	64	128	8
SEED	128	128	16
CRYPTON	128	0 – 256	12
Skipjack	64	80	32

09번 해설 **VPN(Virtual Private Network, 가상 사설망)**

- 개정 전 기사 18년 3회 기출문제
- 개별의 망을 하나의 망처럼 사용하며, 안전하지 않은 공용 네트워크를 이용하여 사설 네트워크를 구성하는 기술이다.
- 전용선을 이용한 사설 네트워크에 비해 저렴한 비용으로 안전한 망을 구성할 수 있다.
- 공용 네트워크로 전달되는 트래픽은 암호화 및 메시지 인증 코드 등을 사용하여 기밀성과 무결성을 제공한다.
- 인터넷과 같은 공공 네트워크를 통해서 기업의 재택 근무자나 이동 중인 직원이 안전하게 회사 시스템에 접근할 수 있도록 해준다.

- 해당 프로그램은 구조체 배열을 선언하고 요소의 값을 저장한 후, 구조체 배열의 요소의 값들을 덧셈하여 출력하는 프로그램이다.
- struct data st[2]; 명령문에 의해 x와 y의 멤버를 갖는 data형을 2개의 요소로 갖는 구조체 배열이 선언된다.

st	st[0]		st[1]	
	x	y	x	y

i	st[i].x = i;					
		st	st[0]		st[1]	
0	st[0].x = 0;		x	y	x	y
			0			
		st	st[0]		st[1]	
1	st[1].x = 1;		x	y	x	y
			0	1	1	

최종 출력 printf("%d", st[0].x + st[1].y);

i	st[i].y = i + 1;					
		st	st[0]		st[1]	
0	st[0].y = 0 + 1;		x	y	x	y
			0	1		
		st	st[0]		st[1]	
1	st[1].y = 1 + 1;		x	y	x	y
			0	1	1	2

결과 : 2

※ 해당 문제는 출력 결과를 작성하는 문제이므로 부분 점수가 부여되지 않는다.
[실행] https://onlinegdb.com/VYuGxCNYu

11번 해설

- 해당 프로그램은 두 문자열 상수를 각각 char* 포인터로 참조하여 문자열의 길이를 구하여 덧셈 후, 출력하는 프로그램이다.
- 문자열 상수는 문자열의 마지막에 널문자('\0')를 포함하고 있는 불변의 값이다.
- int func(char* p)함수는 main( )함수에서 func(p1)를 실행하여 문자열 상수 "2021"을 전달받은 후, 문자열을 구성하는 문자가 널문자('\0')가 아닌 경우 cnt++; 명령문을 통해 문자열 내의 문자의 개수(4)를 구한 후 반환한다. 같은 방법으로 func(p2)를 실행하여 문자열 상수 "202107" 내의 문자의 개수(6)를 구한 후 반환한다.

※ 해당 문제는 출력 결과를 작성하는 문제이므로 부분 점수가 부여되지 않는다.

[실행] https://onlinegdb.com/1tgZeod0w

12번 해설

- 해당 프로그램은 1차원 배열 a의 요소를 포인터 연산자를 통해 접근하여 1차원 배열 b의 요소의 값을 저장하는 반복문을 다음과 같이 수행하며 배열 요소 값을 누적한 변수 sum의 값을 최종 출력한다.

a	0	1	2	3
	0	2	4	8

- 반복문 내의 p = a + i; 명령문의 배열명 a는 배열의 첫 요소의 주소이므로 변수 i가 1에서 3까지 1씩 증가하며 배열 요소의 주소를 이동시킨 곳을 포인터 변수 p가 가르치게 된다. 다음 문장에서 포인터 연산자 *를 통해 *p의 결과 배열 a의 요소의 값을 참조하게 된다.

i	b[i-1] = a[i] - a[i-1];						sum : 0	sum += a[i] + b[i-1];
1	b[0] = 2 - 0;	b	0	1	2		4	sum = sum + a[1] + b[1-1];
			2					sum = 0 + 2 + 2;
2	b[1] = 4 - 2;	b	0	1	2		10	sum = sum + a[2] + b[2-1];
			2	2				sum = 4 + 4 + 2;
3	b[2] = 8 - 4;	b	0	1	2		22	sum = sum + a[3] + b[3-1];
			2	2	4			sum = 10 + 8 + 4;
최종 출력 printf("%d", sum);							결과 : 22	

※ 해당 문제는 출력 결과를 작성하는 문제이므로 부분 점수가 부여되지 않는다.

[실행] https://onlinegdb.com/0cJzQbd63

- 해당 프로그램은 switch~case문을 실행한 결과를 출력하는 프로그램으로 [2020년 1회] 기출문제와 동일하다.
- 선택 제어구조의 명령문인 switch~case문에서는 switch(정수값) 명령문의 정수값에 해당하는 블록 내의 case문으로 분기된다. 문제의 프로그램의 정수형 변수 i의 값이 3이므로 레이블 case 3: 위치로 실행 분기가 이루어진다.
- switch~case 블록 내에 break; 명령문이 존재하면, switch~case 블록을 벗어난다. 위 프로그램에서는 break; 명령문이 존재하지 않으므로 레이블 case 3: 이후의 명령어를 차례대로 다음과 같이 실행한다.

i : 3	k : 1	
switch(i) {		
case 1: k++ ;		
case 2: k += 3;		
case 3: k = 0;	0	0
case 4: k += 3;	0+3	3
case 5: k -= 10;	0+3-10	-7
default: k-- ;	0+3-10-1	-8
}		
최종 출력 System.out.print(k);	**결과 : -8**	

※ 해당 문제는 출력 결과를 작성하는 문제이므로 부분 점수가 부여되지 않는다.

[실행] https://onlinegdb.com/cyKh_u6WR

- 해당 프로그램은 매개변수를 갖는 생성자를 호출하는 객체를 생성 후, 객체의 메소드를 호출한 결과를 반영하여 객체의 필드 값과 덧셈을 수행 후, 출력한다.
- 프로그램이 실행되면, main( ) 메소드의 AAA obj = new AAA(3); 명령문에 의해 new AAA(3)에 의해 객체가 생성되고 매개변수 3이 생성자를 자동으로 호출한다. 매개변수를 갖는 생성자 AAA(int a)가 호출되어 전달 받은 3이 객체의 필드 a에 저장된다. 생된 객체는 main( ) 메소드의 AAA obj에 의해 참조변수 obj로 참조된다.
- obj.a = 5; 명령문으로 3이었던 필드 a의 값이 5로 다시 저장된다. int b = obj.func( ); 명령문으로 메소드 obj.func( )가 호출되어 다음과 같이 반복문을 수행한다.

초기값 : a는 5, b는 10이다.	i	b = a * i + b;	
for(int i = 1; i < a; i++) {		1	a * i + b
b = a * i + b;	1	6	5 * 1 + 1
	2	16	5 * 2 + 6
	3	31	5 * 3 + 16
	4	51	5 * 4 + 31
}			
return a + b;	**return 5 + 51; 명령문은 56을 반환한다.**		

- main( ) 메소드의 int b = obj.func( ); 명령문으로 56이 반환되어 변수 b는 56이며, 최종 출력 결과는 obj.a + b를 수행하여 5 + 56의 61이 출력된다.

[실행] https://onlinegdb.com/FyhUqaCuB

- 문자열 슬라이싱(String Slicing)과 문자열 포맷팅(String Formatting)

x	0	1	2	3	4	5	6	7	8	9	10	11	12	13	14	15	16
	R	E	M	E	M	B	E	R		N	O	V	E	M	B	E	R

- Python의 문자열 객체 y는 문자 객체 x의 슬라이싱을 실행 후 + 연산자로 연결한 결과이다. 즉, x[:3]은 인덱스 0에서부터 인덱스 (3-1)까지의 문자열을 추출하여 'REM'을, x[12:16]은 인덱스 12에서 (16-1)까지의 문자열을 추출하여 'EMBE'을 연결한 결과가 객체 y의 'REMEMBE' 이다.

y	0	1	2	3	4	5	6
	R	E	M	E	M	B	E

- 객체 z의 경우 문자열 내에 % 기호 다음에 출력 포맷의 서식문자 의미하는 's'를 붙이며 문자열을 의미하는 서식(%s)으로 해당 위치에 'STR' 문자열이 포맷팅된다.

z	0	1	2	3	4	5	6	7	8
	R		A	N	D		S	T	R

- 최종 출력 결과는 문자열 객체 y와 문자열 객체 z가 연결되어 'REMEMBER AND STR'이 출력된다.

※ 채점 기준은 출력 결과를 작성하는 문제로 부분 점수는 부여되지 않습니다.

[실행] https://onlinegdb.com/eJXPf1xf8

관계 대수	• 관계 대수는 릴레이션에서 사용자가 원하는 결과를 얻기 위해 연산자를 표현하는 방법으로 결과를 얻기 위한 절차를 표현하기 때문에 절차적 언어라고 한다. • 관계 대수는 크게 순수 관계 연산자와 일반 집합 연산자로 나뉜다.	
	순수 관계 연산자	SELECT(σ), PROJECT(π), JOIN(⋈), DIVISION(÷)
	일반 집합 연산자	합집합(∪), 교집합(∩), 차집합(−), 카티션 프로덕트(×)
관계 해석	• 관계 해석은 릴레이션에서 결과를 얻기 위한 과정을 표현하는 것으로 연산자 없이 정의하는 방법을 이용하는 비절차적 언어이다. • 튜플 관계 해석과 도메인 관계 해석이 있다.	

관계 대수의 PROJECT(π)

- 속성 리스트로 주어진 속성만 구하는 수직적 연산
- 문법 : $\pi_{속성리스트}$(릴레이션명)

- 서브넷팅(Subnetting) : IP 주소의 낭비를 막기 위해 네트워크를 여러 개의 서브넷으로 분리 하는 과정이다.
- 서브넷(Subnet) : IP 주소에서 네트워크 영역을 부분으로 나눈 부분 네트워크이다.
- 서브넷 마스크(Subnet Mask) : IP 주소에서 Network ID와 Host ID를 분리하는 역할을 한다.

서브넷팅		Network ID	Host ID
IP Address 〉192.168.32.132	AND	11000000.10101000.00100000.10000100	
Subnet Mask 〉255.255.255.192		11111111.11111111.11111111.11000000	
네트워크 주소(Network ID)		11000000.10101000.00100000.10000000	
		192.168.32.128	
네트워크 주소와 브로드캐스트 주소를 제외한 주소 개수		62	

- 네트워크 주소(Network ID) : 192.168.32.128
- 브로드캐스트 주소 : 192.168.32.191
- 할당 가능한 서브 네트워크의 수 : 2^2개(4개)
- 할당 가능한 호스트의 수 : 2^6-2개(62개)

EGP		• 외부 게이트웨이 프로토콜(Exterior Gateway Protocol) • 연구기관이나 국가기관, 대학, 기업 간, 즉 도메인(게이트웨이) 간에 라우팅 정보를 교환한다.
	BGP	• Border Gateway Protocol • 외부 라우팅 프로토콜로서 AS(Autonomous System) 간의 라우팅을 한다. • 테이블을 전달하는 데 주로 이용한다.
IGP		• 내부 게이트웨이 프로토콜(Interior Gateway Protocol) • 동일 그룹 내에서 라우팅 정보를 교환한다.
	RIP	• Routing Information Protocol • 최단 경로 탐색에 Bellman−Ford 알고리즘을 사용하는 거리 벡터 라우팅 프로토콜이다. • 최적의 경로를 산출하기 위한 정보로서 홉(거릿 값)만을 고려하므로, RIP를 선택한 경로가 최적의 경로가 아닌 경우가 많이 발생할 수 있다. • 최대 홉 카운트를 15홉 이하로 한정한다. • 소규모 네트워크 환경에 적합하다.
	OSPF	• Open Shortest Path First Protocol • 대표적인 링크 상태(Link State) 라우팅 프로토콜로 IP 패킷에서 89번 프로토콜을 사용하여 라우팅 정보를 전송한다.

- HTTP(HyperText Transfer Protocol) : 인터넷 상의 모든 데이터의 교환을 위해 사용되는 통신 규약으로 HTTP 서버는 80번 포트를 사용한다.
- Hypertext(하이퍼텍스트) : 인터넷 상의 문서나 멀티미디어 등을 노드(Node)와 링크(Link) 를 통해 이동할 수 있도록 구조화되어 있는 텍스트이다.
- HTML(Hypertext Markup Language) : 웹 콘텐츠의 의미와 구조를 정의하는 가장 단순한 형태의 마크업 언어이다.

01. • 답 (1) : 브릿지
  • 답 (2) : 옵저버

02. • 답 (1) : 관계 또는 Relationship
  • 답 (2) : 클래스 또는 Class
  • 답 (3) : 인터페이스 또는 Interface

03. • 답 (1) : ㄴ
  • 답 (2) : ㄷ
  • 답 (3) : ㄱ
  • 답 (4) : ㄹ
  • 답 (5) : ㅁ

04. ㅅ 또는 ㅅ. Boundary Value Analysis

05. • 답 (1) : 3
  • 답 (2) : 4

06. • 답 (1) : 200
  • 답 (2) : 3
  • 답 (3) : 1

07. SIEM

08. SSO

09. 1 1 3 2
  3 4 5 3
  3 5 6 4
  3 5 5 3

10. 2

11. 0 1 2 3

12. 24513

13. 993

14. [101, 102, 103, 104, 105]

15. • 답 (1) : SJF
  • 답 (2) : RR
  • 답 (3) : SRT

16. • 답 (1) : U
  • 답 (2) : −
  • 답 (3) : x
  • 답 (4) : π
  • 답 (5) : ⋈

17. 192.168.1.127

18. ・답 (1) : ㄴ 또는 ㄴ. CVS
　　　・답 (2) : ㅁ 또는 ㅁ. Git
　　　・답 (3) : ㅇ 또는 ㅇ. SVN

19. ・답 (1) : ㄱ 또는 ㄱ. Trust Zone
　　　・답 (2) : ㄴ 또는 ㄴ. Typosquatting

20. ・답 (1) : ㄱ 또는 ㄱ. 사회 공학
　　　・답 (2) : ㄷ 또는 ㄷ. 다크 데이터

디자인 패턴(Design Pattern)

객체지향 프로그래밍 설계 시 유사한 상황에서 구조적인 문제를 해결할 수 있도록 방안을 제공

생성 패턴	Abstraction factory	• 구체적인 클래스에 의존하지 않고 서로 연관되거나 의존적인 객체들의 조합을 만드는 인터페이스를 제공하는 패턴이다. • 관련된 서브 클래스를 그룹지어 한 번에 교체할 수 있다.
	Builder	작게 분리된 인스턴스를 조립하듯 조합하여 객체를 생성한다.
	Factory method	• 객체를 생성하기 위한 인터페이스를 정의하여 어떤 클래스가 인스턴스화될 것인지는 서브 클래스가 결정하도록 한다. • Virtual-Constructor 패턴이라고도 한다.
	Prototype	• 원본 객체를 복제하여 객체를 생성하는 패턴이다. • 일반적인 방법으로 객체를 생성하고 비용이 많이 소요되는 경우에 주로 사용한다.
	Singleton	• 전역 변수를 사용하지 않고 객체를 하나만 생성하도록 한다. • 생성된 객체를 어디에서든지 참조할 수 있도록 하는 패턴이다.
구조 패턴	Adapter	호환성이 없는 인터페이스 때문에 함께 사용할 수 없는 클래스를 개조하여 함께 작동할 수 있도록 해주는 패턴이다.
	Bridge	기능 클래스 계층과 구현의 클래스 계층을 연결하고, 구현부에서 추상 계층을 분리하여 각자 독립적으로 변형할 수 있도록 해주는 패턴이다.
	Composite	여러 개의 객체로 구성된 복합 객체와 단일 객체를 클라이언트에서 구별 없이 다루게 해주는 패턴이다.
	Decorator	객체의 결합을 통해 기능을 동적으로 유연하게 확장할 수 있게 해주는 패턴이다.
	Facade	• '건물의 정면'이라는 의미이다. • Facade 인터페이스를 제공하여 facade 객체를 통해서만 모든 관계가 이루어질 수 있도록 인터페이스를 단순화한다. • 클래스 간의 의존관계가 줄고, 복잡성이 낮아진다.
행위 패턴	Iterator	내부 표현 방법을 노출하지 않고 복합 객체의 원소를 순차적으로 접근할 수 있는 방법을 제공한다.
	Mediator	• 객체 간의 상호작용을 객체로 캡슐화한다. • 객체 간의 참조 관계를 객체에서 분리함으로써 상호작용만을 독립적으로 다양하게 확대할 수 있다.
	Observer	객체 사이에 일대다의 종속성을 정의하고 한 객체의 상태가 변하면 종속된 다른 객체에 통보가 가고 자동으로 수정이 일어나게 한다.
	State	객체의 내부 상태에 따라 행위를 변경할 수 있게 한다. 이렇게 하면 객체는 마치 클래스를 바꾸는 것처럼 보인다.
	Visitor	• 객체 구조의 요소들에 수행할 오퍼레이션을 표현한 패턴이다. • 오퍼레이션이 처리할 요소의 클래스를 변경하지 않고도 새로운 오퍼레이션을 정의할 수 있게 한다.

UML(UnifiedmodelingLanguage)

- 시나리오를 표현할 때 사례 다이어그램을 주로 사용한다.
- 구조 다이어그램(Structure Diagram) : 시스템의 정적 구조(Static Structure)와 다양한 추상화 및 구현 수준에서 시스템의 구성요소, 구성요소 간의 관계를 보여 준다.
- 행위 다이어그램(Behavior Diagram) : 시스템 내의 객체들의 동적인 행위(Dynamic Behavior)를 보여 주며, 시간의 변화에 따른 시스템의 연속된 변경을 설명해 준다.

ERD(Entity Relationship Diagram)

◇	관계 타입	관계 집합을 표시한다.
----------	비식별 관계	외래키들을 기본키로 사용하지 않고 일반 속성으로 취급하는 비식별 관계를 연결한다.
▭	개체 타입	개체 집합을 표시한다. 개체 집합의 속성으로 기본키를 명세할 수 있다.
▤	약 개체 타입	자신의 개체 속성으로 기본키를 명세할 수 없는 개체 타입이다.
——	연결	식별 관계로 개체 집합의 속성과 관계 집합을 연결한다.

블랙박스 테스트(Black Box Test)

소프트웨어가 수행할 특정 기능을 알기 위해 각 기능이 완전히 작동되는 것을 입증하는 테스트로, 기능 테스트라고도 한다.

동치 분할 검사	• 입력 자료에 초점을 맞춰 테스트 케이스를 만들고 검사하는 방법이다. • 입력 조건에 타당한 입력 자료와 그렇지 않은 자료의 개수를 균등하게 나눠 테스트 케이스를 설정한다.
경계값 분석	• 입력 자료에만 치중한 동치 분할 기법을 보완한 것이다. • 입력 조건 경계값에서 오류 발생 확률이 크다는 것을 활용하여 경계값을 테스트 케이스로 선정해 검사한다.
원인 – 효과 그래프 검사	• 입력 데이터 간의 관계와 출력에 영향을 미치는 상황을 체계적으로 분석한다. • 효용성이 높은 테스트 케이스를 선정해 검사한다.
오류 예측 검사	• 과거의 경험이나 감각으로 테스트하는 기법이다. • 다른 테스트 기법으로는 찾기 어려운 오류를 찾아내는 보충적 검사 기법이다.
비교 검사	같은 테스트 자료를 여러 버전의 프로그램에 입력하고 같은 결과가 출력되는지 테스트하는 기법이다.

05번 해설 create문으로 생성한 두 테이블은 다음과 같으며, 〈부서〉 테이블의 정보가 삭제 시 〈사원〉 테이블의 참조 자료도 연쇄 삭제된다.

〈부서〉 테이블

부서번호	부서명
10	관리부
20	기획부
30	영업부

〈사원〉 테이블

사원번호	사원명	부서번호
1000	김사원	10
2000	이사원	20
3000	강사원	20
4000	신사원	20
5000	정사원	30
6000	최사원	30
7000	안사원	30

① select count(distinct 사원번호) from 사원 where 부서번호 = '20';

  → 〈사원〉 테이블에서 부서번호가 '20'인 사원의 수를 출력하시오.

〈결과_사원〉 테이블

사원번호	사원명	부서번호
2000	이사원	20
3000	강사원	20
4000	신사원	20

② delete from 부서 where 부서번호 = '20';

  select count(distinct 사원번호) from 사원;

  → 〈부서〉 테이블에서 부서번호가 '20'인 부서 정보를 삭제한 후, 〈사원〉 테이블에 있는 사원의 수를 출력하시오.

〈결과_부서〉 테이블

부서번호	부서명
10	관리부
30	영업부

〈결과_사원〉 테이블

사원번호	사원명	부서번호
1000	김사원	10
5000	정사원	30
6000	최사원	30
7000	안사원	30

- 2020년 1회 기사 실기 기출
- SELECT문의 DISTICT 옵션은 테이블 내의 튜플(행) 중 동일한 튜플(행)이 존재할 경우 한 튜플(행)만 남기고 나머지 튜플(행)들은 제거한다.

〈STUDENT〉 테이블

SID	SNAME	DEPT	
S001	홍길동	전자	
...	...	...	튜플 수 : 50
S050	박길동	전자	
S051	김철수	정보통신	
...	...	...	튜플 수 : 100
S080	정철수	정보통신	
S081	강영희	건축	
...	...	...	튜플 수 : 50
S130	신영희	건축	

① SELECT DEPT FROM STUDENT;

DEPT	
전자	
...	
전자	
정보통신	
...	튜플 수 : 200
정보통신	
건축	
...	
건축	

② SELECT DISTINCT DEPT FROM STUDENT;

DEPT	
전자	
정보통신	튜플 수 : 3
건축	

③ SELECT COUNT(DISTINCT DEPT) FROM STUDENT WHERE DEPT= '정보통신';

DEPT	
정보통신	튜플 수 : 1

07번 해설 SIEM(Security Information Event Management)

- SIM(Security Information Management) + SEM(Security Event Management)
- 최근 빅데이터 분석 및 인공지능 기술의 발전으로 정보보안 분야에 적극적으로 활용되는 시스템이다.

SIM	분석을 위해 이벤트 및 활동 로그 데이터를 수집, 저장 및 모니터링하는 프로세스
SEM	64위협을 처리하고 패턴을 식별하여 위협에 대응하기 위해 보안 이벤트 및 경고를 실시간으로 모니터링 및 분석하는 프로세스

08번 해설 SSO(Single Sign On)

- '모든 인증을 하나의 시스템에서'라는 목적으로 개발된 인증 시스템이다.
- 한 번의 로그인으로 재인증 절차 없이 여러 개의 서비스들을 이용할 수 있게 해주는 시스템이다.
- 인증을 받은 사용자가 여러 정보 시스템에 재인증 절차 없이 반복해서 접근할 수 있도록 해주는 것이다.

09번 해설

- 해당 프로그램은 2차원 배열의 각 요소를 중심으로 본인 요소를 둘러싼 사각형 영역의 값들을 누적하여 출력하는 프로그램이다.
- 2차원 배열 field는 4행 4열 요소로 다음과 같이 초기화가 되어 있다.
- mark( )함수를 통해 2차원 배열 field의 각 요소를 둘러싼 요소의 값을 누적하여 2차원 배열 minus의 동일 위치의 요소의 값으로 저장한다.

x ↓

field	0	1	2	3
0	0	1	0	1
1	0	0	0	1
2	1	1	1	0
3	0	1	1	1

y →

j ↓

mines	0	1	2	3
0	0	0	0	0
1	0	0	0	0
2	0	0	0	0
3	0	0	0	0

i →

y	x	mines				
		mines	0	1	2	3
0	0, 1	0	1	1	1	0
		1	1	1	1	0
		2	0	0	0	0
		3	0	0	0	0
		mines	0	1	2	3
0	2, 3	0	1	1	2	1
		1	1	1	2	1
		2	0	0	0	0
		3	0	0	0	0
		mines	0	1	2	3
1	0, 1, 2, 3	0	1	1	3	2
		1	1	1	3	2
		2	0	0	1	1
		3	0	0	0	0
		mines	0	1	2	3
2	0	0	1	1	3	2
		1	2	2	3	2
		2	1	1	1	1
		3	1	1	0	0
		mines	0	1	2	3
2	1	0	1	1	3	2
		1	3	3	4	2
		2	2	2	2	1
		3	2	2	1	0
		mines	0	1	2	3
2	2	0	1	1	3	2
		1	3	4	5	3
		2	2	3	3	2
		3	2	3	2	1

3	3, 0, 1	mines	0	1	2	3
		0	1	1	3	2
		1	3	4	5	3
		2	3	4	4	2
		3	3	4	3	1

3	2	mines	0	1	2	3
		0	1	1	3	2
		1	3	4	5	3
		2	3	5	5	3
		3	3	5	4	2

3	3	mines	0	1	2	3
		0	1	1	3	2
		1	3	4	5	3
		2	3	5	6	4
		3	3	5	5	3

※ 해당 문제는 출력 결과를 작성하는 문제이므로 부분 점수가 부여되지 않는다.

[실행] https://onlinegdb.com/hR48X1J9A

10번 해설

- 해당 프로그램은 6~30 사이의 정수 중 약수들의 합과 일치하는 정수의 개수(6과 28)를 출력하는 프로그램이다.
- 완전수란, 자기 자신을 제외한 양의 약수(진약수)를 더했을 때 자기 자신이 되는 양의 정수(6, 28, 496, 8128, 33550336)이다.

> (예) 6의 약수는 1, 2, 3, 6이고 6을 제외한 1 + 2 + 3을 수행하면 6이므로 6은 완전수이다.
> - k = n / 2; 명령문의 경우는 자기 자신을 제외한 정수 중 가장 큰 약수는 자기 자신을 2로 나눈 수보다 클 수 없으므로 2로 나눈 값 이후는 약수 판별을 하는 것이 의미가 없으므로 반복전 n의 값을 2로 나누어 준다.
> - 예를 들어 n이 6인 경우, 2로 나눈 3 이후의 6의 약수는 존재하지 않으므로 1부터 3까지 사이에서 6의 약수를 판별하고 박수 1, 2, 3의 합계를 구한 후, 6과 비교하는 것이 효율적이다.

- 6 이상 30 이하의 완전수는 6과 28이므로 완전수의 개수 cnt는 2이다.

※ 해당 문제는 출력 결과를 작성하는 문제이므로 부분 점수가 부여되지 않는다.

[실행] https://onlinegdb.com/Bob0Xc67iX

• 2020년 1회 기출문제 유사

• 해당 프로그램은 Java의 1차원 배열 객체를 생성(new)하고 각 요소에 값을 할당한 후 배열의 요소(값)을 출력하는 프로그램이다.

	[0]	[1]	[2]	[3]
makeArray 메소드 arr →	0	1	2	3
	int	int	int	int
main( ) 메소드 arr ↗				

• main( ) 메소드 내에서 new int[4];를 가장 먼저 실행하여 클래스 필드 값 정수 4개의 요소를 값는 1차원 배열 객체를 생성한다. 이후 이 객체는 참조 변수 arr을 통해 접근한다.

• makeArray(arr); 명령문을 통해 호출한 makeArray( ) 메소드 내에서는 0~3까지의 4회 반복을 통해 arr[0] = 0. arr[1] = 1, arr[2] = 2, arr[3] = 3을 실행하여 배열 객체의 요소에 값을 각각 할당한다.

• main( ) 메소드 내로 반환한 후, 반복문 for문 통해 1차원 배열 arr 객체의 0번째 요소부터 3번째 요소까지 요소의 값을 각각 출력한다.

※ 해당 문제는 출력 결과를 작성하는 문제이므로 부분 점수가 부여되지 않는다.

[실행] https://onlinegdb.com/DGeArdOyW

• 해당 프로그램은 1차원 배열의 각 요소의 배열 내의 등수를 출력하는 프로그램이다(가장 큰 값이 1등).

• 5개의 요소에 대해 각각 5번 비교를 통해(총 25회) 해당 요소가 배열 내의 등수(순위)를 구하는 방법은 모든 요소는 1등으로 초기화를 한 후, 본 보다 큰 값이 등장하면 등수를 1씩 증가시키는 알고리즘이 적용되어 있다.

• 배열의 첫 요소 75의 순위를 구하는 반복 단계(i가 0일 경우)는 다음과 같으며 다른 요소의 값도 동일한 반복을 통해 해당 요소의 등수를 구하게 된다.

rank	0	1	2	3	4
	0	0	0	0	0

arr	0	1	2	3	4
	75	32	20	99	55

i가 0일 경우 〉 arr[0]값은 75, rank[0] = 1								
j	arr[i] 〈 arr[j]		rank[i]++ ;	rank 배열				
0	arr[0] 〈 arr[0] 75 〈 75	false		rank	0 1	1 0	2 0	3 0	4 0
1	arr[0] 〈 arr[1] 75 〈 32	false		rank	0 1	1 0	2 0	3 0	4 0
2	arr[0] 〈 arr[2] 75 〈 20	false		rank	0 1	1 0	2 0	3 0	4 0
3	arr[0] 〈 arr[3] 75 〈 99	true	rank[0] = 2	rank	0 2	1 0	2 0	3 0	4 0
4	arr[0] 〈 arr[4] 75 〈 55	false		rank	0 2	1 0	2 0	3 0	4 0

• for문에서 i가 0부터 4까지의 각 단계를 수행 후의 rank 배열의 결과는 다음과 같다.

i	arr[i]		rank 배열				
0	arr[0]	75	rank	0 2	1 0	2 0	3 0	4 0
1	arr[1]	35	rank	0 2	1 4	2 0	3 0	4 0
2	arr[2]	20	rank	0 2	1 4	2 5	3 0	4 0
3	arr[3]	99	rank	0 2	1 4	2 5	3 1	4 0
4	arr[4]	55	rank	0 2	1 4	2 0	3 1	4 3

※ 해당 문제는 출력 결과를 작성하는 문제이므로 부분 점수가 부여되지 않는다.

[실행] https://onlinegdb.com/3XWpZwSspj

13번 해설

- 해당 프로그램은 1~998 사이 3의 배수이면서 홀수인 정수의 최대값을 출력한다.
- 변수 a는 출력될 최대값을 저장하는 변수로 초기값은 0으로 설정하며, 반복문 내에서 if의 조건식이 만족하면 최대값을 갱신하여 저장하는 역할을 한다.
- if(i%3 == 0 && i%2 != 0) 조건문은 i%3 == 0 조건식으로 i가 3으로 나누어 떨어지면서(3의 배수), i%2 != 0 조건식으로 i가 2로 나누어 떨어지지 않는(2의 배수가 아닌, 홀수) 경우의 i값에 참(true)으로 판별한다.
- 즉, 998부터 역순으로 1씩 감소하며 3의 배수이면서 홀수인 정수를 찾아내면 가장 큰 정수(최대값)를 쉽게 찾을 수 있다.

초기값 : a는 5, b는 10이다.	i	i%3 == 0	i%2 != 0	&& 결과	a
for(int i = 1; i 〈 999; i++) {					0
if(i%3 == 0 && i%2 != 0)	1	false	미실행	false	
	2	false	미실행	false	
	3	true	true	true	3
	4	false	미실행	false	
	...	...	...	...	
	993	true	true	true	993
	994	false	미실행	false	
	995	false	미실행	false	
	996	true	false	false	
	997	false	미실행	false	
	998	false	미실행	false	
}					
System.out.println(a);		a의 최대값인 993을 출력한다.			

※ 해당 문제는 출력 결과를 작성하는 문제이므로 부분 점수가 부여되지 않는다.

[실행] https://onlinegdb.com/dupTHxqR8

14번 해설

- arr = [1, 2, 3, 4, 5] # 리스트 객체 arr을 생성한다.

arr	0	1	2	3	4
	1	2	3	4	5

- map(함수, 리스트객체) 함수 : 입력 개수만큼 함수를 여러 번 호출한다. → (결과) map 객체로 반환한다.
- 람다(lambda) 함수 : 필요할 때 바로 정의해서 사용하는 일시적인 함수이다.
- list( ) 함수 : 리스트 객체를 생성하는 함수이다.
- arr = list(map(lambda num : num + 100, arr))

	실행 순서	설명
①	lambda num : num + 100	매개변수 num에 100을 더해주는 람다 함수
②	map(lambda num : num + 100, arr)	map() 함수의 두 번째 객체의 요소를 차례대로 람다 함수에 대입하여 반복호출
	map(람다 함수, [1, 2, 3, 4, 5])	
③	list(map(lambda num : num + 100, arr))	map 객체 반환된 결과를 list 객체로 변환
④	arr = [101, 102, 103, 104, 105]	arr 객체에 결과 list 객체를 할당

arr	0	1	2	3	4
	101	102	103	104	105

- print(arr) # 리스트 객체 arr 전체 요소를 출력한다.
  - 출력 결과 : [101, 102, 103, 104, 105]

※ 채점기준은 출력 결과를 작성하는 문제로 부분 점수는 부여되지 않습니다.

[실행] https://onlinegdb.com/FDvwfqKI-

15번 해설

프로세스 스케줄링(=CPU 스케줄링)

프로세스의 생성 및 실행에 필요한 시스템의 자원을 해당 프로세스에 할당하는 작업을 말한다.

비선점 (Non-preemptive) 스케줄링	• 일단 CPU를 할당받으면 다른 프로세스가 CPU를 강제적으로 빼앗을 수 없는 방식이다. • 모든 프로세스에 대한 공정한 처리가 가능하다. • 일괄 처리 시스템에 적합하다. • 비선점 프로세스 : FCFS, SJF, HRN, 기한부, 우선순위
선점 (Preemptive) 스케줄링	• 한 프로세스가 CPU를 할당받아 실행 중이라도 우선순위가 높은 다른 프로세스가 CPU를 강제적으로 빼앗을 수 있는 방식이다. • 긴급하고 높은 우선순위의 프로세스들이 빠르게 처리될 수 있다. • 대화식 시분할 시스템에 적합하다. • 선점 프로세스 : SRT, RR, MQ, MFQ

16번 해설 **관계 대수(Relational Algebra)**

원하는 정보와 그 정보를 어떻게 유도하는가를 기술하는 절차적인 방법이다.

구분	연산자	기호	의미
순수 관계 연산자	Select	σ	조건에 맞는 튜플을 구하는 수평적 연산
	Project	π	속성 리스트로 주어진 속성만 구하는 수직적 연산
	Join	⋈	공통 속성을 기준으로 두 릴레이션을 합하여 새로운 릴레이션을 만드는 연산
	Division	÷	두 릴레이션 A, B에 대해 B 릴레이션의 모든 조건을 만족하는 튜플들을 릴레이션 A에서 분리해 내어 프로젝션하는 연산
일반 집합 연산자	합집합	∪	두 릴레이션의 튜플의 합집합을 구하는 연산
	교집합	∩	두 릴레이션의 튜플의 교집합을 구하는 연산
	차집합	−	두 릴레이션의 튜플의 차집합을 구하는 연산
	교차곱	×	두 릴레이션의 튜플들의 교차곱(순서쌍)을 구하는 연산

17번 해설 [2022년 2회 기출 변형][2018년 1회 정보처리기사 필기 기출]

- 서브넷팅(Subnetting) : IP 주소의 낭비를 막기 위해 네트워크를 여러 개의 서브넷으로 분리하는 과정이다.
- 서브넷(Subnet) : IP 주소에서 네트워크 영역을 부분으로 나눈 부분 네트워크이다.
- 서브넷 마스크(Subnet Mask) : IP 주소에서 Network ID와 Host ID를 분리하는 역할을 한다.
- FLSM(Fixed Length Subnet Mask, 고정길이 서브넷 마스크) 방식에서의 ip subnet-zero는 subneting 후, 첫 번째 네트워크에 포함되는 IP Address를 사용할 수 있게 하여 주소 손실을 막는다.
- 3개의 Subnet으로 나누기 위해서는 2bit의 서브넷 마스크가 추가로 필요하다.
- 서브넷 마스크 : 255.255.255.192 /26
- 각 서브넷당 호스트 수 : $2^{(8-2)}$ = 64개
- 2번째 서브넷 네트워크 IP 주소 : 192.168.1.64
- 2번째 서브넷 브로드캐스트 IP 주소 : 192.168.1.127
- 2번째 서브넷 IP 주소 범위 : 192.168.1.64~192.168.1.127

	$2^1 ≤ 3 ≥ 2^2$(4)개의 Subnet	Subnet IP 주소 범위
1번째	192.168.1.00000000~192.168.1.00111111	192.168.1.0~192.168.1.63
2번째	192.168.1.01000000~192.168.1.01111111	192.168.1.64~192.168.1.127
3번째	192.168.1.10000000~192.168.1.10111111	192.168.1.128~192.168.1.191
4번째	192.168.1.11000000~192.168.1.11111111	192.168.1.192~192.168.1.255

형상관리 도구(버전관리 도구)

CVS (Concurrent Versions System)	• 오픈 소스 프로젝트에서 널리 사용되는 버전관리 시스템이다. • 소프트웨어 프로젝트를 진행할 때 파일로 이루어진 모든 작업과 모든 변화를 추적하고, 여러 개발자가 협력하여 작업할 수 있게 지원한다. • 최근에는 CVS가 한계를 맞아 이를 대체하는 SVN이 개발되었다.
Git	• 프로그램 등의 소스 코드 관리를 위한 분산 버전관리 시스템이다. • Linux 초기 커널 개발자인 리누스 토르발스가 리눅스 커널 개발에 이용하기 위해 개발하였으며, 현재는 다른 곳에도 널리 사용되고 있다. • 지역 저장소와 원격 저장소가 존재하며 지역 저장소에서 버전관리가 진행되어 버전관리가 빠르다.
SVN (Subversion)	• CVS보다 속도 개선, 저장 공간, 변경 관리 단위가 작업 모음 단위로 개선되었다. 2000년 콜랩넷에서 개발되었다. • CVS와 사용 방법이 유사해 CVS 사용자가 쉽게 도입 가능하며 아파치 최상위 프로젝트로서 전 세계 개발자 커뮤니티와 함께 개발되어 있다. • 디렉터리, 파일을 자유롭게 이동해도 버전관리가 가능하다.

Trust Zone (트러스트 존)	• 스마트폰의 AP칩(Application Processor, CPU칩)에 적용된 보안 영역이다. • AP칩 안에 안드로이드 OS와는 분리된 안전영역에 별도의 보안 OS(Secure OS)를 구동시키는 기술이다.
Typosquatting (타이포스쿼팅)	• '가짜 URL', 'URL 하이재킹(URL 가로채기)', '스팅 사이트'라고도 한다. • 웹 사용자의 주소 오타 입력을 기대하며 유사 사이트를 만들어 놓는 공격 기법으로, 사용자의 계정정보를 탈취하기 위한 피싱 사이트 운영, 악성코드 배포, 오픈소스 패키지를 사칭한 공급망 공격의 한 형태이다.

사회 공학 (Social Engineering)	• 정보보안에서 사람의 심리적인 취약점을 악용하여 비밀 정보를 취득하거나 컴퓨터 접근 권한 등을 얻으려고 하는 공격 방법이다. • 인간 기반 사회 공학 기법 : 휴지통 뒤지기, 출입문에서 앞사람 따라 들어가기, 어깨너머 훔쳐보기 등 • 컴퓨터 기반 사회 공학 기법 : 피싱(Pishing), 파밍(Pharming), 스미싱(Smishing) 등
다크 데이터 (Dark Data)	'알 수 없는 데이터'라고도 하며, 다양한 컴퓨터 네트워크를 통해 수집된 자료이나 분석이나 결과 도출을 위해 사용되지 않는 데이터를 의미한다.

01. Proxy

02. AJAX

03. • 답 (1) : ① − ② − ③ − ④ − ⑤ − ⑥ − ①
　　 • 답 (2) : ① − ② − ④ − ⑤ − ⑥ − ⑦
　　 또는
　　 • 답 (1) : ① − ② − ③ − ④ − ⑤ − ⑥ − ⑦
　　 • 답 (2) : ① − ② − ④ − ⑤ − ⑥ − ①

04. DELETE FROM 학생 WHERE 이름 = '민수';

05. SELECT 과목이름, MIN(점수) AS 최소점수, MAX(점수) AS 최대점수
　　 FROM 성적
　　 GROUP BY 과목이름 HAVING AVG(점수) >= 90;

06. L2TP

07. SSH

08. Art
　　 A
　　 A
　　 Art
　　 Art

09. qwe

10. • 답 (1) : %
　　 • 답 (2) : 10 또는 2 또는 5

11. • 답 (1) : idx2
　　 • 답 (2) : nx 또는 5

12. 10
　　 11
　　 10
　　 20

13. Vehicle name : Spark

14. 500

15. {'한국', '홍콩', '베트남', '태국', '중국'}

16. • 답 (1) : ㄷ 또는 ㄷ. 외부
　　 • 답 (2) : ㅁ 또는 ㅁ. 개념
　　 • 답 (3) : ㄹ 또는 ㄹ. 내부

17. • 답 (1) : ㄴ 또는 ㄴ. 튜플
　　 • 답 (2) : ㅇ 또는 ㅇ. 릴레이션 인스턴스
　　 • 답 (3) : ㅂ 또는 ㅂ. 카디널리티

18. ・답 (1) : 가상회선 또는 Virtual Circuit

　　　・답 (2) : 데이터그램 또는 Datagram

19. ICMP

20. ・답 (1) : ㄴ 또는 ㄴ. 웜

　　　・답 (2) : ㅁ 또는 ㅁ. 트로이목마

　　　・답 (3) : ㅇ 또는 ㅇ. 바이러스

01번 해설　**디자인 패턴(Design Pattern)**

객체지향 프로그래밍 설계 시 유사한 상황에서 구조적인 문제를 해결할 수 있도록 방안을 제공

생 성 패 턴	Abstraction factory	・구체적인 클래스에 의존하지 않고 서로 연관되거나 의존적인 객체들의 조합을 만드 는 인터페이스를 제공하는 패턴이다. ・관련된 서브 클래스를 그룹지어 한 번에 교체할 수 있다.
	Builder	작게 분리된 인스턴스를 조립하듯 조합하여 객체를 생성한다.
	Factory method	・객체를 생성하기 위한 인터페이스를 정의하여 어떤 클래스가 인스턴스화될 것인지는 서브 클래스가 결정하도록 한다. ・Virtual-Constructor 패턴이라고도 한다.
	Prototype	・원본 객체를 복제하여 객체를 생성하는 패턴이다. ・일반적인 방법으로 객체를 생성하고 비용이 많이 소요되는 경우에 주로 사용한다.
	Singleton	・전역 변수를 사용하지 않고 객체를 하나만 생성하도록 한다. ・생성된 객체를 어디에서든지 참조할 수 있도록 하는 패턴이다.
구 조 패 턴	Adapter	호환성이 없는 인터페이스 때문에 함께 사용할 수 없는 클래스를 개조하여 함께 작동할 수 있도록 해주는 패턴이다.
	Bridge	기능 클래스 계층과 구현의 클래스 계층을 연결하고, 구현부에서 추상 계층을 분리하여 각자 독립적으로 변형할 수 있도록 해주는 패턴이다.
	Composite	여러 개의 객체로 구성된 복합 객체와 단일 객체를 클라이언트에서 구별 없이 다루게 해주는 패턴이다.
	Decorator	객체의 결합을 통해 기능을 동적으로 유연하게 확장할 수 있게 해주는 패턴이다.
	Facade	・'건물의 정면'이라는 의미이다. ・Facade 인터페이스를 제공하여 facade 객체를 통해서만 모든 관계가 이루어질 수 있도록 인터페이스를 단순화한다. ・클래스 간의 의존관계가 줄고, 복잡성이 낮아진다.
행 위 패 턴	Iterator	내부 표현 방법을 노출하지 않고 복합 객체의 원소를 순차적으로 접근할 수 있는 방법 을 제공한다.
	Mediator	・객체 간의 상호작용을 객체로 캡슐화한다. ・객체 간의 참조 관계를 객체에서 분리함으로써 상호작용만을 독립적으로 다양하게 확대할 수 있다.
	Observer	객체 사이에 일대다의 종속성을 정의하고 한 객체의 상태가 변하면 종속된 다른 객체에 통보가 가고 자동으로 수정이 일어나게 한다.
	State	객체의 내부 상태에 따라 행위를 변경할 수 있게 한다. 이렇게 하면 객체는 마치 클래스 를 바꾸는 것처럼 보인다.
	Visitor	・객체 구조의 요소들에 수행할 오퍼레이션을 표현한 패턴이다. ・오퍼레이션이 처리할 요소의 클래스를 변경하지 않고도 새로운 오퍼레이션을 정의할 수 있게 한다.

- AJAX는 'Asynchronous JavaScript And XML'의 약어로 자바스크립트와 XML을 이용하여 비동기식으로 서버와 통신하는 방식의 웹 애플리케이션 제작 기술을 의미한다. 비동기식이란 여러 가지 일이 동시적으로 발생한다는 뜻으로, 서버와 통신하는 동안 클라이언트는 다른 작업을 할 수 있음을 의미한다. 최근에는 XML보다 JSON을 더 많이 사용한다.
- AJAX의 동작 방식
  - 요청 : 브라우저는 서버에 정보를 요청한다(브라우저는 AJAX 요청을 담당하는 XML HttpRequest라는 객체를 구현).
  - 응답 : 서버는 응답으로 데이터(XML, JSON)를 전달한다. 브라우저는 콘텐츠를 처리하여 페이지의 해당 부분에 추가한다.

- 제어 흐름 그래프 : 노드(node)와 간선(edge)으로 제어(실행) 흐름을 표시한 흐름도
- 결정 커버리지(Decision Coverage) = 분기 커버리지(Branch Coverage)
  - IEEE 표준 단위 테스팅의 표준으로 지정된 최소 커버리지로 분기 커버리지는 문장 커버리지를 충분히 포함
  - 화이트박스 테스트 수행 시 시험 대상의 전체 분기 중 각 분기는 테스트에 의해 실행된 것을 측정
  - 프로그램 내의 모든 결정 포인트(분기에 대해 모든 가능한 결과(참, 거짓))를 최소 한 번씩은 실행하는 테스트

결정 커버리지	답(1) 7단계		답(2) 6단계	
결정 포인트	X > Y	RESULT > 0	X > Y	RESULT > 0
방법1	YES	YES	NO	NO
	① - ② - ③ - ④ - ⑤ - ⑥ - ①		① - ② - ④ - ⑤ - ⑥ - ⑦	
방법2	YES	NO	NO	YES
	① - ② - ③ - ④ - ⑤ - ⑥ - ⑦		① - ② - ④ - ⑤ - ⑥ - ①	

DML 명령문 중 튜플 삭제 명령문인 DELETE문을 작성하는 문제로 조건에 해당하는 튜플만 삭제하도록 『DELETE FROM 테이블명 WHERE 조건식;』의 문법에 맞게 작성하여야 하며 문자열 상수 '민호' 앞뒤로 작은 따옴표를 반드시 작성해야만 한다.

오답 피하기

대문자 또는 소문자로 작성하여도 SQL명령문은 동일하게 실행된다. 해당 SQL명령문 작성 문제는 부분 점수가 부여되지 않는다. 문제의 조건사항에 명령문 마지막 마무리에 세미콜론(;) 생략이 가능하다는 지시사항이 있으므로 세미콜론(;)을 생략해도 정답으로 인정된다.
[참고] 실제 시험에서는 테이블이 주어지지 않았습니다.

SQL문 작성은 대소문자를 구별하지 않으며, 해당 문제는 부분 점수가 없다. 영문 필체가 좋지 않은 수험생은 대문자로 작성하는 것이 논란의 소지가 없다. AS절의 경우 SQL 문법적으로는 생략 가능하나, 〈요구사항〉에 반드시 사용하라는 표현이 있으므로 생략하여 작성할 경우 0점이다.

06번 해설 **L2TP(Layer 2 Tunneling Protocol)**

- PPTP(Point-to-Point Tunneling Protocol)와 L2F(Layer2 Forwarding Protocol)의 기능을 결합한 VPN에 이용되는 데이터 링크 계층의 암호화 프로토콜이다.
- 주요 특징 : 헤드 압축을 지원, 터널 인증을 지원, IPsec을 이용하여 암호화
- 장점 : 속도가 빠르며 PPTP보다 안전하며 설치가 간단함
- 단점 : 암호화가 없기에 보안에 취약하며 특정 UDP 포트를 사용하므로 방화벽 설정에 따라 통신이 불가능할 수 있음

07번 해설 **SSH(Secure Shell) Protocol**

- LAN 상의 원격 호스트에 보안적으로 안전하게 접속하기 위해 사용되는 인터넷 프로토콜이다.
- 기본 포트는 22번을 사용하며 CLI에서 작업을 한다.
- 연결 프로토콜은 한 쌍의 KEY를 통해 서버에게 사용자를 인증한다.

08번 해설

- 해당 프로그램은 문자열 상수를 1차원 배열과 문자 포인터 변수를 통해 참조하여 출력하는 프로그램이다.
- 문자열 상수의 마지막에는 문자열의 끝을 의미하는 '\0'(널문자)이 존재한다.
- C언어의 printf( ) 함수의 출력형식 지정문자 "%c"는 한 문자를 출력하고 "%s"는 전달 받은 주소를 참조하여 '\0'(널문자) 이전까지의 문자열을 연속하여 출력한다.

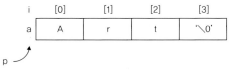

※ 해당 문제는 출력 결과를 작성하는 문제이므로 부분 점수가 부여되지 않는다.

[실행] https://onlinegdb.com/Rsq0fyNfz

09번 해설

- 해당 프로그램은 문자형 포인터 변수가 포인팅하는 "qwer"의 각 요소의 문자들이 문자열 포인터 변수가 포인팅하는 "qwaexyz"의 문자열 내의 문자로 존재하면 출력하는 프로그램이다.
- 즉, a의 'a'가 b의 "qwaexyz" 내에 포함된 문자이면 출력하고 a의 'w'가 "qwaexyz" 내에 포함된 문자이면 출력하고 a의 'e'와 a의 'r'이 "qwaexyz" 내에 포함된 문자이면 출력하는 중첩 for 명령이다. a의 'q'와 'w', 'e'만 b의 "qwaexyz" 내에 포함되어 있으므로 출력되고 a의 'r'은 포함되어 있지 않으므로 출력되지 않는다.

※ 해당 문제는 출력 결과를 작성하는 문제이므로 부분 점수가 부여되지 않는다.

[실행] https://onlinegdb.com/wCgDeQMpt

10번 해설

- 해당 프로그램은 2진수 1010을 10진수로 변환하여 출력하는 프로그램이다.
- 2진수 1010을 10진 정수형 int형의 변수 input에 대입한 후 각 자리를 추출하여 각 자리의 가중치 변수 digit를 곱한 항을 10진수 변수 sum에 누적하는 처리 단계를 반복하게 된다.

[실행] https://onlinegdb.com/-sMeqZ42JH

11번 해설

- 해당 프로그램은 버블정렬의 오름차순을 구하는 프로그램이다.
- main( ) 함수를 시작으로 sort( ) 함수 → (교환 필요시) swap( ) 함수가 호출되는 과정을 거쳐 3개의 함수로 구성된 프로그램이다.
- 문제의 빈칸 ①은 main( ) 함수에서 정렬을 수행하기 위해 main( ) 함수에서 선언한 정렬의 대상인 1차원 배열 a와 배열의 요소의 개수인 변수 nx(5)를 sort( ) 함수의 인수로 전달하며 호출한다.
- 문제의 빈칸 ②는 sort( ) 함수에서 배열의 요소 값을 오름차순으로 정렬하는 과정에서 앞과 뒤의 요소를 교환해야 하는 경우에 호출된 swap( ) 함수에서 진행되는 두 배열의 요소의 교환 3단계 과정의 마지막 명령문으로 idx 번째 인덱스의 배열 a의 값을 임시 변수 temp로 대입 처리한다.

[실행] https://onlinegdb.com/Nmugzqh92

12번 해설

- Static 클래스 내의 static 필드 b는 Static 클래스 형으로 생성된 객체들이 공유할 수 있는 필드이므로 객체 st와 같은 인스턴스에 각각 생성되는 필드가 아니다. static 변수 b는 참조할 때 Static.b 또는 st.b로 표현하여 사용한다.
- main( ) 메소드의 a는 지역변수이며 st.a는 객체의 필드로 다른 변수를 의미한다.

※ 해당 문제는 출력 결과를 작성하는 문제이므로 부분 점수가 부여되지 않는다.

[실행] https://onlinegdb.com/9wtx6TynN0

13번 해설

- Vehicle 클래스는 추상 메소드를 포함하는 추상 클래스로 상속 상황에서의 부모 클래스로 정의되어 있으며, Car 클래스는 Vehicle 클래스를 상속받는 자식 클래스이며 부모의 추상 메소드를 오버라이딩하여 정의되었다.
- main( ) 메소드에서는 new Car("Spark");를 통해 자식 객체를 생성한 후, 매개변수 "Spark"를 갖는 자식 생성자를 자동호출하였다. public Car(String val) 생성자에서는 super(val); 를 통해 부모의 매개변수 생성자를 통해 name 멤버의 값을 "Spark"로 초기화하였다.
- 생성된 자식 객체는 부모 클래스의 형으로 형 변환되는 업 캐스팅(Up-casting)을 묵시적으로 수행하였다. obj.getName( )을 통해 메소드를 호출하면 상속받은 public String getName( )을 호출하게 되어 메소드 내부의 "Vehicle name : " + name의 반환문을 수행하게 된다. 문자열 결합에 의해 "Vehicle name : Spark" 문자열 상수가 반환된 후 main( ) 메소드 내에서 출력되며 프로그램이 종료된다.

[실행] https://onlinegdb.com/OhZJmdZ3E

오답 피하기

해당 문제의 경우, 정보처리기사 실기 시험에서 처음 JAVA의 추상 클래스(abstract class)를 출제한 문제이나, 문제가 완성도가 낮아 상속 상황에서의 오버라이딩과 동적 바인딩을 구현하지 못한 코드입니다.

14번 해설

- 해당 프로그램은 상속 관계의 자식 클래스에서 부모의 필드명(x)와 동일한 필드를 선언한 이후, 부모 클래스에서 this.x를 식별하여 출력하는 프로그램이다.
- new Chile( ) 명령에 의해 자식 객체 obj가 생성되면 부모의 생성자가 먼저 호출되고 자식의 생성자가 자동호출된다. 이때, 부모의 생성자를 호출하여 부모의 필드 x는 100에서 500으로 변경된다. 이후, 자식의 생성자를 호출하여 자식의 필드 x가 1000에서 5000으로 변경된다.
- obj.getX( ) 메소드는 부모의 this.x를 반환하게 되는데 이때의 this.x는 부모의 필드 x를 식별하여 500을 반환하며 최종 500이 출력된다.

[실행] https://onlinegdb.com/aaUO4kUSY

15번 해설

- Python의 자료형 SET은 집합 요소의 중복은 허용하지 않고, 순서는 상관없다.
- 채점기준은 중괄호 { } 속 집합 요소가 문자열이므로 반드시 작은 따옴표 쌍('')으로 표시되어야 하며, 부분 점수는 부여되지 않는다.

[실행] https://onlinegdb.com/CwX4en0Ev

16번 해설

스키마(Schema)

데이터베이스의 전체적인 구조와 제약조건에 대한 명세를 기술·정의한 것을 말하며, 스킴(Scheme)이라고도 한다.

외부 스키마	사용자나 응용 프로그래머가 접근할 수 있는 정의를 기술한다.
개념 스키마	범 기관적 입장에서 데이터베이스를 정의한 것으로, 개체 간의 관계와 제약 조건을 나타내고, 데이터베이스 접근 권한, 보안 및 무결성 규칙 명세가 있다.
내부 스키마	물리적 저장 장치의 입장에서 본 데이터베이스 구조로서 실제로 데이터베이스에 저장될 레코드의 형식을 정의하고 저장 데이터 항목의 표현 방법, 내부 레코드의 물리적 순서 등을 나타낸다.

17번 해설

- 릴레이션(Relation) : 릴레이션 스킴과 릴레이션 인스턴스로 구성된다.
- 릴레이션 스킴(Scheme) : 릴레이션의 구조이다.
- 릴레이션 인스턴스(Instance) : 어느 한 시점에 릴레이션이 포함하고 있는 튜플의 집합이다.
- 속성(Attribute) : 데이터의 가장 작은 논리적 단위로서 파일 구조상의 데이터 항목 또는 데이터 필드에 해당한다.
- 튜플(Tuple) : 테이블의 행(Row)에 해당하며 파일 구조의 레코드(Record)와 같은 의미이다.
- 디그리(Degree) : 속성의 개수이다.
- 카디널리티(Cardinality) : 튜플의 개수(기수)이다.
- 도메인(Domain) : 애트리뷰트가 취할 수 있는 값들의 집합이다.

18번 해설 **패킷 교환 방식(Packet Switching)**

가상회선 (Virtual Circuit)	• 연결형 서비스 • 데이터를 패킷 단위로 나누어 전송 • 가상 연결 설정을 통해 전송되는 모든 패킷의 경로가 동일 • 패킷의 도착 순서가 일정(출발/도착 순서 동일)
데이터그램 (Datagram)	• 비연결형 서비스 • 패킷을 독립적으로 전송(서로 다른 경로, 경로를 미리 할당하지 않음) • 정보의 양이 적거나 상대적으로 신뢰성이 중요하지 않은 환경에서 사용 • 송신 호스트가 전송한 패킷은 보낸 순서와 무관한 순서로 수신(서로 다른 경로, 네트워크 혼잡도에 따라 가변적)

19번 해설 **ICMP(Internet Control Message Protocol)**

- ICMP는 송신측의 상황과 목적지 노드의 상황을 진단하는 프로토콜이다.
- ICMP는 IP 프로토콜에서 오류 보고와 오류 수정 기능, 호스트와 관리 질의를 위한 제어 메시지를 관리하는 인터넷 계층(네트워크 계층) 프로토콜이다. 메시지는 하위 계층으로 가기 전에 IP 프로토콜 데이터그램 내에 캡슐화된다.
- ICMP(Internet Control Message Protocol)은 호스트 서버와 인터넷 게이트웨이 사이에서 메시지를 제어하고 오류를 알려주는 프로토콜이다. ICMP를 사용하는 명령어는 Ping, Tracert, Echo 등이 있다.

20번 해설

- 님다(Nimda) : 윈도우 계열의 서버를 사용하는 PC를 공격 대상으로 하고 파일을 통해 서버를 감염시킨다. 님다(Nimda)라는 명칭은 관리자를 의미하는 'admin'을 거꾸로 한 것으로 보인다.
- 웜(Worm) : 스스로를 복제하는 악성 소프트웨어 컴퓨터 프로그램으로, 바이러스가 다른 실행 프로그램에 기생하여 실행되는 데 반해 웜은 독자적으로 실행되며 다른 실행 프로그램이 필요하지 않다.
- 랜섬웨어(Ransomware) : 컴퓨터 시스템을 감염시켜 접근을 제한하고 일종의 몸값을 요구하는 악성 소프트웨어의 한 종류이다.
- 버퍼 오버플로우(Buffer Overflow) : 버퍼에 데이터를 쓰는 소프트웨어가 버퍼의 용량을 초과하여 인접한 메모리 위치를 덮어쓸 때 발생하는 비정상적인 현상이다.
- 트로이 목마(Trojan Horse) : 악성 루틴이 숨어 있는 프로그램으로, 겉보기에는 정상적인 프로그램으로 보이지만 실행하면 악성 코드를 실행한다.
- 악성 스크립트 : 보안이 취약한 합법적인 웹 사이트에 악성 스크립트를 숨겨 작동하며, 대부분의 사용자들이 이러한 사이트를 신뢰할 수 있는 사이트로 생각하고 사이트 접속 시 별다른 의심을 하지 않기 때문에 악성코드에 감염된다.
- 웹 방화벽(WAF, Web Application Firewall) : 일반적인 네트워크 방화벽 과는 달리 웹 애플리케이션 보안에 특화되어 개발된 솔루션이다.
- 바이러스(Virus) : 다른 독립적 프로그램의 코드 내에 스스로를 주입한 다음, 그 프로그램이 악성 행동을 하고 스스로 확산되도록 강제하는 컴퓨터 코드이다.

01. • 답 (1) : Singleton

　　• 답 (2) : Visitor

02. ㄴ → ㄷ → ㅁ → ㄹ → ㄱ

03. • 답 (1) : 스텁 또는 Stub 또는 테스트 스텁 또는 Test Stub

　　• 답 (2) : 드라이버 또는 테스트 드라이버 또는 Test Driver

04. ㄷ 또는 ㄷ. 조건 커버리지

05. CASCADE 또는 cascade

06. INSERT INTO 학생 VALUES(984104, '한국산', 3, '경영학개론', '050-1234-1234');

　　또는

　　insert into 학생 values(984104, '한국산', 3, '경영학개론', '050-1234-1234');

　　또는

　　INSERT INTO 학생(학번, 성명, 학년, 과목명, 전화번호)

　　　　VALUES(984104, '한국산', 3, '경영학개론', '050-1234-1234');

07. • 대칭키 : AES, ARIA, DES, SEED

　　• 비대칭키 : ECC, RSA

08. 해시 또는 해시 함수 또는 Hash Function

09. BCD

10. 505

11. n[(i+1)%5] 또는 n[(i+6)%5]

12. • 답 (1) : m / 1000

　　• 답 (2) : (m % 1000) / 500

　　• 답 (3) : (m % 500) / 100 또는 ((m % 1000) % 500) / 100

　　• 답 (4) : (m % 100) / 10 또는 (((m % 1000) % 500) % 100) / 10

13. 〉

14. 213465

15. 박영희

　　박영희

　　박영희

16. true

　　false

　　true

　　true

17. engneing

18. • 답 (1) : 정보

• 답 (2) : 감독

• 답 (3) : 비번호

• 답 (4) : 비동기 균형

• 답 (5) : 비동기 응답

19. • 답 (1) : ㅅ 또는 ㅅ. Hamming Code

• 답 (2) : ㄹ 또는 ㄹ. FEC

• 답 (3) : ㄴ 또는 ㄴ. BEC

• 답 (4) : ㅇ 또는 ㅇ. Parity Check

• 답 (5) : ㄷ 또는 ㄷ. CRC

20. 템퍼 프루핑 또는 Temper Proofing

디자인 패턴(Design Pattern)

객체지향 프로그래밍 설계 시 유사한 상황에서 구조적인 문제를 해결할 수 있도록 방안을 제공

생 성 패 턴	Abstraction factory	• 구체적인 클래스에 의존하지 않고 서로 연관되거나 의존적인 객체들의 조합을 만드는 인터페이스를 제공하는 패턴이다. • 관련된 서브 클래스를 그룹지어 한 번에 교체할 수 있다.
	Builder	작게 분리된 인스턴스를 조립하듯 조합하여 객체를 생성한다.
	Factory method	• 객체를 생성하기 위한 인터페이스를 정의하여 어떤 클래스가 인스턴스화될 것인지는 서브 클래스가 결정하도록 한다. • Virtual-Constructor 패턴이라고도 한다.
	Prototype	• 원본 객체를 복제하여 객체를 생성하는 패턴이다. • 일반적인 방법으로 객체를 생성하고 비용이 많이 소요되는 경우에 주로 사용한다.
	Singleton	• 전역 변수를 사용하지 않고 객체를 하나만 생성하도록 한다. • 생성된 객체를 어디에서든지 참조할 수 있도록 하는 패턴이다.
구 조 패 턴	Adapter	호환성이 없는 인터페이스 때문에 함께 사용할 수 없는 클래스를 개조하여 함께 작동할 수 있도록 해주는 패턴이다.
	Bridge	기능 클래스 계층과 구현의 클래스 계층을 연결하고, 구현부에서 추상 계층을 분리하여 각자 독립적으로 변형할 수 있도록 해주는 패턴이다.
	Composite	여러 개의 객체로 구성된 복합 객체와 단일 객체를 클라이언트에서 구별 없이 다루게 해주는 패턴이다.
	Decorator	객체의 결합을 통해 기능을 동적으로 유연하게 확장할 수 있게 해주는 패턴이다.
	Facade	• '건물의 정면'이라는 의미이다. • Facade 인터페이스를 제공하여 facade 객체를 통해서만 모든 관계가 이루어질 수 있도록 인터페이스를 단순화한다. • 클래스 간의 의존관계가 줄고, 복잡성이 낮아진다.
행 위 패 턴	Iterator	내부 표현 방법을 노출하지 않고 복합 객체의 원소를 순차적으로 접근할 수 있는 방법을 제공한다.
	Mediator	• 객체 간의 상호작용을 객체로 캡슐화한다. • 객체 간의 참조 관계를 객체에서 분리함으로써 상호작용만을 독립적으로 다양하게 확대할 수 있다.
	Observer	객체 사이에 일대다의 종속성을 정의하고 한 객체의 상태가 변하면 종속된 다른 객체에 통보가 가고 자동으로 수정이 일어나게 한다.
	State	객체의 내부 상태에 따라 행위를 변경할 수 있게 한다. 이렇게 하면 객체는 마치 클래스를 바꾸는 것처럼 보인다.
	Visitor	• 객체 구조의 요소들에 수행할 오퍼레이션을 표현한 패턴이다. • 오퍼레이션이 처리할 요소의 클래스를 변경하지 않고도 새로운 오퍼레이션을 정의할 수 있게 한다.

02번 해설 데이터베이스 설계 단계 : 요구사항분석 → 개념설계 → 논리설계 → 물리설계 → 구현

03번 해설

테스트 스텁 (Test Stub)	• 하향식 테스트 시 상위 모듈은 존재하나 하위 모듈이 없는 경우의 테스트를 위해 임시 제공되는 모듈이다. • 골격만 있는 또는 특별한 목적의 소프트웨어 컴포넌트를 구현한 것을 의미한다. • 스텁을 호출하거나 스텁에 의존적인 컴포넌트를 개발하거나 테스트할 때 사용한다.
테스트 드라이버 (Test Driver)	• 상향식 테스트 시 상위 모듈 없이 하위 모듈이 존재할 때 하위 모듈 구동 시 자료 입출력을 제어하기 위한 제어 모듈(소프트웨어)이다. • 컴포넌트나 시스템을 제어하거나 호출하는 컴포넌트를 대체하는 모듈이다.

04번 해설 **코드 커버리지(Code Coverage)**

프로그램의 소스 코드의 테스트 수행 정도를 표시한다.

구문 커버리지 (Statement Coverage)	코드 구조 내의 모든 구문에 대해 한 번 이상 수행하는 테스트 커버리지
조건 커버리지 (Condition Coverage)	결정 포인트 내의 모든 개별 조건식에 대해 수행하는 테스트 커버리지
결정 커버리지 (Decision Coverage)	분기 커버리지(Branch Coverage)라고도 하며, 결정 포인트 내의 모든 분기문에 대해 수행하는 테스트 커버리지
변경/조건 커버리지 (MC/DC)	결정 포인트 내의 다른 개별적인 조건식 결과에 상관없이 독립적으로 전체 조건식의 결과에 영향을 주는 테스트 커버리지
다중 조건 커버리지 (Multiple Condition Coverage)	모든 개별 조건식의 true, false 조합 중 테스트에 의해 실행된 조합을 측정하는 테스트 커버리지
경로 커버리지 (All Path Coverage)	코드 내의 모든 경로를 한 번 이상 수행시키는 테스트 커버리지

05번 해설 • DDL 명령문 중 뷰를 제거하는 명령문인 DROP문의 문법은 『DROP VIEW 뷰_이름 [CASCADE | RESTRICT];』이다.
• 객체 제거 시 사용되는 옵션

CASCADE	삭제할 객체가 사용(참조) 중이더라도 삭제가 이루어지며, 삭제할 객체를 참조 중인 다른 객체도 연쇄적으로 같이 삭제됨
RESTRICT	삭제할 객체가 사용(참조) 중이면 삭제가 이루어지지 않음

06번 해설 SQL문 작성은 대소문자를 구별하지 않으며, 해당 문제는 부분 점수가 없다. 영문 필체가 좋지 않은 수험생은 대문자로 작성하는 것이 논란의 소지가 없다. AS절의 경우 SQL 문법적으로는 생략 가능하나, 〈요구사항〉에 반드시 사용하라는 표현이 있으므로 생략하여 작성할 경우 0점이다.

07번 해설 암호화 기법

대칭키 (비밀키) 기법	• 암호화 · 복호화 할 때 사용하는 키가 동일한 경우 • 알고리즘 방식 : DES, 3-DES, AES, SEED, ARIA, MASK 등
비대칭키 (공개키) 기법	• 암호화 할 때 사용하는 키와 복호화 할 때 사용하는 키가 다른 경우 • 알고리즘 방식 : RSA, DSA 등

08번 해설 해시 함수(Hash Function)

• 데이터를 고정된 길이의 암호화된 문자열(키)로 변경하는 복호화가 불가능한 방식의 단방향 암호화에 사용되는 함수
• 역할 : 데이터 무결함 인증, 서명 내용 변조 방지, 빠른 데이터 비교
• 해시 함수 종류 : MD4, MD5, MD6, SHA, SHA-1, SHA-2, SHA-3, RIPEMD, Whirl-Pool

09번 해설 • 해당 프로그램은 break; 명령문이 없는 switch~case의 분기에 대해 출력하는 프로그램이다.
• 1차원 배열 n의 3개의 요소 257값의 합계 257(71+99+87)을 변수 sum에 저장하고 257/30의 결과 8을 구하여 case 8:로 분기한 후 break; 명령문이 없으므로 switch~case문 블록의 마지막 문장까지 실행하여 BCD를 출력한다.
※ 해당 문제는 출력 결과를 작성하는 문제이므로 부분 점수가 부여되지 않는다.
[실행] https://onlinegdb.com/PGvYkOEQ6

10번 해설 • 해당 프로그램은 1부터 2023 사이의 정수 중 4의 배수의 개수를 출력하는 프로그램이다.
• 2023/4의 결과 정수 몫인 505개가 4의 배수임을 간단하게 구할 수 있다.
※ 해당 문제는 출력 결과를 작성하는 문제이므로 부분 점수가 부여되지 않는다.
[실행] https://onlinegdb.com/rNojUhNgV

11번 해설 해당 프로그램은 1차원 배열의 첨자를 조작하여 출력하는 프로그램이다.

출력결과(%d)	배열n의 요소값	i	n[(i+1)%5]
4	n[1]	0	n[(0+1)%5]
3	n[2]	1	n[(1+1)%5]
2	n[3]	2	n[(2+1)%5]
1	n[4]	3	n[(3+1)%5]

[실행] https://onlinegdb.com/2uD1oelEv

12번 해설 해당 프로그램은 화폐를 교환하는 프로그램하는 프로그램이다. 큰 단위의 화폐 순서대로 정해진 화폐의 교환 개수를 출력하도록 화폐별 개수를 구하는 방식을 정수의 나머지(%)와 나눗셈(/) 연산자를 통해 작성하기 위해 다음과 같은 의미로 간결하게 연산식을 작성한다.

변수 c1000	4620원의	1000의 개수	4	m / 1000
변수 c500	620원의	500의 개수	1	(m%1000) / 500
변수 c100	120원의	100의 개수	1	(m%500) / 100
변수 c10	20원의	10의 개수	2	(m%100) / 10

[실행] https://onlinegdb.com/1P0zpJfYO

13번 해설
- 해당 프로그램은 선택정렬의 오름차순을 구하는 프로그램이다.
- 오름차순은 작은 수를 앞에 큰 수가 뒤에 위치하도록 배열의 요소값을 정렬한다. 따라서 교환 처리(Swap)를 하는 경우는 앞의 값이 뒤의 값보다 큰 경우이므로 빈칸에 알맞은 조건식의 관계 연산자는 >이다.

[실행] https://onlinegdb.com/dM1qWpK9G

14번 해설
- 해당 프로그램은 스택의 정수를 추가하고 제거하는 과정에서의 실행 결과를 출력하는 프로그램이다.
- 스택은 LIFO(후입선출) 방식으로 삽입 연산과 삭제 연산을 하는 선형 자료구조이다. 해당 프로그램에서의 함수는 삽입 연산을 into( ) 함수를 통해, 삭제 연산은 take( ) 함수를 통해 구현하여 main( ) 함수 내에서 차례대로 호출한 후 실행 결과를 출력한다.

	into(5)	into(2)	take()	into(4)	into(1)	take()	into(3)	take()	take()	into(6)	take()	take()
ds[4]												
ds[3]												
ds[2]					1		3					
ds[1]		2		4	4	4	4	4		6		
ds[0]	5	5	5	5	5	5	5	5	5	5	5	
출력		2				1		3	4		6	5

※ 해당 문제는 출력 결과를 작성하는 문제이므로 부분 점수가 부여되지 않는다.
[실행] https://onlinegdb.com/Cmsi8g_BP

15번 해설
- 해당 프로그램은 전역 변수로 선언된 1차원 문자열 배열에 함수호출을 통해 입력받은 문자열을 저장하고 출력하는 프로그램이다.
- getname( ) 함수를 호출을 3회 실행하며 각각 s1과 s2와 s3에 문자열 배열의 시작 주소를 전달하지만 모두 같은 배열을 가르치기 때문에 결과는 최종 입력한 문자열 "박영희"가 3회 출력된다.
※ 해당 문제는 출력 결과를 작성하는 문제이므로 부분 점수가 부여되지 않는다.
[실행] https://onlinegdb.com/-2zu_sjKY

16번 해설

- 자바에서는 모든 문자열 리터럴은 컴파일 시 클래스 파일에 저장된다. 같은 내용의 문자열 리터럴은 한 번만 등록되고 해당 문자열 리터럴의 주소값을 가르키는 구조로 재사용된다. str1과 str2는 "Programming"이라는 하나의 문자열 리터럴을 참조한다. 따라서 처음 출력되는 str1 == str2는 true이다.
- new String("Programming") 명령은 실행 시 힙 메모리에 인스턴스(객체)로 저장된다. 따라서 s1 == s3의 결과는 false이다.
- String 클래스는 객체의 내용을 비교하는 기능의 equals 메소드의 제공한다. s1과 s3와 s3의 내용은 "Programming"으로 같으므로 s1.equals(s3)와 s2.equals(s3) 결과는 모두 true이다.

※ 해당 문제는 출력 결과를 작성하는 문제이므로 부분 점수가 부여되지 않는다.

[실행] https://onlinegdb.com/L3Ce1NyGb

17번 해설

- Python의 문자열 추출(Slicing) 연산자 문제이다. 문자열[시작인덱스:끝인덱스] 결과는 시작 인덱스를 포함한 위치부터 끝 인덱스 이전 위치까지의 문자열을 추출한다. 문자열의 시작 인덱스는 0부터이다.
- s2에는 s1[:3]의 결과 0번째부터 2(3-1)번째 문자열인 "eng"이 대입된다.
- s3에는 s1[4:6]의 결과 4번째부터 5(6-1)번째 문자열인 "ne"이 대입된다.
- s4에는 s1[29:]의 결과 29번째부터 마지막 번째 문자열인 "ing"이 대입된다.
- s5에는 s2와 s3와 s4가 연결된 문자열인 "engneing"가 대입되면 최종 출력된다.

※ 해당 문제는 출력 결과를 작성하는 문제이므로 부분 점수가 부여되지 않는다.

[실행] https://onlinegdb.com/5mtMBGJYD

18번 해설

HDLC(High-level Data Link Control)

- 비트(Bit) 위주의 프로토콜이다.
- 전송 효율이 좋고 단방향, 반이중, 전이중 방식을 모두 지원한다.
- 신뢰성이 높고 포인트 투 포인트, 멀티 포인트, 루프 방식을 모두 지원한다.
- 전송 제어 제한 없이 비트 정보를 전송할 수 있다.
- 프레임 구성
  - 플래그(Flag) : 프레임의 시작과 끝을 나타내며, 항상 '01111110'을 취한다.
  - 주소부(Address Field) : 송 · 수신국을 식별한다.
  - 제어부(Control Field) : 프레임 종류를 식별한다.
  - 정보부(Information Field) : 실제 정보를 포함한다.
  - FCS(Frame Check Sequence Field) : 오류를 검출한다.
- 정보부 필드의 구성

정보 프레임	• I-프레임(Information Frame) • 사용자 데이터 전달
감독 프레임	• S-프레임(Supervisor Frame) • 에러 제어, 흐름 제어

비번호 프레임	• U-프레임(Unnumbered Frame)
	• 링크의 동작 모드 설정 및 관리
	  - 정규 응답 모드(NRM, Normal Response Mode)
	  - 비동기 응답 모드(ARM, Asynchronous Response Mode)
	  - 비동기 평형 모드(ABM, Asynchronous Balanced Mode)

19번 해설
- BCD : 비수치적 데이터 표시법 중 하나로, 6bit의 컴퓨터의 기본 코드이며 대소문자를 구별하지 못한다.
- BEC(후진 오류 수정) : 데이터 전송 과정에서 오류가 발생하면 송신측에 재전송을 요구하는 전송 오류 제어 방식으로, 역채널이 필요하다.
- CRC(순환 중복 검사) : 집단 오류에 대한 신뢰성 있는 오류 검출을 위해 다항식 코드를 사용하여 오류 검출 방식이다.
- FEC(전진 오류 수정) : 데이터 전송 과정에서 오류가 발생하면 수신측에서 오류를 검출하여 스스로 수정하는 전송 오류 제어 방식으로, 역채널이 필요 없으며 연속적인 데이터의 흐름이 가능하다.
- MD5(Message Digest Algorithm 5) : 해시 알고리즘의 단방향 방식 중 하나로, 프로그램과 파일의 무결성 검사에 이용된다.
- NAK(Negative AcKnowledge) : 수신된 메시지에 대한 부정 응답이다.
- Hamming Code(해밍 코드 검사) : 자기 정정 부호로서 오류를 검출하여 1비트의 오류를 수정하는 오류 검출 방식이다.
- Parity Check(패리티 검사) : 데이터 블록에 1비트의 오류 검출 비트를 추가하여 오류를 검출하는 오류 검출 방식이다.

20번 해설   **템퍼 프루핑(Temper Proofing)**

소프트웨어의 위·변조 방지 역공학 기술의 일종으로 불법적인 사용자에 의해 소프트웨어가 수정이 이루어졌는지를 검증하기 위해 코드 난독화(Code Obfuscation) 기법을 함께 사용하기도 한다. 코드 난독화(Code Obfuscation)란 코드를 읽기 어렵게 만들어 역공학을 통한 공격을 막는 기술이다.

01. 패키지 또는 패키지 다이어그램 또는 Package Diagram

02. ㅁ. 또는 ㅁ. Equivalence Partitioning Testing

03.

・답 (1)	5
・답 (2)	4
・답 (3)	3
・답 (4)	2
・답 (5)	1

04. ㄱ 또는 ㄱ. OAuth

05. ・답 (1) : MAC
     ・답 (2) : RBAC
     ・답 (3) : DAC

06. 5040

07. 34

08. 1. KOREA
     2. OREA
     3. K
     4. E
     5. O

09. −〉

10. 7 또는 7번 라인

11. 2

12. BDCDD

13. split

14. ・답 (1) : chmod
     ・답 (2) : 751

15. ・답 (1) : ㅂ 또는 ㅂ. ⋈
     ・답 (2) : ㄹ 또는 ㄹ. π
     ・답 (3) : ㄴ 또는 ㄴ. σ
     ・답 (4) : ㅇ 또는 ㅇ. ÷

16. 참조

17. RIP

18. NAT

19. ATM

20. • 답 (1) : IaaS
　　　• 답 (2) : PaaS
　　　• 답 (3) : SaaS

01번 해설 **패키지 다이어그램(Package Diagram)**

클래스나 유스 케이스 등을 포함한 여러 모델 요소들을 그룹화하여 패키지를 구성하고 패키지들 사이의 관계를 표현한다.

02번 해설 **블랙박스 검사 기법**

경계값 분석(Boundary Value Analysis)	• 입력의 경계값에서 발생하는 오류를 제거하기 위한 검사 기법으로, 등가 분할의 경계 부분의 입력값에서 결함이 발견될 확률이 높다는 가정으로 테스트하는 기법이다. • (예) 입력 값(x)의 유효 범위로 $0 <= x <= 10$을 갖는 프로그램에서 −1, 0, 10, 11을 테스트 케이스의 입력값으로 테스트를 진행한다.
동치 분할 검사(동등 분할 검사, Equivalence Partitioning Testing)	• 검사 사례 설계를 프로그램의 입력 명세 조건에 따라 설정한다. • 검사 사례는 일반적으로 입력 데이터에 해당하므로 프로그램의 입력 조건에 중점을 두고, 어느 하나의 입력 조건에 대하여 타당한 값과 그렇지 못한 값을 설정하여 해당 입력 자료에 맞는 결과가 출력되는지 확인하는 테스트 기법이다.
비교 검사(Comparison Testing)	• 여러 버전의 프로그램에 동일한 자료를 제공하여 동일한 결과가 출력되는지 검사하는 기법이다.
원인 효과 그래픽 기법(Cause and Effect Graphing)	• 입력 데이터 간의 관계와 출력에 영향을 미치는 상황을 체계적으로 분석한다. • 효용성이 높은 테스트케이스를 선정해 검사하는 기법이다.

03번 해설
• DML의 SELECT문의 질의 결과 행으로 얻은 두 테이블을 집합(SET) 연산자로 집합 단위의 연산을 할 수 있다. 두 SELECT문으로 선택된 컬럼 A에 대해 UNION 연산을 수행하여 중복을 제거한 후, 행을 합친 후 내림차순 정렬을 수행하여 최종 결과를 출력한다.
• 각 집합의 SELECT문은 ORDER BY절을 포함하지 못하지만, 전체 결과 행에 대한 ORDER BY절은 포함할 수 있다.
• UNION 연산과 UNION ALL 연산

UNION	두 질의 결과 행을 합치고 중복을 제거함
UNION ALL	두 질의 결과 행을 합치고 중복을 포함함

04번 해설 **오쓰(OAuth)**

• 'Open Authorization'의 약어로 다양한 플랫폼에서 권한 부여를 위한 산업 표준 프로토콜이다.
• 모바일 플랫폼에서 SAML의 결함을 보완하기 위해 개발되었으며, XML이 아닌 JSON을 기반으로 한다.
• OAuth API를 사용하여 웹, 앱 서비스에서 제한적으로 권한을 요청해 사용 할 수 있는 키를 발급해주면 각 서비스별 ID와 Password를 기억하고 로그인하지 않아도 제한된 설정으로 연결하여 인증이 가능하다.

05번 해설

- 정보의 접근통제 정책은 시스템의 자원 이용에 대한 불법적인 접근을 방지하는 과정으로 비인가자가 컴퓨터 시스템에 액세스하지 못하도록 하는 것이다. 접근통제 모델로는 강제적 접근 통제(MAC, Mandatory Access Control), 역할 기반 접근 통제(RBAC, Role Based Access Control), 임의적 접근 통제(DAC, Discretionary Access Control)가 있다.
- 접근 제어 모델(정보의 접근통제 정책)

정책	MAC	RBAC	DAC
권한 부여	시스템	중앙 관리자	데이터 소유자
접근 결정	보안등급(Label)	역할(Role)	신분(Identity)
정책 변경	고정적(변경 어려움)	변경 용이	변경 용이
장점	안정적, 중앙 집중적	관리 용이	구현 용이, 유연함

06번 해설

- 7!을 재귀호출을 통해 구현한 프로그램이다.
- N!은 계승(팩토리얼, Factorial)의 표현으로 1부터 N까지의 자연수들을 차례로 곱한 것을 N의 계승이라 한다.
- 재귀호출과 반환 과정은 다음과 같다.

func(7) 호출	7 * func(6)	
func(6) 재귀호출	6 * func(5)	
func(5) 재귀호출	5 * func(4)	
func(4) 재귀호출	4 * func(3)	
func(3) 재귀호출	3 * func(2)	
func(2) 재귀호출	2 * func(1)	
func(1) 재귀호출	return 1;	(반환)
func(2)으로 반환	return 2 * 1;	(반환)
func(3)으로 반환	return 3 * 2;	(반환)
func(4)으로 반환	return 4 * 6;	(반환)
func(5)으로 반환	return 5 * 24;	(반환)
func(6)으로 반환	return 6 * 120;	(반환)
main( )으로 반환	return 7 * 720;	(반환)
printf("%d", 5040);	최종 출력	

※ 해당 문제는 출력 결과를 작성하는 문제이므로 부분 점수가 부여되지 않는다.

[실행] https://onlinegdb.com/BaGqTVlt3

07번 해설
- 1부터 100 사이의 자연수 중에 완전수를 구한 후 변수 total에 누적하여 결과를 출력하는 프로그램이다.
- 완전수(Perfect Number)는 그 수의 약수들 중, 자기 자신을 제외한 약수를 모두 더한 합이 자기 자신이 되는 자연수이다.
- 1부터 100 사이의 자연수 중, 완전수는 6과 28이다. 6의 약수 {1, 2, 3, 6} 중 1+2+3을 하면 6이고, 28의 약수 {1, 2, 4, 7, 14, 28} 중 1+2+4+7+14를 하면 28이다.

※ 해당 문제는 출력 결과를 작성하는 문제이므로 부분 점수가 부여되지 않는다.

[실행] https://onlinegdb.com/vRM_b1P0A

08번 해설
- 문자열 상수 "KOREA"를 포인터 변수 p가 참조하도록 정의한 이후 포인터 변수를 참조하여 연산한 결과를 출력하는 프로그램이다. 해당 문제는 출력 결과를 작성할 때 printf( ) 함수의 출력 형식 문자 %s와 %c를 명확히 구분하여 결과를 작성해야 한다. %s는 문자열 상수를 출력하고 %c는 단일 문자 상수 한 글자만 출력한다.
- 포인터 변수 p는 문자열 상수 "KOREA"의 시작 위치(주소)를 값으로 가지고 있으며, *p는 포인터 연산자(*)가 포인터 변수가 가지고 있는 위치(주소)의 내용을 참조하는 연산 처리를 의미한다.

```
printf("1. %s\n", p);      //  포인터 변수  p의 값의 위치의 문자부터 널('\0') 문자 전까
                               지 연속하여 출력
printf("2. %s\n", p+1);    //  포인터 변수  p의 값의 위치에서  1간격 떨어진 위치부터 연속
                               하여 출력
printf("3. %c\n", *p);      //  포인터 변수  p의 값의 위치에 있는 문자 한 문자 출력
printf("4. %c\n", *(p+3));  //  포인터 변수  p의 값의 위치에서  3간격 떨어진 위치에 있는 문
                               자 한 문자 출력
printf("5. %c\n", *p+4);   //  포인터 변수  p의 값의 위치에 있는 문자 한 문자('K')에  4
                               를 더한 문자 출력
```

※ 해당 문제는 출력 결과를 작성하는 문제이지만 답안이 세부 항목으로 구분되어 있어 부분 점수를 부여한다.

[실행] https://onlinegdb.com/5YzIccCUF

09번 해설
- 해당 프로그램은 구조체 변수와 구조체 포인터 변수를 통해 멤버에 값을 대입하고 멤버의 값을 출력하는 프로그램이다.
- 구조체 멤버 접근 방법

구조체 변수를 이용하여 접근	.	구조체 변수명.멤버명
구조체 포인터 변수를 이용하여 접근	->	구조체 변수명->멤버명

[실행] https://onlinegdb.com/ftIDn9Ank

10번 해설

- static 메서드에 클래스의 필드 중 static 필드가 아닌 경우 사용할 수 없기 때문에 7번 라인의 name에서 에러가 발생하였다.
- 해당 에러를 해결하기 위해서는 2번 라인의 필드를 다음과 같이 static 필드로 지정해 주어야 한다.

```
2       private static String name;
```

[실행] https://onlinegdb.com/XRTqK-MUU

11번 해설

- 위 프로그램은 3개의 클래스로 구성되어 있으며, Parent 클래스와 Chile 클래스는 상속 관계에 있고 Exam 클래스는 실행 클래스이다. Exam 클래스의 main( ) 메소드 안에서 Parent obj = new Child( );를 통해 Chile 클래스의 객체(인스턴스)를 생성하며 부모의 참조 변수 obj로 compute(7) 메소드를 호출하여 결과를 출력하는 프로그램이다.
- 자식 클래스인 Child에서는 부모 클래스 Parent의 compute(int num) 메소드가 재정의(오버라이드, Override)되어 있으므로 obj.compute(4)를 실행하였을 경우, 자식 클래스에 재정의된 메소드가 호출된다.
- obj.compute(4)를 호출하여 진입한 후, 해당 프로그램은 재귀 호출(자신 메소드 호출)을 통한 실행 과정을 거쳐 결과 1을 최종적으로 반환하게 된다. 따라서 출력 결과는 2가 된다.

※ 해당 문제는 출력 결과를 작성하는 문제이므로 부분 점수가 부여되지 않는다.

[실행] https://onlinegdb.com/30hdGuOI-

12번 해설

- Java의 다형성(polymorphism)은 부모 클래스와 자식 클래스의 상속 관계에서 부모 클래스가 동일한 메시지(메소드 호출)로 자식 클래스들을 서로 다르게 동작시키는 객체 지향 원리이다.
- 다형성을 활용하면 부모 클래스가 자식 클래스의 동작 방식을 알 수 없어도 오버라이딩(Overriding)을 통해 자식 클래스에 접근 가능하다. 실행 시점에 동적 바인딩으로 부모 클래스가 자식 클래스의 메소드에 접근하여 실행이 가능하다.
- 프로그램의 Parents cld = new Child( ); 명령문을 통해 자식 객체가 생성되고 이를 부모 참조 변수 cld를 통해 참조가 다형성이 구현되고 있다. cld.paint( ); 명령문을 통해 Chile 클래스의 오버라이드 된 paint( ) 메소드 내부가 실행된다.
- super.draw( ); 명령문은 Parents 클래스의 draw( ) 메소드를 호출하여 "B"를 출력한다. 출력 후 Child의 오버라이드된 draw( ) 메소드를 하여 "D"를 출력하고 반환한다.
- 반환된 이후 paint( ) 메소드의 다음 명령문을 통해 "C"를 출력한다. 다음으로 this.draw( ); 명령문을 통해 자신의 draw( ) 메소드를 호출하여 "D"를 출력 후 반환한다. 이후 main( ) 메소드로 반환한다.
- main( ) 메소드로 반환이 이루어진 후, cld.draw( ); 명령문을 통해 Child 클래스의 draw( ) 메소드를 호출하여 "D"를 출력하고 main( ) 메소드로 반환 후 프로그램을 종료한다.

※ 해당 문제는 출력 결과를 작성하는 문제이므로 부분 점수가 부여되지 않는다.

[실행] https://onlinegdb.com/G91z8JHUz

13번 해설
- Python의 split 함수와 다중 대입에 관한 문제이다.
- split 함수 : string을 구분자(delimiter)를 기준으로 분리한 후 분리된 각 부분을 원소로 가지는 리스트를 반환함
- 형식 : string.split(delimiter, maxsplit)
- 입력받은 문자열 "12a34"를 'A'를 기준으로 분할하고 정수형으로 num1, num2에 각각 할당한다.

[실행] https://onlinegdb.com/e5fPIvlsU2

14번 해설
- chmod 명령어 : 유닉스 또는 리눅스에서 파일이나 디렉터리에 대한 엑세스(읽기, 쓰기, 실행) 권한을 설정하는 명령어
- 형식 : chmod [옵션][모드] 파일
- a.txt에 대한 권한

구분	사용자 권한			그룹 권한			그룹 외 권한		
기호 모드	r	w	r	r	–	x	–	–	x
(8진수)	4	2	1	4	0	1	0	0	1
숫자 모드	7			5			1		

- a.txt의 권한 부여 명령문 : chmod 751 a.txt
- a.txt의 권한 확인 명령문 : ls -l a.txt

15번 해설

관계 대수(Relational Algebra)

원하는 정보와 그 정보를 어떻게 유도하는가를 기술하는 절차적인 방법이다.

구분	연산자	기호	의미
순수 관계 연산자	Select	σ	조건에 맞는 튜플을 구하는 수평적 연산
	Project	π	속성 리스트로 주어진 속성만 구하는 수직적 연산
	Join	⋈	공통 속성을 기준으로 두 릴레이션을 합하여 새로운 릴레이션을 만드는 연산
	Division	÷	두 릴레이션 A, B에 대해 B 릴레이션의 모든 조건을 만족하는 튜플들을 릴레이션 A에서 분리해 내어 프로젝션하는 연산
일반 집합 연산자	합집합	∪	두 릴레이션의 튜플의 합집합을 구하는 연산
	교집합	∩	두 릴레이션의 튜플의 교집합을 구하는 연산
	차집합	–	두 릴레이션의 튜플의 차집합을 구하는 연산
	교차곱	×	두 릴레이션의 튜플들의 교차곱(순서쌍)을 구하는 연산

16번 해설 데이터베이스의 무결성 규정(Integrity Rule)

- 개체 무결성 제약조건 : 기본키는 NULL 값을 가져서는 안되며, 릴레이션 내에 오직 하나의 값만 존재해야 한다는 제약조건
- 참조 무결성 제약조건 : 릴레이션은 참조할 수 없는 외래키 값을 가질 수 없음을 의미하는 제약조건
- 도메인 무결성 제약조건 : 릴레이션 내의 튜플들이 각 속성의 도메인에 정해진 값만을 가져야 한다는 제약조건

17번 해설 RIP(Routing Information Protocol)

- '거리 벡터 라우팅 프로토콜'이라고도 하며, 최대 홉 카운트를 15홉 이하로 한정하고 있다.
- 최단 경로 탐색에는 Bellman-Ford 알고리즘을 사용하며 소규모 네트워크 환경에 적합하다.

18번 해설 NAT(Network Address Translation)

- '네트워크 주소 변환'으로 내부에서 사용하는 사설 IP 주소와 외부로 보여지는 공인 IP 주소 간의 IP Address 변환 방식을 말한다.
- 한정된 하나의 공인 IP를 여러 개의 내부 사설 IP로 변환하여 사용하기 위한 기술이며, 내부 네트워크 주소의 보안을 위해 사용하는 방법 중 하나이다.

19번 해설 ATM(Asynchronous Transfer Mode)

- B-ISDN의 핵심 기술로 회선 교환과 패킷 교환의 장점을 결합한 교환 및 다중화 기술이다.
- 비동기식 전달 모드로 멀티미디어 서비스에 적합하다.
- 정보는 셀(Cell) 단위로 나누어 전송된다.
- 셀(Cell)의 구성 : 헤더(Header) 5옥텟, 페이로드(Payload) 48옥텟
- ATM의 프로토콜 구조 : 사용자 평면, 제어 평면, 관리 평면

20번 해설 클라우드 컴퓨팅(Cloud Computing)

- 클라우드 컴퓨팅은 인터넷을 통해 가상화된 컴퓨터 시스템 자원을 요구하는 즉시 처리하여 제공하는 기술이다.
- 클라우드 컴퓨팅 서비스 모델

IaaS	• 인프라스트럭처를 서비스로 제공하는 모델 • 서비스를 개발할 수 있는 안정적인 환경과 그 환경을 이용하는 응용 프로그램을 개발할 수 있는 API까지 제공하는 서비스
PaaS	• 플랫폼을 서비스로 제공하는 모델 • 서버, 스토리지 자원을 쉽고 편하게 이용하게 쉽게 서비스 형태로 제공하여 다른 유형의 기반이 되는 기술
SaaS	• 소프트웨어를 서비스로 제공하는 모델 • 주문형 소프트웨어라고도 하며 사용자는 시스템이 무엇으로 이루어져 있고 어떻게 동작하는지 알 필요가 없이 단말기 등에서 필요하면 언제든지 제공받을 수 있음

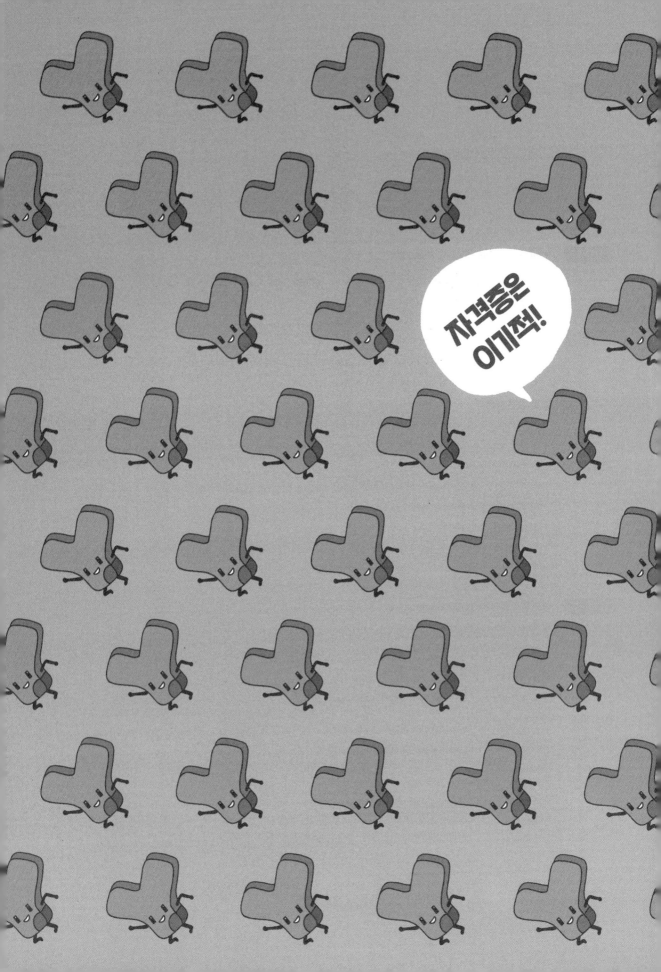